高等职业教育课程改革示范教材

经济数学（下册）

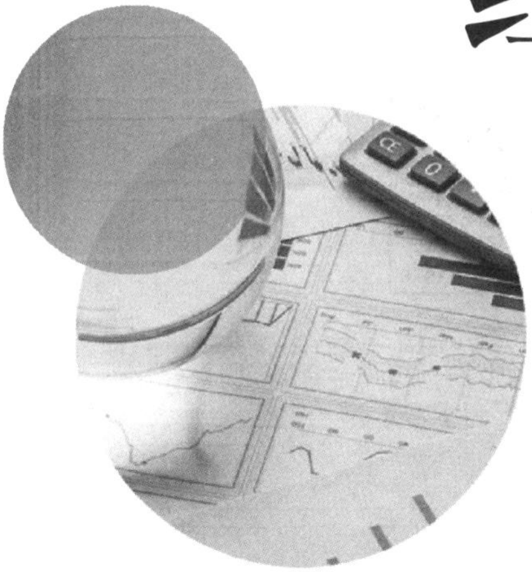

主　编　周　晓　陈　静
主　审　刘桂香　骈俊生
副主编　李建龙　秦红梅　张生华
　　　　陈旻霞　姚星桃

南京大学出版社

图书在版编目(CIP)数据

经济数学. 下册 / 周晓，陈静主编. —南京：南京大学出版社，2017.8

高等职业教育课程改革示范教材

ISBN 978-7-305-19026-1

Ⅰ. ①经… Ⅱ. ①周… ②陈… Ⅲ. ①经济数学—高等职业教育—教材 Ⅳ. ①F224

中国版本图书馆 CIP 数据核字(2017)第 171029 号

教师扫一扫
可申请教学资源

学生扫一扫
可见配套学习资源

出版发行 南京大学出版社
社　　址 南京市汉口路 22 号　　邮编 210093
出 版 人 金鑫荣

丛 书 名 高等职业教育课程改革示范教材
书　　名 经济数学(下册)
主　　编 周 晓 陈 静
责任编辑 吴 华　　编辑热线 025-83596997

照　　排 南京理工大学资产经营有限公司
印　　刷 南京鸿图印务有限公司
开　　本 787×1 092 1/16 印张 11 字数 275 千
版　　次 2017 年 8 月第 1 版 2017 年 8 月第 1 次印刷
印　　数 1～3000
ISBN 978-7-305-19026-1
定　　价 28.00 元

网　　址：http://www.njupco.com
官方微博：http://weibo.com/njupco
微信服务号：njuyuexue
销售咨询热线：(025)83594756

前　言

《经济数学》是高等职业院校经济管理类专业学生必修的一门公共基础课，具有基础性、工具性和发展性. 通过本课程的学习，使学生掌握与经济管理类专业相关的数学技术和数学文化，形成一定的调用数学知识来分析与解决经济问题的数学素养，培养创新意识和实践能力，为未来职业可持续发展奠定重要基础.

本教材作为实现上述课程功能的重要载体和系统有效开展教学活动的工具，围绕“满足专业技能培养需求、突出数学技术应用、体现素质教育”的理念，主要体现了以下几个特色：

1. 以人为本，突出数学文化素养和创新意识的培养

数学不仅是一种重要“工具”，也是人类的重要“思维”. 教材中适时提炼了一些数学思想方法，有时整节介绍，有时一两句话点睛，以数学思想方法为载体，让学生在具体知识的学习中，感悟数学文化的魅力，提高思维能力，加强创新意识.

2. 充分考虑高职学生学习需求和特点，全新构建内容体系

全书以学用数学的主线构建内容体系，每部分内容按照“案例→概念→定理(性质)→计算→应用”的逻辑顺序组织为一个完整的教学单元，让学生带着问题去探寻知识，解决问题.

3. 降低理论难度和计算技巧，侧重数学基本概念和基本运算

降低理论难度，对有些定理，只给出定理并介绍其应用，不给出证明. 教材尽可能用描述性语言讲解一些关键知识点，加强学生的感性认识. 计算方面，侧重基本运算，例题与习题能体现基本概念与基本解题方法就行，不追求计算的复杂度与过度技巧性.

4. 版面设置灵动，激发学生学习兴趣

设置多种栏目和板块，版式编排清新灵动. 例如“小贴士”、“小点睛”、“请思考”等栏目，相比传统数学教材能更好地吸引学生注意，帮助学生总结. “小贴士”：可以是对内容的进一步阐述，也可以是对重要内容的归纳总结. “小点睛”：在学习过程中进行适时点拨,让学生在具体知识的学习中,感悟数学思想方法,不断发展数学思维."请思考":将有些与知识脉络相关的内容以问题思考的形式抛出,供学有余力的同学进一步探究.

5. 融入现代信息技术,丰富教学素材、拓展学习空间

在重要知识点边上插入二维码,学生课外可以通过扫描二维码观看该知识点的微课程视频讲解,突破了传统教学在时间和空间上的限制.

本教材上册由黄国建和蔡鸣晶担任主编,下册由周晓和陈静担任主编.全书共有十二章,上册第一章由吴玉琴、黄国建编写,第二章由黄国建、蔡鸣晶编写,第三章由王卉、崔进编写,第四章由王罡、张育蔺编写,第五章由缪蕙、冯晨编写;下册第一章、第二章由李建龙编写,第三章由陈静编写,第四章由秦红梅编写,第五章由张生华编写,第六章由陈旻霞编写,第七章由姚星桃编写.

刘桂香教授和骈俊生教授在本教材编写过程中多次予以悉心指导并担任主审,南京大学出版社及吴华编辑等对教材出版给予了大力支持与帮助,在此一并致以衷心感谢!

教材在南京信息职业技术学院和扬州市职业大学得到试用,效果良好.但囿于编者水平和编写时间,教材的设计思路和具体编写中肯定还存在诸多可以提升的地方,敬请同行专家及师生读者批评指正,以便更好地修订完善.

编　者

2017 年 6 月

目　　录

第一章 行列式

学习目标

- 了解行列式的定义及性质.
- 会计算行列式(要求四阶以下).

线性代数是高等数学的一个重要内容,它在经济生活与科学技术中有着广泛的应用.第一至四章重点介绍行列式、矩阵、向量、线性方程组、特征值和特征向量相关的概念以及相应的求解方法、解的结构和解题方法等.

行列式是线性代数中的一个重要的基本概念,它是为了求解未知量个数和方程个数相同的线性方程组而引入的.在现代科学技术和生产经营管理活动中,经常遇到可以归结为求解线性方程组的问题.本章由二元线性方程组解的讨论,引出二、三阶行列式,然后推广到 n 阶行列式,给出了 n 阶行列式的性质及计算方法.

第一节 行列式的概念

【二元线性方程组解的案例】

中学阶段我们已经学会了解简单的方程组.设二元线性方程组

$$\begin{cases} a_{11}x_1+a_{12}x_2=b_1 \\ a_{21}x_1+a_{22}x_2=b_2 \end{cases},$$

当$a_{11}a_{22}-a_{12}a_{21}\neq 0$ 时,用消元法可以求得上述方程组的解为:

$$x_1=\frac{b_1a_{22}-b_2a_{12}}{a_{11}a_{22}-a_{12}a_{21}},x_2=\frac{b_2a_{11}-b_1a_{21}}{a_{11}a_{22}-a_{12}a_{21}}.$$

为更加简洁地表示上述方程组的解,我们引入二阶行列式的概念.

一、二阶和三阶行列式

定义 1.1 由 2×2 个数组成的记号$\begin{vmatrix} a_{11} & a_{12} \\ a_{21} & a_{22} \end{vmatrix}$称为二阶行列式,记为 D.规定

$$D=\begin{vmatrix} a_{11} & a_{12} \\ a_{21} & a_{22} \end{vmatrix}=a_{11}a_{22}-a_{12}a_{21}. \qquad (1-1)$$

如 $$D=\begin{vmatrix} 2 & 5 \\ 1 & 3 \end{vmatrix}=2\times3-5\times1=1.$$

利用二阶行列式的定义，方程组$\begin{cases} a_{11}x_1+a_{12}x_2=b_1 \\ a_{21}x_1+a_{22}x_2=b_2 \end{cases}$的解可表示为：$x_1=\dfrac{D_1}{D}$，$x_2=\dfrac{D_2}{D}$. 其中，

$$D_1=\begin{vmatrix} b_1 & a_{12} \\ b_2 & a_{22} \end{vmatrix}=b_1a_{22}-b_2a_{12},D_2=\begin{vmatrix} a_{11} & b_1 \\ a_{21} & b_2 \end{vmatrix}=b_2a_{11}-b_1a_{21}.$$

例 1.1.1 求解二元线性方程组

$$\begin{cases} 3x_1-2x_2=12 \\ 2x_1+x_2=1 \end{cases}.$$

解 因为

$$D=\begin{vmatrix} 3 & -2 \\ 2 & 1 \end{vmatrix}=3\times1-2\times(-2)=7\neq0,$$

$$D_1=\begin{vmatrix} 12 & -2 \\ 1 & 1 \end{vmatrix}=12\times1-1\times(-2)=14,$$

$$D_2=\begin{vmatrix} 3 & 12 \\ 2 & 1 \end{vmatrix}=3\times1-2\times12=-21,$$

所以方程组的解为 $x_1=\dfrac{D_1}{D}=\dfrac{14}{7}=2,x_2=\dfrac{D_2}{D}=\dfrac{-21}{7}=-3.$

小点睛

用符号化的语言（包括文字、数字，图形和各种特定的符号）来描述数学的内容，这就是符号化思想. 数学发展到今天，已成为一个符号化的世界. 英国著名数学家罗素说过："什么是数学？数学就是符号加逻辑."这充分表明了数学与符号的关系. 符号化思想对数学的发展起着重要的推动作用. 系统地运用符号，可以简明地表达数学思想，从而简化数学运算和推理过程，加快数学思维的速度，促进数学思想的交流.

与二阶行列式类似，可以定义三阶行列式.

定义 1.2 由 3×3 个数组成的记号$\begin{vmatrix} a_{11} & a_{12} & a_{13} \\ a_{21} & a_{22} & a_{23} \\ a_{31} & a_{32} & a_{33} \end{vmatrix}$称为三阶行列式，记为$D$. 规定

$$D=\begin{vmatrix} a_{11} & a_{12} & a_{13} \\ a_{21} & a_{22} & a_{23} \\ a_{31} & a_{32} & a_{33} \end{vmatrix}=a_{11}a_{22}a_{33}+a_{12}a_{23}a_{31}+a_{13}a_{21}a_{32}-a_{11}a_{23}a_{32}-a_{12}a_{21}a_{33}-a_{13}a_{22}a_{31} \tag{1-2}$$

用图表示为

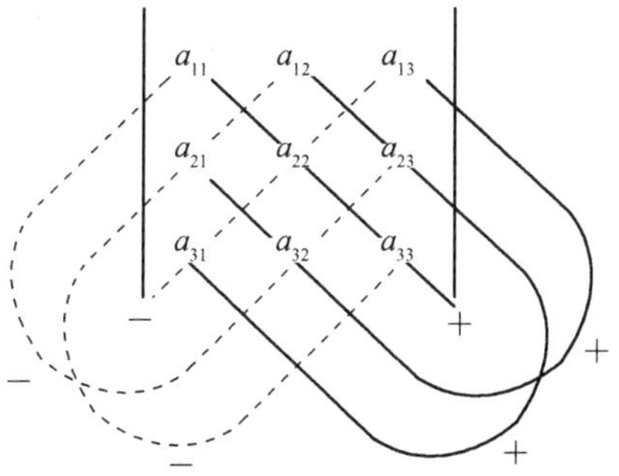

小贴士 也可以用该图表示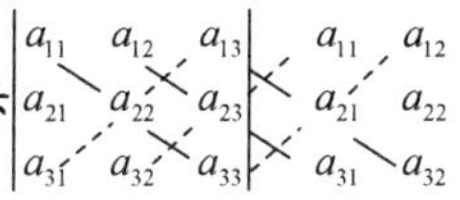

如$D=\begin{vmatrix}1&2&3\\4&5&6\\7&8&9\end{vmatrix}=1\times5\times9+2\times6\times7+3\times4\times8-3\times5\times7-2\times4\times9-1\times6\times8$

$=45+84+96-105-72-48=0.$

式(1－1)、(1－2)分别称为计算二阶、三阶行列式值的对角线法则.

例 1.1.2 解方程

$$\begin{vmatrix}1&1&1\\2&3&x\\4&5&x^2\end{vmatrix}=0.$$

解 方程左端的三阶行列式

$$D=3x^2+4x+10-5x-2x^2-12=x^2-x-2.$$

由 $x^2-x-2=0$，解得 $x=-1$ 或 $x=2$.

二、*n* 阶行列式

对角线法则只适用于二阶与三阶行列式，为研究四阶及更高阶行列式，下面先介绍有关代数余子式的知识，然后引出 n 阶行列式的概念.

由二阶行列式和三阶行列式的定义，不难发现如下关系式：

$$D=\begin{vmatrix}a_{11}&a_{12}&a_{13}\\a_{21}&a_{22}&a_{23}\\a_{31}&a_{32}&a_{33}\end{vmatrix}$$

$$=a_{11}(-1)^{1+1}\begin{vmatrix}a_{22}&a_{23}\\a_{32}&a_{33}\end{vmatrix}+a_{12}(-1)^{1+2}\begin{vmatrix}a_{21}&a_{23}\\a_{31}&a_{33}\end{vmatrix}+a_{13}(-1)^{1+3}\begin{vmatrix}a_{21}&a_{22}\\a_{31}&a_{32}\end{vmatrix},$$

其中

$$\begin{vmatrix}a_{22}&a_{23}\\a_{32}&a_{33}\end{vmatrix}$$

是原三阶行列式 D 中划去元素 a_{11} 所在的第一行和第一列后剩下的元素按原来顺序组成的二阶行列式，称它为元素 a_{11} 的**余子式**,记作 M_{11}，即

$$M_{11}=\begin{vmatrix} a_{22} & a_{23} \\ a_{32} & a_{33} \end{vmatrix}.$$

类似地，分别记 a_{12},a_{13} 的余子式为

$$M_{12}=\begin{vmatrix} a_{21} & a_{23} \\ a_{31} & a_{33} \end{vmatrix},M_{13}=\begin{vmatrix} a_{21} & a_{22} \\ a_{31} & a_{32} \end{vmatrix},$$

并且定义

$$A_{ij}=(-1)^{i+j}M_{ij}\quad (i=1,2,3;j=1,2,3)$$

为元素 a_{ij} $(i=1,2,3;j=1,2,3)$的**代数余子式**.

因此，三阶行列式也可以表示为

$$D=\begin{vmatrix} a_{11} & a_{12} & a_{13} \\ a_{21} & a_{22} & a_{23} \\ a_{31} & a_{32} & a_{33} \end{vmatrix}=a_{11}A_{11}+a_{12}A_{12}+a_{13}A_{13}. \tag{1-3}$$

这样，求三阶行列式的问题就可以转化为求二阶行列式的问题，这种求行列式的方法称为**降阶法**,式(1-3)的右端称为按行列式 D 的第一行展开的展开式.

例 1.1.3 利用降阶法计算三阶行列式

$$D=\begin{vmatrix} 2 & 0 & 3 \\ 1 & -5 & 1 \\ -3 & 4 & -2 \end{vmatrix}.$$

解 $D=2(-1)^{1+1}\begin{vmatrix} -5 & 1 \\ 4 & -2 \end{vmatrix}+0(-1)^{1+2}\begin{vmatrix} 1 & 1 \\ -3 & -2 \end{vmatrix}+3(-1)^{1+3}\begin{vmatrix} 1 & -5 \\ -3 & 4 \end{vmatrix}$

$=2[(-5)\times(-2)-4\times1]+3[1\times4-(-5)\times(-3)]$

$=-21.$

仿照二、三阶行列式，可以把行列式推广到一般情形.

定义 1.3 记号

$$D=\begin{vmatrix} a_{11} & a_{12} & \cdots & a_{1n} \\ a_{21} & a_{22} & \cdots & a_{2n} \\ \vdots & \vdots & & \vdots \\ a_{n1} & a_{n2} & \cdots & a_{nn} \end{vmatrix}$$

称为 n 阶行列式,它由 n^2 个数构成,代表一个算式,其值为

① 当 $n=1$ 时,规定 $D=|a_{11}|=a_{11}$；

② 当 $n\geqslant2$ 时,将行列式按第一行展开,得

$$D=a_{11}A_{11}+a_{12}A_{12}+\cdots+a_{1n}A_{1n}. \tag{1-4}$$

对于 n 阶行列式，元素 $a_{ij}(i=1,2,3,\cdots,n;j=1,2,3,\cdots,n)$ 的余子式和代数余子式的定义与三阶行列式的余子式和代数余子式的定义相同. 显然，n 阶行列式的余子式和代数余子式均为 $n-1$ 阶行列式.

例如，行列式 $\begin{vmatrix} 3 & -2 & 1 & 5 \\ 1 & 7 & 0 & 3 \\ 2 & 0 & 3 & 6 \\ 8 & -1 & -2 & 4 \end{vmatrix}$ 中元素 a_{23} 的余子式和代数余子式分别是

$$M_{23}=\begin{vmatrix} 3 & -2 & 5 \\ 2 & 0 & 6 \\ 8 & -1 & 4 \end{vmatrix}, \qquad A_{23}=(-1)^{2+3}M_{23}=-\begin{vmatrix} 3 & -2 & 5 \\ 2 & 0 & 6 \\ 8 & -1 & 4 \end{vmatrix}.$$

例 1.1.4 计算四阶行列式

$$D=\begin{vmatrix} 3 & -2 & 1 & 5 \\ 1 & 7 & 0 & 3 \\ 2 & 0 & 3 & 6 \\ 8 & -1 & -2 & 4 \end{vmatrix}.$$

解 由式(1-4)得

$$\begin{aligned} D &=3\times(-1)^{1+1}\begin{vmatrix} 7 & 0 & 3 \\ 0 & 3 & 6 \\ -1 & -2 & 4 \end{vmatrix}+(-2)\times(-1)^{1+2}\begin{vmatrix} 1 & 0 & 3 \\ 2 & 3 & 6 \\ 8 & -2 & 4 \end{vmatrix}+1\times \\ &\quad (-1)^{1+3}\begin{vmatrix} 1 & 7 & 3 \\ 2 & 0 & 6 \\ 8 & -1 & 4 \end{vmatrix}+5\times(-1)^{1+4}\begin{vmatrix} 1 & 7 & 0 \\ 2 & 0 & 3 \\ 8 & -1 & -2 \end{vmatrix} \\ &=531-120+280-995=-304. \end{aligned}$$

例 1.1.5 计算四阶行列式

$$D=\begin{vmatrix} a & 0 & 0 & b \\ 0 & c & 0 & 0 \\ 0 & 0 & d & 0 \\ e & 0 & 0 & f \end{vmatrix}.$$

解 由式(1-4)得

$$\begin{aligned} D &=a\times(-1)^{1+1}\begin{vmatrix} c & 0 & 0 \\ 0 & d & 0 \\ 0 & 0 & f \end{vmatrix}+b\times(-1)^{1+4}\begin{vmatrix} 0 & c & 0 \\ 0 & 0 & d \\ e & 0 & 0 \end{vmatrix} \\ &=ac\times(-1)^{1+1}\begin{vmatrix} d & 0 \\ 0 & f \end{vmatrix}-bc\times(-1)^{1+2}\begin{vmatrix} 0 & d \\ e & 0 \end{vmatrix} \\ &=acdf-bced. \end{aligned}$$

例 1.1.6 计算 n 阶下三角行列式

$$D=\begin{vmatrix} a_{11} & 0 & \cdots & 0 \\ a_{21} & a_{22} & \cdots & 0 \\ \vdots & \vdots & & \vdots \\ a_{n1} & a_{n2} & \cdots & a_{nn} \end{vmatrix}.$$

解 由式(1-4)得

$$\begin{aligned} D &= a_{11}\times(-1)^{1+1}\begin{vmatrix} a_{22} & 0 & \cdots & 0 \\ a_{32} & a_{33} & \cdots & 0 \\ \vdots & \vdots & & \vdots \\ a_{n2} & a_{n3} & \cdots & a_{nn} \end{vmatrix} \\ &= a_{11}a_{22}\times(-1)^{1+1}\begin{vmatrix} a_{33} & 0 & \cdots & 0 \\ a_{43} & a_{44} & \cdots & 0 \\ \vdots & \vdots & & \vdots \\ a_{n3} & a_{n4} & \cdots & a_{nn} \end{vmatrix} \\ &= \cdots = a_{11}a_{22}\cdots a_{nn}. \end{aligned}$$

小贴士

对于上三角和对角行列式,都有类似结论:

$$\begin{vmatrix} a_{11} & a_{12} & \cdots & a_{1n} \\ 0 & a_{22} & \cdots & a_{2n} \\ \vdots & \vdots & & \vdots \\ 0 & 0 & \cdots & a_{nn} \end{vmatrix} = \begin{vmatrix} a_{11} & 0 & \cdots & 0 \\ 0 & a_{22} & \cdots & 0 \\ \vdots & \vdots & & \vdots \\ 0 & 0 & \cdots & a_{nn} \end{vmatrix} = a_{11}a_{22}\cdots a_{nn}.$$

习题 1.1

1. 计算下列行列式:

(1) $\begin{vmatrix} 3 & 2 \\ 6 & 9 \end{vmatrix}$;

(2) $\begin{vmatrix} \sin x & -\cos x \\ \cos x & \sin x \end{vmatrix}$;

(3) $\begin{vmatrix} 1 & 0 & -1 \\ 3 & 5 & 0 \\ 0 & 4 & 1 \end{vmatrix}$;

(4) $\begin{vmatrix} 1 & -2 & 1 & 0 \\ 0 & 3 & -2 & -1 \\ 4 & -1 & 0 & -3 \\ 1 & 2 & 6 & 3 \end{vmatrix}$.

2. 已知四阶行列式 $\begin{vmatrix} 1 & 1 & 1 & 1 \\ -2 & 4 & 0 & 3 \\ 3 & 2 & 1 & -5 \\ 0 & -1 & 0 & 2 \end{vmatrix}$,求 $A_{11}+A_{12}+A_{13}+A_{14}$.

3. 解下列方程：

(1) $\begin{vmatrix} x & 2 & 1 \\ 2 & x & 0 \\ 1 & -1 & 1 \end{vmatrix}=0$；　　(2) $\begin{vmatrix} 1 & 1 & 1 & 1 \\ 2 & 1-x & 2 & 2 \\ 3 & 3 & x-2 & 3 \\ 4 & 4 & 4 & x-3 \end{vmatrix}=0$.

第二节　行列式的性质与计算

一、行列式的性质

为了简化行列式的计算，下面不加证明而直接引入行列式的性质.

扫一扫可见微课“行列式的性质”

记

$$D=\begin{vmatrix} a_{11} & a_{12} & \cdots & a_{1n} \\ a_{21} & a_{22} & \cdots & a_{2n} \\ \vdots & \vdots & & \vdots \\ a_{n1} & a_{n2} & \cdots & a_{nn} \end{vmatrix},\qquad D^{\mathrm{T}}=\begin{vmatrix} a_{11} & a_{21} & \cdots & a_{n1} \\ a_{12} & a_{22} & \cdots & a_{n2} \\ \vdots & \vdots & & \vdots \\ a_{1n} & a_{2n} & \cdots & a_{nn} \end{vmatrix},$$

行列式 D^{T} 称为行列式 D 的转置行列式.

例如 $$D=\begin{vmatrix} 3 & -2 & 1 & 5 \\ 1 & 7 & 0 & 3 \\ 2 & 0 & 3 & 6 \\ 8 & -1 & -2 & 4 \end{vmatrix},\qquad D^{\mathrm{T}}=\begin{vmatrix} 3 & 1 & 2 & 8 \\ -2 & 7 & 0 & -1 \\ 1 & 0 & 3 & -2 \\ 5 & 3 & 6 & 4 \end{vmatrix}.$$

性质 1.1　行列式与它的转置行列式相等.

例如 $$\begin{vmatrix} 3 & -2 & 1 & 5 \\ 1 & 7 & 0 & 3 \\ 2 & 0 & 3 & 6 \\ 8 & -1 & -2 & 4 \end{vmatrix}=\begin{vmatrix} 3 & 1 & 2 & 8 \\ -2 & 7 & 0 & -1 \\ 1 & 0 & 3 & -2 \\ 5 & 3 & 6 & 4 \end{vmatrix}.$$

> **小贴士**　性质 1.1 告诉我们行列式的行和列具有相同的运算性质.

性质 1.2　互换行列式的两行(列)，行列式变号.

以 r_i 表示行列式的第 i 行，以 c_i 表示行列式的第 i 列. 交换第 i，j 两行记作 $r_i\leftrightarrow r_j$，交换第 i，j 两列记作 $c_i\leftrightarrow c_j$.

例如 $$\begin{vmatrix} 3 & -2 & 1 & 5 \\ 1 & 7 & 0 & 3 \\ 2 & 0 & 3 & 6 \\ 8 & -1 & -2 & 4 \end{vmatrix}\xlongequal{c_1\leftrightarrow c_4}-\begin{vmatrix} 5 & -2 & 1 & 3 \\ 3 & 7 & 0 & 1 \\ 6 & 0 & 3 & 2 \\ 4 & -1 & -2 & 8 \end{vmatrix}.$$

推论 1.1 如果行列式有两行(列)完全相同,则此行列式等于零.

例如 $\begin{vmatrix} 3 & -2 & 1 & 5 \\ 1 & 7 & 0 & 3 \\ 3 & -2 & 1 & 5 \\ 8 & -1 & -2 & 4 \end{vmatrix}=0.$

性质 1.3 行列式的某一行(列)中所有元素都乘以同一数 k,等于用数 k 乘此行列式.第 i 行(列)乘以 k,记作 $r_i\times k$(或 $c_i\times k$).

例如 $\begin{vmatrix} 3 & 2\times(-2) & 1 & 5 \\ 1 & 2\times 7 & 0 & 3 \\ 2 & 2\times 0 & 3 & 6 \\ 8 & 2\times(-1) & -2 & 4 \end{vmatrix}=2\times\begin{vmatrix} 3 & -2 & 1 & 5 \\ 1 & 7 & 0 & 3 \\ 2 & 0 & 3 & 6 \\ 8 & -1 & -2 & 4 \end{vmatrix}.$

推论 1.2 行列式中某一行(列)的所有元素的公因子可以提到行列式符号的外面.第 i 行(列)提出公因子 k,记作 $r_i\div k$(或 $c_i\div k$).

例如 $\begin{vmatrix} 5 & -4 & 1 & 3 \\ 3 & 14 & 0 & 1 \\ 6 & 0 & 3 & 2 \\ 4 & -2 & -2 & 8 \end{vmatrix}\xlongequal{c_2\div 2}2\times\begin{vmatrix} 5 & -2 & 1 & 3 \\ 3 & 7 & 0 & 1 \\ 6 & 0 & 3 & 2 \\ 4 & -1 & -2 & 8 \end{vmatrix}.$

推论 1.3 如果行列式中某两行(列)元素成比例,则此行列式等于零.

例如 $\begin{vmatrix} 5 & -2 & 1 & 10 \\ 3 & 7 & 0 & 6 \\ 6 & 0 & 3 & 12 \\ 4 & -1 & -2 & 8 \end{vmatrix}=0.$

性质 1.4 把行列式的某一行(列)的各元素乘以同一数后加到另一行(列)对应的元素上,行列式不变.

以数 k 乘第 j 行(列)加到第 i 行(列)上,记作 r_i+kr_j(或 c_i+kc_j).

例如

$$\begin{vmatrix} 3 & -2 & 1 & 5 \\ 1 & 2 & 0 & 3 \\ 2 & 0 & -1 & 1 \\ 8 & -1 & -2 & 4 \end{vmatrix}\xlongequal{r_4+r_3\times(-4)}\begin{vmatrix} 3 & -2 & 1 & 5 \\ 1 & 2 & 0 & 3 \\ 2 & 0 & -1 & 1 \\ 8+2(-4) & -1+0(-4) & -2+(-1)(-4) & 4+1(-4) \end{vmatrix}$$

$$=\begin{vmatrix} 3 & -2 & 1 & 5 \\ 1 & 2 & 0 & 3 \\ 2 & 0 & -1 & 1 \\ 0 & -1 & 2 & 0 \end{vmatrix}.$$

性质 1.5 如果行列式的某一行(列)的元素都是两数之和,例如,第 i 行的元素都是两数之和.

$$D=\begin{vmatrix} a_{11} & a_{12} & \cdots & a_{1n} \\ a_{21} & a_{22} & \cdots & a_{2n} \\ \vdots & \vdots & & \vdots \\ a_{i1}+a_{i1}' & a_{i2}+a_{i2}' & \cdots & a_{in}+a_{in}' \\ \vdots & \vdots & & \vdots \\ a_{n1} & a_{n2} & \cdots & a_{nn} \end{vmatrix},$$

则 D 等于下列两个行列式之和：

$$D=\begin{vmatrix} a_{11} & a_{12} & \cdots & a_{1n} \\ a_{21} & a_{22} & \cdots & a_{2n} \\ \vdots & \vdots & & \vdots \\ a_{i1} & a_{i2} & \cdots & a_{in} \\ \vdots & \vdots & & \vdots \\ a_{n1} & a_{n2} & \cdots & a_{nn} \end{vmatrix}+\begin{vmatrix} a_{11} & a_{12} & \cdots & a_{1n} \\ a_{21} & a_{22} & \cdots & a_{2n} \\ \vdots & \vdots & & \vdots \\ a_{i1}' & a_{i2}' & \cdots & a_{in}' \\ \vdots & \vdots & & \vdots \\ a_{n1} & a_{n2} & \cdots & a_{nn} \end{vmatrix}.$$

性质 1.6 行列式等于它的任一行(列)的各元素与其对应的代数余子式乘积之和，即

$$D=\begin{vmatrix} a_{11} & a_{12} & \cdots & a_{1n} \\ a_{21} & a_{22} & \cdots & a_{2n} \\ \vdots & \vdots & & \vdots \\ a_{n1} & a_{n2} & \cdots & a_{nn} \end{vmatrix}=a_{i1}A_{i1}+a_{i2}A_{i2}+\cdots+a_{in}A_{in} \qquad (i=1,2,\cdots,n);$$

或

$$D=\begin{vmatrix} a_{11} & a_{12} & \cdots & a_{1n} \\ a_{21} & a_{22} & \cdots & a_{2n} \\ \vdots & \vdots & & \vdots \\ a_{n1} & a_{n2} & \cdots & a_{nn} \end{vmatrix}=a_{1j}A_{1j}+a_{2j}A_{2j}+\cdots+a_{nj}A_{nj} \qquad (j=1,2,\cdots,n).$$

小贴士 在运用性质 1.6 的时候尽量利用 0 多的行或列来展开行列式.

推论 1.4 行列式的某一行(列)的元素与另一行(列)对应元素的代数余子式的乘积之和等于零，即

$$a_{i1}A_{j1}+a_{i2}A_{j2}+\cdots+a_{in}A_{jn}=0 \quad (i\neq j;i,j=1,2,\cdots,n);$$

或

$$a_{1i}A_{1j}+a_{2i}A_{2j}+\cdots+a_{ni}A_{nj}=0 \quad (i\neq j;i,j=1,2,\cdots,n).$$

请思考

为什么推论 1.4 是成立的?

例 1.2.1 计算行列式

$$D=\begin{vmatrix}3&-1&5\\2&-4&7\\6&-2&10\end{vmatrix}.$$

解 注意到第 3 行各元素是第 1 行各元素的 2 倍,即 1、3 两行对应元素成比例,所以由推论 1.3 有

$$D=\begin{vmatrix}3&-1&5\\2&-4&7\\6&-2&10\end{vmatrix}=0.$$

例 1.2.2 设三阶行列式

$$D=\begin{vmatrix}3&-2&5\\2&0&6\\8&-1&4\end{vmatrix}.$$

(1) 按第二行展开,并求其值;

(2) 按第三列展开,并求其值.

解 (1) 将 D 按第二行展开得

$$\begin{aligned}D&=a_{21}A_{21}+a_{22}A_{22}+a_{23}A_{23}\\&=2\times(-1)^{2+1}\begin{vmatrix}-2&5\\-1&4\end{vmatrix}+0\times(-1)^{2+2}\begin{vmatrix}3&5\\8&4\end{vmatrix}+6\times(-1)^{2+3}\begin{vmatrix}3&-2\\8&-1\end{vmatrix}\\&=2\times(-1)\times(-3)+0\times(-28)+6\times(-1)\times13\\&=-72.\end{aligned}$$

(2) 将 D 按第三列展开得

$$\begin{aligned}D&=a_{13}A_{13}+a_{23}A_{23}+a_{33}A_{33}\\&=5\times(-1)^{1+3}\begin{vmatrix}2&0\\8&-1\end{vmatrix}+6\times(-1)^{2+3}\begin{vmatrix}3&-2\\8&-1\end{vmatrix}+4\times(-1)^{3+3}\begin{vmatrix}3&-2\\2&0\end{vmatrix}\\&=5\times(-2)+6\times(-1)\times13+4\times4\\&=-72.\end{aligned}$$

例 1.2.3 设

$$\begin{vmatrix}a_{11}&a_{12}&a_{13}\\a_{21}&a_{22}&a_{23}\\a_{31}&a_{32}&a_{33}\end{vmatrix}=2,$$

求

$$D=\begin{vmatrix} a_{31} & a_{32} & a_{33} \\ a_{21} & a_{22} & a_{23} \\ 2a_{11}+3a_{31} & 2a_{12}+3a_{32} & 2a_{13}+3a_{33} \end{vmatrix}.$$

解 $D\xlongequal{r_3+(-3)r_1}\begin{vmatrix} a_{31} & a_{32} & a_{33} \\ a_{21} & a_{22} & a_{23} \\ 2a_{11} & 2a_{12} & 2a_{13} \end{vmatrix}\xlongequal{r_3\leftrightarrow r_1}-\begin{vmatrix} 2a_{11} & 2a_{12} & 2a_{13} \\ a_{21} & a_{22} & a_{23} \\ a_{31} & a_{32} & a_{33} \end{vmatrix}$

$\xlongequal{r_1\div 2}-2\begin{vmatrix} a_{11} & a_{12} & a_{13} \\ a_{21} & a_{22} & a_{23} \\ a_{31} & a_{32} & a_{33} \end{vmatrix}=-4.$

二、行列式的计算

因为三角行列式的值等于主对角线上各元素的乘积，所以对于一个 n 阶行列式，通常是利用行列式的性质，特别是性质 1.4 将行列式化为三角行列式，从而计算出行列式的值；或利用行列式的性质 1.2、1.3、1.4 将行列式化为某行(列)只有一个元素不为零，其余元素都为零，再利用性质 1.6 将行列式降阶，直至化为二、三阶行列式求值.

例 1.2.4 计算

$$D=\begin{vmatrix} 3 & 1 & -1 & 2 \\ -5 & 1 & 3 & -4 \\ 2 & 0 & 1 & -1 \\ 1 & -5 & 3 & -3 \end{vmatrix}.$$

解法 1 将行列式化为上三角行列式.

$D\xlongequal{c_1\leftrightarrow c_2}-\begin{vmatrix} 1 & 3 & -1 & 2 \\ 1 & -5 & 3 & -4 \\ 0 & 2 & 1 & -1 \\ -5 & 1 & 3 & -3 \end{vmatrix}\xlongequal[r_4+5r_1]{r_2-r_1}-\begin{vmatrix} 1 & 3 & -1 & 2 \\ 0 & -8 & 4 & -6 \\ 0 & 2 & 1 & -1 \\ 0 & 16 & -2 & 7 \end{vmatrix}$

$\xlongequal{r_2\leftrightarrow r_3}\begin{vmatrix} 1 & 3 & -1 & 2 \\ 0 & 2 & 1 & -1 \\ 0 & -8 & 4 & -6 \\ 0 & 16 & -2 & 7 \end{vmatrix}\xlongequal[r_4-8r_2]{r_3+4r_2}\begin{vmatrix} 1 & 3 & -1 & 2 \\ 0 & 2 & 1 & -1 \\ 0 & 0 & 8 & -10 \\ 0 & 0 & -10 & 15 \end{vmatrix}$

$\xlongequal{r_4+\frac{5}{4}r_3}\begin{vmatrix} 1 & 3 & -1 & 2 \\ 0 & 2 & 1 & -1 \\ 0 & 0 & 8 & -10 \\ 0 & 0 & 0 & \frac{5}{2} \end{vmatrix}=40.$

解法 2 利用降阶法，即选择含 0 较多的行(列)展开，首先选择第三行，

$$D\xlongequal[c_4+c_3]{c_1-2c_3}\begin{vmatrix}5&1&-1&1\\-11&1&3&-1\\0&0&1&0\\-5&-5&3&0\end{vmatrix}\xlongequal{\text{按第 3 行展开}}1\cdot(-1)^{3+3}\begin{vmatrix}5&1&1\\-11&1&-1\\-5&-5&0\end{vmatrix}$$

$$\xlongequal{r_2+r_1}\begin{vmatrix}5&1&1\\-6&2&0\\-5&-5&0\end{vmatrix}=1\cdot(-1)^{1+3}\begin{vmatrix}-6&2\\-5&-5\end{vmatrix}=5\times\begin{vmatrix}6&-2\\1&1\end{vmatrix}=40.$$

例 1.2.5 计算

$$D=\begin{vmatrix}a&1&1&1\\1&a&1&1\\1&1&a&1\\1&1&1&a\end{vmatrix}.$$

解 由于行列式 D 的每一行的所有元素的和都为 $a+3$，因此，将第 2、3、4 列的对应元素加到第 1 列

$$D=\begin{vmatrix}a&1&1&1\\1&a&1&1\\1&1&a&1\\1&1&1&a\end{vmatrix}\xlongequal{c_1+(c_2+c_3+c_4)}\begin{vmatrix}a+3&1&1&1\\a+3&a&1&1\\a+3&1&a&1\\a+3&1&1&a\end{vmatrix}$$

$$\xlongequal{c_1\div(a+3)}(a+3)\begin{vmatrix}1&1&1&1\\1&a&1&1\\1&1&a&1\\1&1&1&a\end{vmatrix}$$

$$\xlongequal[(i=2,3,4)]{r_i-r_1}(a+3)\begin{vmatrix}1&1&1&1\\0&a-1&0&0\\0&0&a-1&0\\0&0&0&a-1\end{vmatrix}=(a+3)(a-1)^3.$$

> **小贴士** 各行或各列的元素之和相等都可以用这个方法类似求解.

例 1.2.6 计算 n 阶行列式

$$D=\begin{vmatrix}1&2&2&\cdots&2\\2&2&2&\cdots&2\\2&2&3&\cdots&2\\\vdots&\vdots&\vdots&&\vdots\\2&2&2&\cdots&n\end{vmatrix}.$$

解 由于第 2 行的各元素与其他各行的对应元素只有一个元素不同，因此，可以采用

以下方法.

$$D \xlongequal[(i=1,3,4,\cdots,n)]{r_i - r_2} \begin{vmatrix} -1 & 0 & 0 & \cdots & 0 \\ 2 & 2 & 2 & \cdots & 2 \\ 0 & 0 & 1 & \cdots & 0 \\ \vdots & \vdots & \vdots & & \vdots \\ 0 & 0 & 0 & \cdots & n-2 \end{vmatrix} = (-1)\times(-1)^{1+1} \begin{vmatrix} 2 & 2 & 2 & \cdots & 2 \\ 0 & 1 & 0 & \cdots & 0 \\ 0 & 0 & 1 & \cdots & 0 \\ \vdots & \vdots & \vdots & & \vdots \\ 0 & 0 & 0 & \cdots & n-2 \end{vmatrix}$$

$$= -2(n-2)!.$$

习题 1.2

1. 利用行列式的性质计算下列行列式:

(1) $\begin{vmatrix} 698 & 2 \\ 701 & 3 \end{vmatrix}$;

(2) $\begin{vmatrix} 5 & -1 & 3 \\ 2 & 2 & 2 \\ 196 & 203 & 199 \end{vmatrix}$;

(3) $\begin{vmatrix} 3 & 1 & -1 & 2 \\ -5 & 1 & 3 & -4 \\ 2 & 0 & 1 & -1 \\ 1 & -5 & 3 & -3 \end{vmatrix}$;

(4) $\begin{vmatrix} 1 & 3 & 3 & 3 \\ 3 & 1 & 3 & 3 \\ 3 & 3 & 1 & 3 \\ 3 & 3 & 3 & 1 \end{vmatrix}$;

(5) $\begin{vmatrix} a & b & c & d \\ b & c & d & a \\ c & d & a & b \\ d & a & b & c \end{vmatrix}$;

(6) $\begin{vmatrix} x & y & 0 & \cdots & 0 & 0 \\ 0 & x & y & \cdots & 0 & 0 \\ 0 & 0 & x & \cdots & 0 & 0 \\ \vdots & \vdots & \vdots & & \vdots & \vdots \\ 0 & 0 & 0 & \cdots & x & y \\ y & 0 & 0 & \cdots & 0 & x \end{vmatrix}$;

(7) $\begin{vmatrix} 1+a_1 & a_2 & a_3 & \cdots & a_n \\ a_1 & 1+a_2 & a_3 & \cdots & a_n \\ a_1 & a_2 & 1+a_3 & \cdots & a_n \\ \vdots & \vdots & \vdots & & \vdots \\ a_1 & a_2 & a_3 & \cdots & 1+a_n \end{vmatrix}$;

(8) $\begin{vmatrix} x & 1 & 2 & \cdots & n-1 & n \\ 1 & x & 2 & \cdots & n-1 & n \\ 1 & 2 & x & \cdots & n-1 & n \\ \vdots & \vdots & \vdots & & \vdots & \vdots \\ 1 & 2 & 3 & \cdots & x & n \\ 1 & 2 & 3 & \cdots & n & x \end{vmatrix}$.

2. 已知行列式 $\begin{vmatrix} a & b & c \\ a_1 & b_1 & c_1 \\ a_2 & b_2 & c_2 \end{vmatrix} = m$,求 $\begin{vmatrix} b+c & c+a & a+b \\ b_1+c_1 & c_1+a_1 & a_1+b_1 \\ b_2+c_2 & c_2+a_2 & a_2+b_2 \end{vmatrix}$ 的值.

3. 利用行列式性质证明:

(1) $\begin{vmatrix} a+bx & a-bx & c \\ a_1+b_1x & a_1-b_1x & c_1 \\ a_2+b_2x & a_2-b_2x & c_2 \end{vmatrix} = -2x \begin{vmatrix} a & b & c \\ a_1 & b_1 & c_1 \\ a_2 & b_2 & c_2 \end{vmatrix}$;

(2) $\begin{vmatrix} 1 & 1 & 1 \\ a & b & c \\ bc & ca & ab \end{vmatrix}=(a-b)(b-c)(c-a)$.

*第三节　克莱姆法则

前面介绍了利用二阶行列式求解二元线性方程组的方法，本节介绍利用 n 阶行列式求解由 n 个 n 元线性方程组成的线性方程组的方法，它是利用二阶行列式求解二元线性方程组的推广.

给定含有 n 个未知量，n 个方程的线性方程组

$$\begin{cases} a_{11}x_1+a_{12}x_2+\cdots+a_{1n}x_n=b_1 \\ a_{21}x_1+a_{22}x_2+\cdots+a_{2n}x_n=b_2 \\ \cdots\cdots \\ a_{n1}x_1+a_{n2}x_2+\cdots+a_{nn}x_n=b_n \end{cases}, \tag{1-5}$$

当 $b_1,b_2,\cdots,b_n$ 至少一个不为零时，称方程组(1-5)为 n 元非齐次线性方程组.

由方程组(1-5)各未知量的系数构成的行列式

$$D=\begin{vmatrix} a_{11} & a_{12} & \cdots & a_{1n} \\ a_{21} & a_{22} & \cdots & a_{2n} \\ \vdots & \vdots & & \vdots \\ a_{n1} & a_{n2} & \cdots & a_{nn} \end{vmatrix},$$

称为方程组(1-5)的系数行列式. 用常数 $b_1,b_2,\cdots,b_n$ 替换 D 中第 j 列所得行列式记为 D_j，即

$$D_j=\begin{vmatrix} a_{11} & \cdots & a_{1,j-1} & b_1 & a_{1,j+1} & \cdots & a_{1n} \\ a_{21} & \cdots & a_{2,j-1} & b_2 & a_{2,j+1} & \cdots & a_{1n} \\ \vdots & & \vdots & \vdots & \vdots & & \vdots \\ a_{n1} & \cdots & a_{n,j-1} & b_n & a_{n,j+1} & \cdots & a_{nn} \end{vmatrix}.$$

定理 1.1（克莱姆法则） 如果 n 元线性方程组(1-5)的系数行列式 $D\neq 0$，则方程组(1-5)有唯一解

$$x_1=\frac{D_1}{D},x_2=\frac{D_2}{D},\cdots,\ x_n=\frac{D_n}{D},$$

即

$$x_j=\frac{D_j}{D}\quad (j=1,2,3,\cdots,n). \tag{1-6}$$

证明 用 D 中第 j 列各元素的代数余子式 $D_{1j},D_{2j},\cdots,\ D_{nj}\,(j=1,2,3,\cdots,n)$ 依次乘方程组(1-5)的第一，第二，…，第 n 个方程，再将各等式两端相加，整理得

$(a_{11}D_{1j}+a_{21}D_{2j}+\cdots+a_{n1}D_{nj})x_1+\cdots+(a_{1j}D_{1j}+a_{2j}D_{2j}+\cdots+a_{nj}D_{nj})x_j+\cdots+(a_{1n}D_{1j}+a_{2n}D_{2j}+\cdots+a_{nn}D_{nj})x_n=b_1D_{1j}+b_2D_{2j}+\cdots+b_nD_{nj}$.

根据上节性质 1.6 及其推论，有

$$0\cdot x_1+\cdots+D\cdot x_j+\cdots+0\cdot x_n=D_j,$$

所以

$$x_j=\frac{D_j}{D}\quad(j=1,2,3,\cdots,n),$$

即

$$x_1=\frac{D_1}{D},x_2=\frac{D_2}{D},\cdots,\ x_n=\frac{D_n}{D}.$$

例 1.3.1 解线性方程组

$$\begin{cases}2x_1+x_2-5x_3+x_4=8\\x_1-3x_2-6x_4=9\\2x_2-x_3+2x_4=-5\\x_1+4x_2-7x_3+6x_4=0\end{cases}.$$

解 $D=\begin{vmatrix}2&1&-5&1\\1&-3&0&-6\\0&2&-1&2\\1&4&-7&6\end{vmatrix}=27\neq0,$

$$D_1=\begin{vmatrix}8&1&-5&1\\9&-3&0&-6\\-5&2&-1&2\\0&4&-7&6\end{vmatrix}=81,\qquad D_2=\begin{vmatrix}2&8&-5&1\\1&9&0&-6\\0&-5&-1&2\\1&0&-7&6\end{vmatrix}=-108,$$

$$D_3=\begin{vmatrix}2&1&8&1\\1&-3&9&-6\\0&2&-5&2\\1&4&0&6\end{vmatrix}=-27,\qquad D_4=\begin{vmatrix}2&1&-5&8\\1&-3&0&9\\0&2&-1&-5\\1&4&-7&0\end{vmatrix}=27,$$

所以由克莱姆法则，方程组有唯一解

$$x_1=\frac{D_1}{D}=\frac{81}{27}=3,\qquad x_2=\frac{D_2}{D}=\frac{-108}{27}=-4,$$

$$x_3=\frac{D_3}{D}=\frac{-27}{27}=-1,\qquad x_4=\frac{D_4}{D}=\frac{27}{27}=1.$$

小贴士

从上例可以看出，用克莱姆法则求解非齐次线性方程组要依赖于相应行列式的计算，从笔算的角度讲，不是一个简便的方法.

在方程组(1-5)中，当 $b_1,b_2,\cdots,b_n$ 全为零时，称方程组(1-7)为 n 元齐次线性方程组，

其一般式为

$$\begin{cases}a_{11}x_1+a_{12}x_2+\cdots+a_{1n}x_n=0\\a_{21}x_1+a_{22}x_2+\cdots+a_{2n}x_n=0\\\cdots\cdots\\a_{n1}x_1+a_{n2}x_2+\cdots+a_{nn}x_n=0\end{cases}. \tag{1-7}$$

当 $x_1=x_2=\cdots=x_n=0$ 时，方程组(1-7)的每个方程显然都成立，即方程组(1-7)必定有解，并且称 $x_1=x_2=\cdots=x_n=0$ 是方程组(1-7)的零解. 这说明 n 元齐次线性方程组必定有零解. 于是对于齐次线性方程组(1-7)来说，重要的是它是否有非零解，即不全为零的解. 由克莱姆法则可得以下推论.

推论 1.5 若 n 元齐次线性方程组(1-7)的系数行列式 $D\neq0$，则方程组(1-7)只有零解.

推论 1.6 n 元齐次线性方程组(1-7)有非零解的充分必要条件是系数行列式 $D=0$.

例 1.3.2 讨论齐次线性方程组的解

$$\begin{cases}3x_1+5x_2-x_3=0\\-x_1+3x_2+2x_3=0\\2x_1+x_2+x_3=0\end{cases}.$$

解 因为

$$D=\begin{vmatrix}3&5&-1\\-1&3&2\\2&1&1\end{vmatrix}=\begin{vmatrix}5&6&0\\-5&1&0\\2&1&1\end{vmatrix}=\begin{vmatrix}5&6\\-5&1\end{vmatrix}=35\neq0,$$

所以方程组只有零解.

> **小贴士** 克莱姆法则是判断未知量个数和方程个数相等的齐次线性方程组是否有非零解的一个好的方法.

例 1.3.3 当 λ 取何值时，齐次线性方程组

$$\begin{cases}x_1+2x_2-2x_3=0\\3x_1+x_2-x_3=0\\2x_1-x_2+\lambda x_3=0\end{cases}$$

有非零解.

解 因为 $D=\begin{vmatrix}1&2&-2\\3&1&-1\\2&-1&\lambda\end{vmatrix}=\begin{vmatrix}-5&0&0\\3&1&-1\\5&0&\lambda-1\end{vmatrix}=-5\begin{vmatrix}1&-1\\0&\lambda-1\end{vmatrix}=-5(\lambda-1).$

所以由推论 1.5 可知，当 $D=-5(\lambda-1)=0$，即 $\lambda=1$ 时，齐次线性方程组有非零解.

习题 1.3

1. 利用克莱姆法则解下列线性方程组：

(1) $\begin{cases} 5x_1+2x_2-4x_3=-3 \\ 2x_1-\ x_2+2x_3=6 \\ \ x_1+\ x_2-\ x_3=0 \end{cases}$；　　(2) $\begin{cases} -2x_1-5x_2+\ x_3+7x_4=-5 \\ 3x_1+2x_2-\ x_3-6x_4=-1 \\ x_1-3x_2+2x_3+5x_4=-4 \\ -x_1+8x_2-2x_3+3x_4=1 \end{cases}$.

2. 问 λ 取何值时，齐次线性方程组 $\begin{cases} \lambda x_1+\ x_2+x_3=0 \\ x_1-\ x_2+x_3=0 \\ x_1-2x_2+x_3=0 \end{cases}$ 有非零解.

第四节　数学思想方法(一)——符号化思想

符号化思想具有简化数学表达、推动数学思考、促进数学建模等作用.

一、符号化的思想

符号是一种直观、形象的数学语言，用符号化的语言(包括字母、数字、图形和各种特定的符号)来描述数学的内容，就是符号化思想. 符号化思想是数学最基本的思想之一，学生只有理解和掌握了数学符号的内涵和思想，才有可能利用它们进行正确的运算、推理并解决问题. 数学符号是人们在研究现实世界的数量关系和空间形式的过程中产生的，它来源于生活，但并不是生活中真实的物质存在，而是一种抽象概括. 数学能够帮助人们完成大量的运算和推理证明，但如果没有简洁的思想和符号的参与，它的工作量和难度也是很大的，让人望而生畏. 一旦简捷的符号参与了运算和推理证明，数学的简捷性就表现出来了. 如欧洲人 12 世纪以前基本上用罗马数字进行计数和运算，由于这种计数法不是十进制的，大数的四则运算非常复杂，严重阻碍了数学的发展和普及. 直到 12 世纪印度数字及十进制计数法传入欧洲，才使得算术有了较快的发展和普及. 数学符号的发展也经历了从各自独立到逐步规范、统一和国际化的过程. 最明显的就是早期的数字符号从各自独立的埃及数字、巴比伦数字、中国数字、印度数字和罗马数字到统一的阿拉伯数字. 数学符号经历了从发明到应用再到统一的逐步完善的过程，并促进了数学的发展；反之，数学的发展也促进了符号的发展. 因此，数学和符号是相互促进发展的，而且这种发展可能是一个漫长的过程. 符号意识的培养也贯穿于数学学习的整个过程中，并需要一定的训练才能达到比较熟练的程度.

二、行列式中的符号化思想

行列式是一个重要的数学工具，不仅在数学中有广泛的应用，在其他学科中也经常遇到. 历史上，最早使用行列式概念的是 17 世纪德国数学家莱布尼兹. 莱布尼兹在 1693 年 4 月 28 日写给洛必达的一封信里有一个线性方程组：

$$10+11x+12y=0$$
$$20+21x+22y=0$$
$$30+31x+32y=0$$

莱布尼兹用 10,11,12,20,21,22,30,31,32 表示线性方程组的系数，相当于现在的 a_{11}，a_{12}，a_{13}，a_{21}，a_{22}，a_{23}，a_{31}，a_{32}，a_{33}，然后，他写了这个线性方程组有非零解的条件：

$$\begin{array}{ccc} 10\cdot 21\cdot 32 & & 10\cdot 22\cdot 31 \\ 11\cdot 22\cdot 30 & = & 11\cdot 20\cdot 32 \\ 12\cdot 20\cdot 31 & & 12\cdot 21\cdot 30 \end{array}$$

上面的式子等价于：

$$10\cdot 21\cdot 32+11\cdot 22\cdot 30+12\cdot 20\cdot 31=10\cdot 22\cdot 31+11\cdot 20\cdot 32+12\cdot 21\cdot 30,$$

也可以写成：

$$10\cdot 21\cdot 32+11\cdot 22\cdot 30+12\cdot 20\cdot 31-10\cdot 22\cdot 31-11\cdot 20\cdot 32-12\cdot 21\cdot 30=0.$$

这其实就相当于说这个线性方程组的系数行列式 $\begin{vmatrix} 10 & 11 & 12 \\ 20 & 21 & 22 \\ 30 & 31 & 32 \end{vmatrix}=0$ 了. 莱布尼兹可以看作是行列式的发明者.

复习题一

一、单项选择题

1. 若行列式 $\begin{vmatrix} 1 & 2 & 5 \\ 1 & 3 & -2 \\ 2 & 5 & x \end{vmatrix}=0$，则 $x=$（　　）.

A. 2　　B. -2　　C. 3　　D. -3

2. 线性方程组 $\begin{cases} x_1+2x_2=3 \\ 3x_1+7x_2=4 \end{cases}$，则方程组的解 $(x_1,x_2)=$（　　）.

A. (13,5)　　B. $(-13,5)$　　C. $(13,-5)$　　D. $(-13,-5)$

3. 方程 $\begin{vmatrix} 1 & x & x^2 \\ 1 & 2 & 4 \\ 1 & 3 & 9 \end{vmatrix}=0$ 根的个数是（　　）.

A. 0　　B. 1　　C. 2　　D. 3

4. 已知行列式 $\begin{vmatrix} a_{11} & a_{12} & a_{13} \\ a_{21} & a_{22} & a_{23} \\ a_{31} & a_{32} & a_{33} \end{vmatrix}=m$，则行列式 $\begin{vmatrix} a_{21} & a_{22} & a_{23} \\ 2a_{31}-a_{11} & 2a_{32}-a_{12} & 2a_{33}-a_{13} \\ 2a_{11}+a_{21} & 2a_{12}+a_{22} & 2a_{13}+a_{23} \end{vmatrix}=$（　　）.

A. $-4m$　　B. $-2m$　　C. $2m$　　D. $4m$

5. 设方程组$\begin{cases}\lambda x_1-x_2-x_3=1\\x_1+\lambda x_2+x_3=1\\-x_1+x_2+\lambda x_3=2\end{cases}$，若方程组有唯一解，则 λ 的值应为(　　).

A. 0　　B. 1　　C. -1　　D. 异于 0 与 ±1 的数

二、填空题

1. 行列式$\begin{vmatrix}k-1&2\\2&k-1\end{vmatrix}\neq0$的充分必要条件是____________.

2. $\begin{vmatrix}1&2&3\\3&1&2\\2&3&1\end{vmatrix}=$____________.

3. 行列式 D 中第 2 行元素的代数余子式之和 $A_{21}+A_{22}+A_{23}+A_{24}=$______，其中 $D=\begin{vmatrix}1&1&1&1\\1&-1&1&1\\1&1&-1&1\\1&1&1&-1\end{vmatrix}$.

4. 若行列式$\begin{vmatrix}a_{11}&a_{12}&a_{13}\\a_{21}&a_{22}&a_{23}\\a_{31}&a_{32}&a_{33}\end{vmatrix}=\frac{1}{2}$，则行列式$\begin{vmatrix}2a_{11}&a_{13}&a_{11}-2a_{12}\\2a_{21}&a_{23}&a_{21}-2a_{22}\\2a_{31}&a_{33}&a_{31}-2a_{32}\end{vmatrix}=$______.

5. 设方程组$\begin{cases}x_1+2x_2+x_3=0\\2x_2+5x_3=0\\-3x_1-2x_2+kx_3=0\end{cases}$有非零解，则 $k=$______.

三、计算题

1. $D=\begin{vmatrix}3&0&4&0\\2&2&2&2\\0&-7&0&0\\5&3&-2&2\end{vmatrix}$.

2. $D=\begin{vmatrix}5&6&6&6\\6&5&6&6\\6&6&5&6\\6&6&6&5\end{vmatrix}$.

3. $D_n=\begin{vmatrix}1&3&3&\cdots&3&3\\3&2&3&\cdots&3&3\\3&3&3&\cdots&3&3\\\vdots&\vdots&\vdots&&\vdots&\vdots\\3&3&3&\cdots&n-1&3\\3&3&3&\cdots&3&n\end{vmatrix}$.

4. $D_n=\begin{vmatrix}1&2&3&\cdots&n\\2&1&2&\cdots&n-1\\3&2&1&\cdots&n-2\\\vdots&\vdots&\vdots&&\vdots\\n&n-1&n-2&\cdots&1\end{vmatrix}$.

四、证明题

$$\begin{vmatrix} a^2 & (a+1)^2 & (a+2)^2 & (a+3)^2 \\ b^2 & (b+1)^2 & (b+2)^2 & (b+3)^2 \\ c^2 & (c+1)^2 & (c+2)^2 & (c+3)^2 \\ d^2 & (d+1)^2 & (d+2)^2 & (d+3)^2 \end{vmatrix}=0.$$

第二章　矩　阵

学习目标

- 了解矩阵的概念.
- 掌握矩阵的加法、数乘、乘法运算,会求矩阵的逆矩阵.
- 会用初等行变换求矩阵的秩.

【向超市发送食品案例】

某食品厂向 B_1,B_2,B_3 三个超市发送 A_1,A_2,A_3,A_4 四种食品,调运计划数见下表:

食品 / 数量 / 超市	A_1	A_2	A_3	A_4
B_1	13	10	18	21
B_2	12	11	22	19
B_3	15	14	25	28

表中第 $i(i=1,2,3)$行、第 $j(j=1,2,3,4)$列的数表示运往第 B_i 个超市第 A_j 种食品的数量.

此表可以简单表示为数表$\begin{pmatrix} 13 & 10 & 18 & 21 \\ 12 & 11 & 22 & 19 \\ 15 & 14 & 25 & 28 \end{pmatrix}$.

第一节　矩阵的概念与运算

一、矩阵的概念

定义 2.1　由 $m\times n$ 个数 $a_{ij}(i=1,2,\cdots,m;\ j=1,2,\cdots,n)$排成 m 行 n 列的数表

$$\boldsymbol{A}=\begin{pmatrix} a_{11} & a_{12} & \cdots & a_{1n} \\ a_{21} & a_{22} & \cdots & a_{2n} \\ \vdots & \vdots & & \vdots \\ a_{m1} & a_{m2} & \cdots & a_{mn} \end{pmatrix}$$

称为 m 行 n 列矩阵，简称 $m\times n$ 矩阵. 数 a_{ij} 称为矩阵 $\boldsymbol{A}$ 的第 i 行第 j 列的元素，简称为元素. i 称为 a_{ij} 的行标，j 称为 a_{ij} 的列标. 通常用大写黑斜体字母 $\boldsymbol{A},\boldsymbol{B},\boldsymbol{C}$ 等表示矩阵. 一个 $m\times n$ 矩阵可简记为 $\boldsymbol{A}_{m\times n}$ 或 $\boldsymbol{A}=(a_{ij})_{m\times n}$ 或 $\boldsymbol{A}=(a_{ij})$.

显然，矩阵是数表，不是数.

行数相等且列数也相等的两个矩阵，称为**同型矩阵**. 如矩阵 $\boldsymbol{A}_{m\times n}$ 与矩阵 $\boldsymbol{B}_{m\times n}$ 为同型矩阵.

若 $\boldsymbol{A}=(a_{ij})$ 与 $\boldsymbol{B}=(b_{ij})$ 为同型矩阵，并且对应元素相等，即

$$a_{ij}=b_{ij}\quad (i=1,2,\cdots,m;\ j=1,2,\cdots,n),$$

则称矩阵 $\boldsymbol{A}$ 与矩阵 $\boldsymbol{B}$ **相等**，记作 $\boldsymbol{A}=\boldsymbol{B}$.

几种特殊的矩阵

(1) **零矩阵**:元素全为零的矩阵称为零矩阵，零矩阵记为 $\boldsymbol{O}_{m\times n}$ 或 $\boldsymbol{O}$. 注意不同型的零矩阵是不等的.

(2) **方阵**:行数与列数都等于 n 的矩阵称为 n 阶方阵或 n 阶矩阵，n 阶方阵 $\boldsymbol{A}$ 也可记作 $\boldsymbol{A}_n$. 元素 a_{ii} 称为方阵 $\boldsymbol{A}$ 的第 i 行主对角线元素，元素 a_{11}，a_{22}，$\cdots$，a_{nn} 构成 $\boldsymbol{A}$ 的主对角线.

(3) **行矩阵**:只有一行的矩阵

$$\boldsymbol{A}=(a_1\quad a_2\quad \cdots\quad a_n)$$

称为行矩阵，又称行向量.

(4) **列矩阵**:只有一列的矩阵

$$\boldsymbol{B}=\begin{pmatrix} b_1\\ b_2\\ \vdots\\ b_n\end{pmatrix}$$

称为列矩阵，又称列向量.

(5) **单位矩阵**:n 阶方阵

$$\boldsymbol{E}_n=\begin{pmatrix} 1 & 0 & \cdots & 0\\ 0 & 1 & \cdots & 0\\ \vdots & \vdots & & \vdots\\ 0 & 0 & \cdots & 1\end{pmatrix}$$

称为单位矩阵，简记作 $\boldsymbol{E}$. 这个矩阵的特点是：主对角线上的元素都是 1，其他元素都是 0.

(6) **对角矩阵**:除主对角线元素外，其他元素都为零的 n 阶方阵称为对角矩阵，即

$$\boldsymbol{\Lambda}=\begin{pmatrix} \lambda_1 & 0 & \cdots & 0\\ 0 & \lambda_2 & \cdots & 0\\ \vdots & \vdots & & \vdots\\ 0 & 0 & \cdots & \lambda_n\end{pmatrix},$$

或记作 $\boldsymbol{\Lambda}=(\lambda_1,\lambda_2,\cdots,\lambda_n)$.

当 $\lambda_1=\lambda_2=\cdots=\lambda_n$ 时称为**数量矩阵**.

(7) **上三角矩阵**:主对角线以下的元素都为零的 n 阶方阵称为上三角矩阵，即

$$\begin{pmatrix} a_{11} & a_{12} & \cdots & a_{1n} \\ 0 & a_{22} & \cdots & a_{2n} \\ \vdots & \vdots & & \vdots \\ 0 & 0 & \cdots & a_{nn} \end{pmatrix}.$$

(8) **下三角矩阵**:主对角线以上的元素都为零的 n 阶方阵称为下三角矩阵，即

$$\begin{pmatrix} a_{11} & 0 & \cdots & 0 \\ a_{21} & a_{22} & \cdots & 0 \\ \vdots & \vdots & & \vdots \\ a_{n1} & a_{n2} & \cdots & a_{nn} \end{pmatrix}.$$

显然,单位矩阵、对角矩阵、上三角矩阵、下三角矩阵都是方阵;单位矩阵是对角矩阵.

二、矩阵的运算

1. 矩阵的加法和减法

定义 2.2 设有两个同型矩阵 $\boldsymbol{A}=(a_{ij})_{m\times n}$ 和 $\boldsymbol{B}=(b_{ij})_{m\times n}$,那么矩阵 $\boldsymbol{A}$ 与 $\boldsymbol{B}$ 的和与差记作 $\boldsymbol{A}\pm\boldsymbol{B}$,规定为

$$\boldsymbol{A}\pm\boldsymbol{B}=\begin{pmatrix} a_{11}\pm b_{11} & a_{12}\pm b_{12} & \cdots & a_{1n}\pm b_{1n} \\ a_{21}\pm b_{21} & a_{22}\pm b_{22} & \cdots & a_{2n}\pm b_{2n} \\ \vdots & \vdots & & \vdots \\ a_{m1}\pm b_{m1} & a_{m2}\pm b_{m2} & \cdots & a_{mn}\pm b_{mn} \end{pmatrix}=(a_{ij}\pm b_{ij})_{m\times n}.$$

例如,设
$$\boldsymbol{A}=\begin{pmatrix} 2 & 4 & 1 \\ -1 & 3 & 5 \end{pmatrix},\ \boldsymbol{B}=\begin{pmatrix} 1 & -2 & 1 \\ 6 & 8 & 7 \end{pmatrix},$$

则
$$\boldsymbol{A}+\boldsymbol{B}=\begin{pmatrix} 2+1 & 4-2 & 1+1 \\ -1+6 & 3+8 & 5+7 \end{pmatrix}=\begin{pmatrix} 3 & 2 & 2 \\ 5 & 11 & 12 \end{pmatrix},$$
$$\boldsymbol{A}-\boldsymbol{B}=\begin{pmatrix} 2-1 & 4-(-2) & 1-1 \\ -1-6 & 3-8 & 5-7 \end{pmatrix}=\begin{pmatrix} 1 & 6 & 0 \\ -7 & -5 & -2 \end{pmatrix}.$$

显然,只有两个同型矩阵才能进行加、减法运算.

矩阵加法满足下列运算规律:

设 $\boldsymbol{A},\boldsymbol{B},\boldsymbol{C}$ 都是 $m\times n$ 矩阵,则

(1) 交换律 $\boldsymbol{A}+\boldsymbol{B}=\boldsymbol{B}+\boldsymbol{A}$;

(2) 结合律 $(\boldsymbol{A}+\boldsymbol{B})+\boldsymbol{C}=\boldsymbol{A}+(\boldsymbol{B}+\boldsymbol{C})$.

2. 数与矩阵相乘

定义 2.3 数 λ 与矩阵 $\boldsymbol{A}=(a_{ij})_{m\times n}$ 的乘积记作 $\lambda\boldsymbol{A}$ 或 $\boldsymbol{A}\lambda$,规定为

$$\lambda \boldsymbol{A}=\boldsymbol{A}\lambda=(\lambda a_{ij})_{m\times n}=\begin{pmatrix}\lambda a_{11} & \lambda a_{12} & \cdots & \lambda a_{1n}\\ \lambda a_{21} & \lambda a_{22} & \cdots & \lambda a_{2n}\\ \vdots & \vdots & & \vdots\\ \lambda a_{m1} & \lambda a_{m2} & \cdots & \lambda a_{mn}\end{pmatrix}.$$

数乘矩阵满足下列运算规律：

设 $\boldsymbol{A},\boldsymbol{B}$ 都是 $m\times n$ 矩阵，k,l 为数，则

(1) $(kl)\boldsymbol{A}=k(l\boldsymbol{A})$；

(2) $k(\boldsymbol{A}+\boldsymbol{B})=k\boldsymbol{A}+k\boldsymbol{B}$；

(3) $(k+l)\boldsymbol{A}=k\boldsymbol{A}+l\boldsymbol{A}$.

设矩阵 $\boldsymbol{A}=(a_{ij})_{m\times n}$，记 $-\boldsymbol{A}=(-a_{ij})_{m\times n}$，$-\boldsymbol{A}$ 称为矩阵 $\boldsymbol{A}$ 的**负矩阵**.

例 2.1.1 已知 $\boldsymbol{A}=\begin{pmatrix}2 & -3 & 1\\ -1 & 4 & 5\end{pmatrix}$，$\boldsymbol{B}=\begin{pmatrix}-1 & 4 & 2\\ 5 & 0 & 7\end{pmatrix}$，求 $\boldsymbol{A}-2\boldsymbol{B}$.

解 $\boldsymbol{A}-2\boldsymbol{B}=\begin{pmatrix}2+2 & -3-8 & 1-4\\ -1-10 & 4-0 & 5-14\end{pmatrix}=\begin{pmatrix}4 & -11 & -3\\ -11 & 4 & -9\end{pmatrix}$.

3. 矩阵的乘法

【销售额与销售利润案例】

某商店主要销售甲、乙、丙三种商品，其销售资料见下面的两表，试计算该商店第二季度三个月的销售额与销售利润各是多少.

月份	销售量		
	甲	乙	丙
4 月	400	200	700
5 月	500	300	500
6 月	600	400	600

品名	单价	单位利润
甲	30	5
乙	20	4
丙	15	2

解 列表计算如下：

月份	销售额(元)	销售利润(元)
4 月	400×30+200×20+700×15	400×5+200×4+700×2
5 月	500×30+300×20+500×15	500×5+300×4+500×2
6 月	600×30+400×20+600×15	600×5+400×4+600×2

定义 2.4 设矩阵 $\boldsymbol{A}=(a_{ij})_{m\times s}$ 和 $\boldsymbol{B}=(b_{ij})_{s\times n}$，规定矩阵 $\boldsymbol{A}$ 与 $\boldsymbol{B}$ 的乘积是一个 $m\times n$ 矩阵 $\boldsymbol{C}=(c_{ij})_{m\times n}$，记作 $\boldsymbol{AB}=\boldsymbol{C}=(c_{ij})_{m\times n}$，其中

$$c_{ij}=a_{i1}b_{1j}+a_{i2}b_{2j}+\cdots+a_{is}b_{sj}=\sum_{k=1}^{s}a_{ik}b_{kj}\quad(i=1,2,\cdots,m;\ j=1,2,\cdots,n).$$

由此表明矩阵乘积 $\boldsymbol{AB}=\boldsymbol{C}=(c_{ij})_{m\times n}$ 的元素 c_{ij} 就是 $\boldsymbol{A}$ 的第 i 行与 $\boldsymbol{B}$ 的第 j 列对应元素乘积的和.

显然，只有左矩阵的列数等于右矩阵的行数时，两个矩阵才能相乘，否则乘法没有意义.

例 2.1.2 求矩阵

$$A=\begin{pmatrix}1 & 4 & -1 & 2\\ 3 & 1 & 1 & 0\\ 4 & 0 & 3 & 1\end{pmatrix} \text{与 } B=\begin{pmatrix}2 & 1\\ 3 & 0\\ 1 & 2\\ 0 & 1\end{pmatrix}$$

的乘积 AB 和 BA.

解 因为 A 是 3×4 矩阵，B 是 4×2 矩阵，A 的列数等于 B 的行数，所以矩阵 A 与 B 可以相乘，其乘积 AB 是一个 3×2 矩阵. 由矩阵乘法有

$$\begin{aligned}AB&=\begin{pmatrix}1 & 4 & -1 & 2\\ 3 & 1 & 1 & 0\\ 4 & 0 & 3 & 1\end{pmatrix}\begin{pmatrix}2 & 1\\ 3 & 0\\ 1 & 2\\ 0 & 1\end{pmatrix}\\ &=\begin{pmatrix}1\times2+4\times3+(-1)\times1+2\times0 & 1\times1+4\times0+(-1)\times2+2\times1\\ 3\times2+1\times3+1\times1+0\times0 & 3\times1+1\times0+1\times2+0\times1\\ 4\times2+0\times3+3\times1+1\times0 & 4\times1+0\times0+3\times2+1\times1\end{pmatrix}\\ &=\begin{pmatrix}13 & 1\\ 10 & 5\\ 11 & 11\end{pmatrix}.\end{aligned}$$

因为 B 的列数不等于 A 的行数，所以矩阵 B 与 A 的乘积 BA 无意义.

例 2.1.3 求矩阵

$$A=\begin{pmatrix}-2 & 4\\ 1 & -2\end{pmatrix} \text{与 } B=\begin{pmatrix}2 & 4\\ -3 & -6\end{pmatrix}$$

的乘积 AB 及 BA.

解 由矩阵乘法有

$$AB=\begin{pmatrix}-2 & 4\\ 1 & -2\end{pmatrix}\begin{pmatrix}2 & 4\\ -3 & -6\end{pmatrix}=\begin{pmatrix}-16 & -32\\ 8 & 16\end{pmatrix},$$

$$BA=\begin{pmatrix}2 & 4\\ -3 & -6\end{pmatrix}\begin{pmatrix}-2 & 4\\ 1 & -2\end{pmatrix}=\begin{pmatrix}0 & 0\\ 0 & 0\end{pmatrix}.$$

小贴士

在例 2.1.2 中，A 是 3×4 矩阵，B 是 4×2 矩阵，乘积 AB 有意义而 BA 无意义. 在例 2.1.3 中，虽然 AB 与 BA 均有意义，但 $AB\neq BA$，即矩阵的乘法不满足交换律.

例 2.1.3 还表明，矩阵 $A\neq0$，$B\neq0$，但却有 $BA=0$. 这就是说，若有两个矩阵 A 与 B 满足 $AB=0$，不能得出 $A=0$ 或 $B=0$ 的结论.

小点睛

事实既有正例亦有反例,要证明一个命题成立,无数个正例也替代不了严密的推理论证;要否定一个命题,只要举出一个反例就可以了.反例法作为戳穿错误、伪证的强有力的数学思想方法,盖尔鲍姆和奥姆斯特给予了高度评价:"一个数学问题用一个反例予以解决,给人的刺激犹如一出好的戏剧."

矩阵的乘法满足下述运算规律(假设运算都是可行的):

设 $\boldsymbol{A},\boldsymbol{B},\boldsymbol{C}$ 都是矩阵,k 为数,则

(1) 结合律 $(\boldsymbol{AB})\boldsymbol{C}=\boldsymbol{A}(\boldsymbol{BC}),k(\boldsymbol{AB})=(k\boldsymbol{A})\boldsymbol{B}=\boldsymbol{A}(k\boldsymbol{B})$;

(2) 分配律 $\boldsymbol{A}(\boldsymbol{B}+\boldsymbol{C})=\boldsymbol{AB}+\boldsymbol{AC},(\boldsymbol{A}+\boldsymbol{B})\boldsymbol{C}=\boldsymbol{AC}+\boldsymbol{BC}$;

(3) $\boldsymbol{E}_m\boldsymbol{A}_{m\times n}=\boldsymbol{A}_{m\times n},\boldsymbol{A}_{m\times n}\boldsymbol{E}_n=\boldsymbol{A}_{m\times n}$ 或简写成 $\boldsymbol{EA}=\boldsymbol{AE}=\boldsymbol{A}$.

可见,单位矩阵 $\boldsymbol{E}$ 在矩阵乘法中的作用类似于实数乘法运算中的数 1.

有了矩阵的乘法,就可以定义**矩阵的幂**.设 $\boldsymbol{A}$ 是 n 阶方阵,定义

$$\boldsymbol{A}^0=\boldsymbol{E},\ \boldsymbol{A}^1=\boldsymbol{A},\ \boldsymbol{A}^2=\boldsymbol{A}^1\boldsymbol{A}^1,\cdots,\ \boldsymbol{A}^{k+l}=\boldsymbol{A}^k\boldsymbol{A}^l,$$

其中,k 为正整数.这就是说,$\boldsymbol{A}^k$ 就是 k 个 $\boldsymbol{A}$ 连乘.显然,只有方阵的幂才有意义.

方阵的幂满足下列运算规律:

$$\boldsymbol{A}^k\boldsymbol{A}^l=\boldsymbol{A}^{k+l},\quad (\boldsymbol{A}^k)^l=\boldsymbol{A}^{kl}.$$

其中,k,l 为正整数.

请思考

$(\boldsymbol{AB})^k$ 与 $\boldsymbol{A}^k\boldsymbol{B}^k$ 是否相等,为什么?

例 2.1.4 设 $\boldsymbol{A}=\begin{pmatrix}1&0\\\lambda&1\end{pmatrix}$,求 $\boldsymbol{A}^2,\boldsymbol{A}^3,\cdots,\boldsymbol{A}^k$.

解

$$\boldsymbol{A}^2=\begin{pmatrix}1&0\\\lambda&1\end{pmatrix}\begin{pmatrix}1&0\\\lambda&1\end{pmatrix}=\begin{pmatrix}1&0\\2\lambda&1\end{pmatrix},$$

$$\boldsymbol{A}^3=\boldsymbol{A}^2\boldsymbol{A}=\begin{pmatrix}1&0\\2\lambda&1\end{pmatrix}\begin{pmatrix}1&0\\\lambda&1\end{pmatrix}=\begin{pmatrix}1&0\\3\lambda&1\end{pmatrix},$$

$$\boldsymbol{A}^4=\boldsymbol{A}^3\boldsymbol{A}=\begin{pmatrix}1&0\\3\lambda&1\end{pmatrix}\begin{pmatrix}1&0\\\lambda&1\end{pmatrix}=\begin{pmatrix}1&0\\4\lambda&1\end{pmatrix},$$

……

$$\boldsymbol{A}^k=\boldsymbol{A}^{k-1}\boldsymbol{A}=\begin{pmatrix}1&0\\(k-1)\lambda&1\end{pmatrix}\begin{pmatrix}1&0\\\lambda&1\end{pmatrix}=\begin{pmatrix}1&0\\k\lambda&1\end{pmatrix}.$$

例 2.1.5 设 $\boldsymbol{A}=\begin{pmatrix}0&1&0\\0&0&1\\0&0&0\end{pmatrix}$,求 $\boldsymbol{A}^k$.

解
$$A^2=\begin{pmatrix}0&1&0\\0&0&1\\0&0&0\end{pmatrix}\begin{pmatrix}0&1&0\\0&0&1\\0&0&0\end{pmatrix}=\begin{pmatrix}0&0&1\\0&0&0\\0&0&0\end{pmatrix},$$
$$A^3=A^2A=\begin{pmatrix}0&0&1\\0&0&0\\0&0&0\end{pmatrix}\begin{pmatrix}0&1&0\\0&0&1\\0&0&0\end{pmatrix}=\begin{pmatrix}0&0&0\\0&0&0\\0&0&0\end{pmatrix},$$

所以

$$k=1\text{ 时，}\quad A^k=\begin{pmatrix}0&1&0\\0&0&1\\0&0&0\end{pmatrix},$$
$$k=2\text{ 时，}\quad A^k=\begin{pmatrix}0&0&1\\0&0&0\\0&0&0\end{pmatrix},$$
$$k\geqslant3\text{ 时，}\quad A^k=\begin{pmatrix}0&0&0\\0&0&0\\0&0&0\end{pmatrix}.$$

4. 矩阵的转置

定义 2.5 将矩阵 A 的行换成同序数的列得到一个新矩阵，称为 A 的转置矩阵，记作 A^{T}.

设

$$A=\begin{pmatrix}a_{11}&a_{12}&\cdots&a_{1n}\\a_{21}&a_{22}&\cdots&a_{2n}\\\vdots&\vdots&&\vdots\\a_{m1}&a_{m2}&\cdots&a_{mn}\end{pmatrix},$$

则

$$A^{\mathrm{T}}=\begin{pmatrix}a_{11}&a_{21}&\cdots&a_{m1}\\a_{12}&a_{22}&\cdots&a_{m2}\\\vdots&\vdots&&\vdots\\a_{1n}&a_{2n}&\cdots&a_{mn}\end{pmatrix}.$$

例如 $A=\begin{pmatrix}2&3&10\\-1&14&5\end{pmatrix}$ 的转置矩阵为 $A^{\mathrm{T}}=\begin{pmatrix}2&-1\\3&14\\10&5\end{pmatrix}$.

矩阵的转置满足下述运算规律（假设运算都是可行的）：

(1) $(A^{\mathrm{T}})^{\mathrm{T}}=A$；

(2) $(A+B)^{\mathrm{T}}=A^{\mathrm{T}}+B^{\mathrm{T}}$；

(3) $(\lambda A)^{\mathrm{T}}=\lambda A^{\mathrm{T}}$（$\lambda$ 为数）；

(4) $(\boldsymbol{AB})^{\mathrm{T}}=\boldsymbol{B}^{\mathrm{T}}\boldsymbol{A}^{\mathrm{T}}$.

例 2.1.6 设矩阵 $\boldsymbol{A}=(a_1\quad a_2\quad a_3)$,求 $\boldsymbol{AA}^{\mathrm{T}}$ 及 $\boldsymbol{A}^{\mathrm{T}}\boldsymbol{A}$.

解
$$\boldsymbol{AA}^{\mathrm{T}}=(a_1\quad a_2\quad a_3)\begin{pmatrix}a_1\\a_2\\a_3\end{pmatrix}=a_1^2+a_2^2+a_3^2;$$

$$\boldsymbol{A}^{\mathrm{T}}\boldsymbol{A}=\begin{pmatrix}a_1\\a_2\\a_3\end{pmatrix}(a_1\quad a_2\quad a_3)=\begin{pmatrix}a_1^2&a_1a_2&a_1a_3\\a_1a_2&a_2^2&a_2a_3\\a_1a_3&a_2a_3&a_3^2\end{pmatrix}.$$

例 2.1.7 已知

$$\boldsymbol{A}=\begin{pmatrix}2&0&-1\\1&3&2\end{pmatrix},\ \boldsymbol{B}=\begin{pmatrix}1&7&-1\\4&2&3\\2&0&1\end{pmatrix},$$

求$(\boldsymbol{AB})^{\mathrm{T}}$.

解法 1

$$\boldsymbol{AB}=\begin{pmatrix}2&0&-1\\1&3&2\end{pmatrix}\begin{pmatrix}1&7&-1\\4&2&3\\2&0&1\end{pmatrix}=\begin{pmatrix}0&14&-3\\17&13&10\end{pmatrix},$$

所以
$$(\boldsymbol{AB})^{\mathrm{T}}=\begin{pmatrix}0&17\\14&13\\-3&10\end{pmatrix}.$$

解法 2

$$(\boldsymbol{AB})^{\mathrm{T}}=\boldsymbol{B}^{\mathrm{T}}\boldsymbol{A}^{\mathrm{T}}=\begin{pmatrix}1&4&2\\7&2&0\\-1&3&1\end{pmatrix}\begin{pmatrix}2&1\\0&3\\-1&2\end{pmatrix}=\begin{pmatrix}0&17\\14&13\\-3&10\end{pmatrix}.$$

设 $\boldsymbol{A}$ 为 n 阶方阵,如果满足 $\boldsymbol{A}^{\mathrm{T}}=\boldsymbol{A}$,即

$$a_{ij}=a_{ji}(i,j=1,2,\cdots,n),$$

则称 $\boldsymbol{A}$ 为**对称矩阵**.

对称矩阵的特点是以主对角线为对称轴的对应元素相等. 例如 $\begin{pmatrix}1&7&2\\7&-5&0\\2&0&9\end{pmatrix}$.

对于任意 n 阶方阵 $\boldsymbol{A}$,显然

$$(\boldsymbol{AA}^{\mathrm{T}})^{\mathrm{T}}=(\boldsymbol{A}^{\mathrm{T}})^{\mathrm{T}}\boldsymbol{A}^{\mathrm{T}}=\boldsymbol{AA}^{\mathrm{T}}\text{和}\ (\boldsymbol{A}^{\mathrm{T}}\boldsymbol{A})^{\mathrm{T}}=\boldsymbol{A}^{\mathrm{T}}(\boldsymbol{A}^{\mathrm{T}})^{\mathrm{T}}=\boldsymbol{A}^{\mathrm{T}}\boldsymbol{A}$$

成立,即 $\boldsymbol{AA}^{\mathrm{T}}$,$\boldsymbol{A}^{\mathrm{T}}\boldsymbol{A}$ 均为对称矩阵,如例 2.1.6.

5. 方阵的行列式

定义 2.6 设矩阵 $\boldsymbol{A}=(a_{ij})_{n\times n}$为 n 阶方阵,按 $\boldsymbol{A}$ 中元素的排列方式所构成的行列式

$$\begin{vmatrix} a_{11} & a_{12} & \cdots & a_{1n} \\ a_{21} & a_{22} & \cdots & a_{2n} \\ \vdots & \vdots & & \vdots \\ a_{n1} & a_{n2} & \cdots & a_{nn} \end{vmatrix}$$

称为方阵 $\boldsymbol{A}$ 的行列式，记作 $|\boldsymbol{A}|$ 或 $\det\boldsymbol{A}$.

显然，方阵 $\boldsymbol{A}$ 与方阵 $\boldsymbol{A}$ 的行列式是两个不同概念，前者是一个数表，后者是一个数.

设 $\boldsymbol{A}$ 与 $\boldsymbol{B}$ 为 n 阶方阵，λ 为数，方阵的行列式满足下列规律：

(1) $|\boldsymbol{A}^{\mathrm{T}}|=|\boldsymbol{A}|$；

(2) $|k\boldsymbol{A}|=k^n|\boldsymbol{A}|$；

(3) $|\boldsymbol{AB}|=|\boldsymbol{A}||\boldsymbol{B}|$.

请思考

行列式与矩阵的运算区别有哪些？

例 2.1.8 设

$$\boldsymbol{A}=\begin{pmatrix} 5 & 7 & 1 \\ 0 & -5 & 0 \\ 2 & 0 & 1 \end{pmatrix},\quad \boldsymbol{B}=\begin{pmatrix} 0 & 1 & -2 \\ 0 & -3 & 0 \\ 1 & 0 & 4 \end{pmatrix},$$

求 $|3\boldsymbol{A}|$ 和 $|\boldsymbol{AB}|$.

解 因为 $\boldsymbol{A}$ 与 $\boldsymbol{B}$ 为三阶行列式，且 $|\boldsymbol{A}|=-15$，$|\boldsymbol{B}|=-6$，所以

$$|3\boldsymbol{A}|=3^3|\boldsymbol{A}|=27\times(-15)=-405,$$
$$|\boldsymbol{AB}|=|\boldsymbol{A}||\boldsymbol{B}|=(-15)\times(-6)=90.$$

习题 2.1

1. 设

$$\boldsymbol{A}=\begin{pmatrix} 1 & -5 & 1 \\ 0 & 2 & 4 \\ 1 & 0 & -3 \end{pmatrix},\quad \boldsymbol{B}=\begin{pmatrix} 0 & 2 & 1 \\ 1 & -1 & 5 \\ 0 & 4 & -3 \end{pmatrix},$$

求 $\boldsymbol{A}+2\boldsymbol{B}$，$3\boldsymbol{A}-\boldsymbol{B}$，$\boldsymbol{AB}^{\mathrm{T}}$，$(\boldsymbol{AB})^{\mathrm{T}}$.

2. 设

$$\boldsymbol{A}=\begin{pmatrix} 1 & 2 \\ 1 & 3 \end{pmatrix},\quad \boldsymbol{B}=\begin{pmatrix} 1 & 0 \\ 1 & 2 \end{pmatrix},$$

求满足关系式 $2\boldsymbol{A}-\boldsymbol{X}=3\boldsymbol{B}$ 的 $\boldsymbol{X}$.

3. 计算下列矩阵的乘积：

(1) $\begin{pmatrix}1 & 3\\ 2 & -1\end{pmatrix}\begin{pmatrix}-2 & 4\\ 1 & -3\end{pmatrix}$；

(2) $\begin{pmatrix}1 & -2 & 2\\ 3 & 5 & 4\\ 1 & 0 & -1\end{pmatrix}\begin{pmatrix}2 & -1\\ 1 & 2\\ 3 & 0\end{pmatrix}$；

(3) $(2\quad 1\quad 3)\begin{pmatrix}-1\\ 3\\ 2\end{pmatrix}$；

(4) $\begin{pmatrix}1\\ 2\\ 3\end{pmatrix}(2\quad -1\quad 1)$；

(5) $\begin{pmatrix}3 & 4 & 1\\ -2 & 1 & 3\\ 0 & 5 & 2\end{pmatrix}\begin{pmatrix}2\\ 3\\ 1\end{pmatrix}$；

(6) $\begin{pmatrix}2 & 1 & 4 & 0\\ -1 & 2 & 3 & 2\end{pmatrix}\begin{pmatrix}1 & 3 & 1\\ 0 & -1 & 2\\ 1 & -2 & 1\\ 3 & 0 & -1\end{pmatrix}$.

4. 设 $\boldsymbol{A}=\begin{pmatrix}a & 0 & 0\\ 0 & b & 0\\ 0 & 0 & c\end{pmatrix}$，求 $\boldsymbol{A}^k$.

5. 设某建筑公司承包 4 幢甲型楼房、5 幢乙型楼房、9 幢丙型楼房的建筑，各类型楼房的数量表为矩阵 $\boldsymbol{A}=(4\quad 5\quad 9)$. 主要建材(钢铁、水泥、木材、玻璃)计划每幢使用量为矩阵

$$\boldsymbol{B}=\begin{pmatrix}5 & 21 & 15 & 6\\ 6 & 25 & 12 & 8\\ 4 & 16 & 7 & 5\end{pmatrix}\begin{matrix}\text{甲}\\ \text{乙}\\ \text{丙}\end{matrix}$$

钢铁　水泥　木材　玻璃

(1) 试用矩阵乘法计算各种建材总量；

(2) 若每单位建材的价格，钢铁为 1 600 元，水泥为 400 元，木材为 1 200 元，玻璃为 300 元，试用矩阵乘法计算总材料费.

第二节　逆矩阵

一、逆矩阵的定义和性质

扫一扫可见微课
“逆矩阵”

1. 逆矩阵的定义

定义 2.7　对于 n 阶方阵 $\boldsymbol{A}$，如果存在 n 阶方阵 $\boldsymbol{B}$，使得

$$\boldsymbol{AB}=\boldsymbol{BA}=\boldsymbol{E},$$

则称矩阵 $\boldsymbol{A}$ 是可逆矩阵，或称矩阵 $\boldsymbol{A}$ 是可逆的，并称 $\boldsymbol{B}$ 是 $\boldsymbol{A}$ 的逆矩阵，记作 $\boldsymbol{A}^{-1}$，即 $\boldsymbol{B}=\boldsymbol{A}^{-1}$.

小贴士　由定义 2.7 可知，若 $\boldsymbol{B}$ 是 $\boldsymbol{A}$ 的逆矩阵，则 $\boldsymbol{A}$ 也是 $\boldsymbol{B}$ 的逆矩阵，即它们互为逆矩阵.

于是，当 $\boldsymbol{A}$ 为可逆矩阵时，存在矩阵 $\boldsymbol{A}^{-1}$，使得

$$\boldsymbol{A}\boldsymbol{A}^{-1}=\boldsymbol{A}^{-1}\boldsymbol{A}=\boldsymbol{E}.$$

例如

$$\boldsymbol{A}=\begin{pmatrix}3 & 4\\5 & 7\end{pmatrix},\quad \boldsymbol{B}=\begin{pmatrix}7 & -4\\-5 & 3\end{pmatrix},$$

因为

$$\boldsymbol{AB}=\begin{pmatrix}3 & 4\\5 & 7\end{pmatrix}\begin{pmatrix}7 & -4\\-5 & 3\end{pmatrix}=\begin{pmatrix}1 & 0\\0 & 1\end{pmatrix},$$

$$\boldsymbol{BA}=\begin{pmatrix}7 & -4\\-5 & 3\end{pmatrix}\begin{pmatrix}3 & 4\\5 & 7\end{pmatrix}=\begin{pmatrix}1 & 0\\0 & 1\end{pmatrix},$$

即 $\boldsymbol{A}$ 与 $\boldsymbol{B}$ 满足 $\boldsymbol{AB}=\boldsymbol{BA}=\boldsymbol{E}$，所以由定义 2.7 可知，$\boldsymbol{A}$ 可逆，其逆矩阵 $\boldsymbol{A}^{-1}=\boldsymbol{B}$.

2. 逆矩阵的性质

性质 2.1 若矩阵 $\boldsymbol{A}$ 是可逆矩阵，则 $\boldsymbol{A}$ 的逆矩阵是唯一的.

性质 2.2 若矩阵 $\boldsymbol{A}$ 是可逆矩阵，则 $\boldsymbol{A}^{-1}$ 也可逆，且 $(\boldsymbol{A}^{-1})^{-1}=\boldsymbol{A}$.

性质 2.3 若矩阵 $\boldsymbol{A}$ 是可逆矩阵，数 $k\neq 0$，则 $k\boldsymbol{A}$ 也可逆，且 $(k\boldsymbol{A})^{-1}=\dfrac{1}{k}\boldsymbol{A}^{-1}$.

性质 2.4 若 n 阶矩阵 $\boldsymbol{A}$ 与 $\boldsymbol{B}$ 都可逆，则 $\boldsymbol{AB}$ 也可逆，且 $(\boldsymbol{AB})^{-1}=\boldsymbol{B}^{-1}\boldsymbol{A}^{-1}$.

性质 2.5 若矩阵 $\boldsymbol{A}$ 是可逆矩阵，则 $\boldsymbol{A}^{\mathrm{T}}$ 也可逆，且 $(\boldsymbol{A}^{\mathrm{T}})^{-1}=(\boldsymbol{A}^{-1})^{\mathrm{T}}$.

请思考

如何利用逆矩阵定义证明以上性质？

二、逆矩阵的求法

利用逆矩阵的定义可以直接判定两个矩阵是否互为逆矩阵，但利用其判断一个矩阵是否可逆，并求其逆矩阵，一般来说是比较困难的. 下面讨论矩阵可逆的判定方法以及求逆矩阵的方法.

定理 2.1 n 阶方阵 $\boldsymbol{A}$ 可逆的充分必要条件是 $|\boldsymbol{A}|\neq 0$，且当 $\boldsymbol{A}$ 可逆时，

$$\boldsymbol{A}^{-1}=\frac{1}{|\boldsymbol{A}|}\boldsymbol{A}^{*},$$

这里

$$\boldsymbol{A}^{*}=\begin{pmatrix}A_{11} & A_{21} & \cdots & A_{n1}\\A_{12} & A_{22} & \cdots & A_{n2}\\\vdots & \vdots & & \vdots\\A_{1n} & A_{2n} & \cdots & A_{nn}\end{pmatrix},$$

其中 A_{ij} 是 $|\boldsymbol{A}|$ 的元素 a_{ij} 的代数余子式. $\boldsymbol{A}^{*}$ 称为 $\boldsymbol{A}$ 的伴随矩阵.

证明从略.

> **小贴士** 伴随矩阵是把原矩阵行列式中行的代数余子式写成列的形式.

推论 2.1 若方阵 $\boldsymbol{A}$ 与 $\boldsymbol{B}$ 满足 $\boldsymbol{AB}=\boldsymbol{E}$（或 $\boldsymbol{BA}=\boldsymbol{E}$），则 $\boldsymbol{A}$ 与 $\boldsymbol{B}$ 均可逆，且 $\boldsymbol{B}^{-1}=\boldsymbol{A}$，$\boldsymbol{A}^{-1}=\boldsymbol{B}$.

当 $|\boldsymbol{A}|=0$ 时，$\boldsymbol{A}$ 称为**奇异矩阵**，否则称为**非奇异矩阵**. 因此，定理 2.1 亦可如下叙述：

定理 2.2 n 阶方阵 $\boldsymbol{A}$ 可逆的充分必要条件是 $\boldsymbol{A}$ 为非奇异矩阵.

定理 2.1 给出了判定一个方阵是否可逆的一种方法，即只需判定 $|\boldsymbol{A}|$ 是否为 0，并且给出了求逆矩阵的一种方法，即 $\boldsymbol{A}^{-1}=\frac{1}{|\boldsymbol{A}|}\boldsymbol{A}^*$.

例 2.2.1 判断下列矩阵是否可逆. 若可逆，求其逆矩阵.

（1）$\boldsymbol{A}=\begin{pmatrix}1&2&3\\3&4&3\\2&2&1\end{pmatrix}$；（2）$\boldsymbol{B}=\begin{pmatrix}2&-1&1\\1&3&11\\1&1&5\end{pmatrix}$.

解 （1）由 $|\boldsymbol{A}|=-2\neq0$，知 $\boldsymbol{A}$ 可逆. 再计算 $|\boldsymbol{A}|$ 的代数余子式.

$A_{11}=(-1)^{1+1}\begin{vmatrix}4&3\\2&1\end{vmatrix}=-2$，$A_{21}=(-1)^{2+1}\begin{vmatrix}2&3\\2&1\end{vmatrix}=4$，$A_{31}=(-1)^{3+1}\begin{vmatrix}2&3\\4&3\end{vmatrix}=-6$，

$A_{12}=(-1)^{1+2}\begin{vmatrix}3&3\\2&1\end{vmatrix}=3$，$A_{22}=(-1)^{2+2}\begin{vmatrix}1&3\\2&1\end{vmatrix}=-5$，$A_{32}=(-1)^{3+2}\begin{vmatrix}1&3\\3&3\end{vmatrix}=6$，

$A_{13}=(-1)^{1+3}\begin{vmatrix}3&4\\2&2\end{vmatrix}=-2$，$A_{23}=(-1)^{2+3}\begin{vmatrix}1&2\\2&2\end{vmatrix}=2$，$A_{33}=(-1)^{3+3}\begin{vmatrix}1&2\\3&4\end{vmatrix}=-2$，

得
$$\boldsymbol{A}^*=\begin{pmatrix}-2&4&-6\\3&-5&6\\-2&2&-2\end{pmatrix},$$

所以
$$\boldsymbol{A}^{-1}=\frac{1}{|\boldsymbol{A}|}\boldsymbol{A}^*=\begin{pmatrix}1&-2&3\\-\frac{3}{2}&\frac{5}{2}&-3\\1&-1&1\end{pmatrix}.$$

（2）因为
$$|\boldsymbol{B}|=\begin{vmatrix}2&-1&1\\1&3&11\\1&1&5\end{vmatrix}=0,$$

所以 $\boldsymbol{B}$ 不可逆.

例 2.2.2 设 $\boldsymbol{AX}=\boldsymbol{B}$，其中
$$\boldsymbol{A}=\begin{pmatrix}1&2&3\\3&4&3\\2&2&1\end{pmatrix},\quad \boldsymbol{B}=\begin{pmatrix}2&-4\\0&2\\-4&2\end{pmatrix},$$

求 $\boldsymbol{X}$.

解 $|\boldsymbol{A}|\neq 0$,所以 $\boldsymbol{A}$ 可逆. 由 $\boldsymbol{AX}=\boldsymbol{B}$ 知 $\boldsymbol{X}=\boldsymbol{A}^{-1}\boldsymbol{B}$.

因为
$$\boldsymbol{A}^{-1}=\begin{pmatrix}1&-2&3\\-\frac{3}{2}&\frac{5}{2}&-3\\1&-1&1\end{pmatrix}\quad(例 2.2.1 的结果),$$

所以
$$\boldsymbol{X}=\boldsymbol{A}^{-1}\boldsymbol{B}=\begin{pmatrix}1&-2&3\\-\frac{3}{2}&\frac{5}{2}&-3\\1&-1&1\end{pmatrix}\begin{pmatrix}2&-4\\0&2\\-4&2\end{pmatrix}=\begin{pmatrix}-10&-2\\9&5\\-2&-4\end{pmatrix}.$$

由定理 2.1 可得,若 $|\boldsymbol{A}|=\begin{vmatrix}a&b\\c&d\end{vmatrix}=1$, 则 $\boldsymbol{A}^{-1}=\begin{pmatrix}d&-b\\-c&a\end{pmatrix}$.

例如 $\boldsymbol{A}=\begin{pmatrix}2&3\\5&8\end{pmatrix}$,则 $\boldsymbol{A}^{-1}=\begin{pmatrix}8&-3\\-5&2\end{pmatrix}$.

> **小贴士** $\boldsymbol{AX}=\boldsymbol{B}$ 称为矩阵方程,其中 $\boldsymbol{A},\boldsymbol{B}$ 为已知矩阵. 解矩阵方程的时候要注意已知矩阵是在未知矩阵的左边还是右边,从而决定是左乘还是右乘该矩阵的逆矩阵,在方程的另一边也做同样的处理.

习题 2.2

1. 若 $\boldsymbol{A}$ 为 3 阶方阵,且 $|\boldsymbol{A}|=3$,求 $|2\boldsymbol{A}|$, $|\boldsymbol{A}^{\mathrm{T}}\boldsymbol{A}^{-1}|$.

2. 用伴随矩阵求下列矩阵的逆矩阵:

(1) $\begin{pmatrix}3&5\\4&7\end{pmatrix}$; (2) $\begin{pmatrix}\cos x&\sin x\\-\sin x&\cos x\end{pmatrix}$; (3) $\begin{pmatrix}0&2&3\\0&3&5\\1&0&0\end{pmatrix}$.

3. 已知 $\begin{pmatrix}1&4\\-1&-2\end{pmatrix}\boldsymbol{X}=\begin{pmatrix}0&2\\-12&4\end{pmatrix}$, 求 $\boldsymbol{X}$.

4. 若 $\boldsymbol{A}^2-\boldsymbol{A}-2\boldsymbol{E}=0$, 证明: $\boldsymbol{A}$ 可逆, 并求 $\boldsymbol{A}^{-1}$.

第三节 矩阵的初等行变换与矩阵的秩

一、矩阵的初等行变换

定义 2.8 下面三种变换称为矩阵的初等行变换.

(1) 交换矩阵的任意两行(交换 i,j 两行,记作 $r_i\leftrightarrow r_j$);

(2) 用非零数 k 乘矩阵某一行中的所有元素(第 i 行乘 k,记作 $r_i\times k$);

(3) 把某一行所有元素的 k 倍加到另一行对应的元素上(第 j 行的 k 倍加到第 i 行上,

记作 r_i+kr_j).

当矩阵 $\boldsymbol{A}$ 经过初等行变换变换成矩阵 $\boldsymbol{B}$ 时,记作 $\boldsymbol{A}\rightarrow\boldsymbol{B}$.

显然,若矩阵 $\boldsymbol{A}$ 经过初等行变换变换成矩阵 $\boldsymbol{B}$,一般情况下,它们是不等的,仅是矩阵的演变.

请思考

矩阵 $\boldsymbol{A}$ 经过初等行变换变换成矩阵 $\boldsymbol{B}$,一般情况下为什么它们是不等的?

例 2.3.1 利用初等行变换将矩阵

$$\boldsymbol{A}=\begin{pmatrix}1&2&3\\3&4&3\\2&2&1\end{pmatrix}$$

化成单位矩阵.

解
$$\boldsymbol{A}=\begin{pmatrix}1&2&3\\3&4&3\\2&2&1\end{pmatrix}\xrightarrow[r_3+(-2)r_1]{r_2+(-3)r_1}\begin{pmatrix}1&2&3\\0&-2&-6\\0&-2&-5\end{pmatrix}\xrightarrow[r_3+(-1)r_2]{r_1+r_2}\begin{pmatrix}1&0&-3\\0&-2&-6\\0&0&1\end{pmatrix}$$
$$\xrightarrow{r_2\times(-\frac{1}{2})}\begin{pmatrix}1&0&-3\\0&1&3\\0&0&1\end{pmatrix}\xrightarrow[r_2+(-3)r_3]{r_1+3r_3}\begin{pmatrix}1&0&0\\0&1&0\\0&0&1\end{pmatrix}.$$

小贴士

将一个矩阵通过初等行变换变成单位矩阵,主要是分成三个步骤:一是将主对角线下方元素全变成 0,二是将主对角线上方元素全变成 0,三是主对角线上元素要全变换为 1. 三个步骤的顺序可根据题目的需要有所调整.

二、用初等行变换求逆矩阵

由前面的例子可见,当矩阵的阶数较大时,用伴随矩阵法求逆矩阵的运算量一般较大,下面介绍用初等行变换求逆矩阵的方法.

定理 2.3 n 阶方阵 $\boldsymbol{A}$ 可逆的充分必要条件是 $\boldsymbol{A}$ 可以通过一系列初等行变换化为 n 阶单位矩阵 $\boldsymbol{E}$.

证明从略.

利用初等行变换求逆矩阵的方法:由 n 阶矩阵 $\boldsymbol{A}$ 与 $\boldsymbol{E}$ 构造一个 $n\times 2n$ 矩阵 $(\boldsymbol{A}\mid\boldsymbol{E})$,对这个矩阵做初等行变换,当虚线左边的 $\boldsymbol{A}$ 变为单位矩阵 $\boldsymbol{E}$ 时,虚线右边的单位矩阵 $\boldsymbol{E}$ 就变成了 $\boldsymbol{A}^{-1}$,即

$$(\boldsymbol{A}\mid\boldsymbol{E})\xrightarrow{\text{初等行变换}}(\boldsymbol{E}\mid\boldsymbol{A}^{-1}).$$

例 2.3.2 利用初等行变换求矩阵

$$\boldsymbol{A}=\begin{pmatrix}1&2&3\\3&4&3\\2&2&1\end{pmatrix}$$

的逆矩阵.

解
$$(\boldsymbol{A}\mid\boldsymbol{E})=\left(\begin{array}{ccc:ccc}1&2&3&1&0&0\\3&4&3&0&1&0\\2&2&1&0&0&1\end{array}\right)\xrightarrow[r_3+(-2)r_1]{r_2+(-3)r_1}\left(\begin{array}{ccc:ccc}1&2&3&1&0&0\\0&-2&-6&-3&1&0\\0&-2&-5&-2&0&1\end{array}\right)$$

$$\xrightarrow[r_3+(-1)r_2]{r_1+r_2}\left(\begin{array}{ccc:ccc}1&0&-3&-2&1&0\\0&-2&-6&-3&1&0\\0&0&1&1&-1&1\end{array}\right)\xrightarrow{r_2\times(-\frac{1}{2})}\left(\begin{array}{ccc:ccc}1&0&-3&-2&1&0\\0&1&3&\frac{3}{2}&-\frac{1}{2}&0\\0&0&1&1&-1&1\end{array}\right)$$

$$\xrightarrow[r_2+(-3)r_3]{r_1+3r_3}\left(\begin{array}{ccc:ccc}1&0&0&1&-2&3\\0&1&0&-\frac{3}{2}&\frac{5}{2}&-3\\0&0&1&1&-1&1\end{array}\right),$$

所以

$$\boldsymbol{A}^{-1}=\begin{pmatrix}1&-2&3\\-\frac{3}{2}&\frac{5}{2}&-3\\1&-1&1\end{pmatrix}.$$

> **小贴士** 对矩阵$(\boldsymbol{A}\mid\boldsymbol{E})$进行初等行变换时,是将增加了单位矩阵后的新矩阵整行一起变换,而不是只变换虚线前面的部分矩阵.

例 2.3.3 设

$$\boldsymbol{A}=\begin{pmatrix}1&2&3\\3&4&3\\2&2&1\end{pmatrix},\ \boldsymbol{B}=\begin{pmatrix}2&1\\5&3\end{pmatrix},\ \boldsymbol{C}=\begin{pmatrix}1&3\\2&0\\3&1\end{pmatrix},$$

求矩阵 $\boldsymbol{X}$,使满足 $\boldsymbol{AXB}=\boldsymbol{C}$.

解 因为 $|\boldsymbol{A}|\neq0$, $|\boldsymbol{B}|\neq0$,所以 $\boldsymbol{A},\boldsymbol{B}$ 可逆,

$$\boldsymbol{A}^{-1}=\begin{pmatrix}1&-2&3\\-\frac{3}{2}&\frac{5}{2}&-3\\1&-1&1\end{pmatrix},\quad \boldsymbol{B}^{-1}=\begin{pmatrix}3&-1\\-5&2\end{pmatrix},$$

从而

$$\boldsymbol{X}=\boldsymbol{A}^{-1}\boldsymbol{C}\boldsymbol{B}^{-1}=\begin{pmatrix}1&-2&3\\-\frac{3}{2}&\frac{5}{2}&-3\\1&-1&1\end{pmatrix}\begin{pmatrix}1&3\\2&0\\3&1\end{pmatrix}\begin{pmatrix}3&-1\\-5&2\end{pmatrix}=\begin{pmatrix}-12&6\\21&-\frac{19}{2}\\-14&6\end{pmatrix}.$$

例 2.3.4 解矩阵方程 $\boldsymbol{X}-\boldsymbol{XA}=\boldsymbol{B}$,其中

$$A=\begin{pmatrix}1&0&1\\2&1&0\\-3&2&-3\end{pmatrix},\quad B=\begin{pmatrix}1&-2&1\\-3&4&1\end{pmatrix}.$$

解　整理矩阵方程，得 $X(E-A)=B$，其中

$$E-A=\begin{pmatrix}0&0&-1\\-2&0&0\\3&-2&4\end{pmatrix}.$$

因为 $|E-A|=-4\neq0$，所以 $E-A$ 可逆，

$$(E-A)^{-1}=\begin{pmatrix}0&0&-1\\-2&0&0\\3&-2&4\end{pmatrix}^{-1}=\begin{pmatrix}0&-\frac{1}{2}&0\\-2&-\frac{3}{4}&-\frac{1}{2}\\-1&0&0\end{pmatrix},$$

所以

$$X=B(E-A)^{-1}=\begin{pmatrix}1&-2&1\\-3&4&1\end{pmatrix}\begin{pmatrix}0&-\frac{1}{2}&0\\-2&-\frac{3}{4}&-\frac{1}{2}\\-1&0&0\end{pmatrix}=\begin{pmatrix}3&1&1\\-9&-\frac{3}{2}&-2\end{pmatrix}.$$

显然，如果用初等行变换直接求 n 阶矩阵 A 的逆矩阵，不一定需要知道 A 是否可逆. 在对 $(A\ \vdots\ E)$ 进行初等行变换的过程中，如果出现虚线左边某一行的元素全为零的情况，说明矩阵 A 的行列式 $|A|=0$，由定理 2.1 可知方阵 A 不可逆.

三、矩阵的秩

为了讨论线性方程组，下面引入矩阵的秩的概念.

在矩阵 $A=(a_{ij})_{m\times n}$ 中任取 k 行、k 列，其行列交叉处的元素不改变在 A 中的位置次序所构成的 k 阶行列式称为 A 的一个 k **阶子式**.

定义 2.9　矩阵 $A=(a_{ij})_{m\times n}$ 的不全为零的子式的最高阶数称为矩阵 A 的秩，记为 $r(A)$.

若 n 阶矩阵 A 的秩 $r(A)=n$，则称矩阵 A 为满秩矩阵，否则称为降秩矩阵.

由定义 2.9 可知，n 阶矩阵 A 满秩的充分必要条件是 $|A|\neq0$.

例如，矩阵 $A=\begin{pmatrix}3&-1&0&3&-6\\0&0&2&5&9\\0&0&0&0&0\end{pmatrix}$ 的一个 2 阶子式 $\begin{vmatrix}3&-6\\5&9\end{vmatrix}=57\neq0$，而 A 的所有 3 阶子式都为零，所以 $r(A)=2$.

一般说来，用定义求矩阵的秩很麻烦. 下面介绍一个简便方法.

定义 2.10　满足下列三个条件的矩阵称为行阶梯形矩阵：

(1) 可画出一条阶梯线，每个台阶只有一行；

(2) 阶梯线下方的元素全为零;

(3) 阶梯线的竖线(每段竖线的长度为一行)后面的第一个元素为非零元,也就是非零行的第一个非零元.

例如

$$\begin{pmatrix}1 & -6 & 1\\0 & 1 & 0\\0 & 0 & -3\end{pmatrix},\quad \begin{pmatrix}2 & 1 & 0 & 3 & -6\\0 & 0 & 7 & 4 & 9\\0 & 0 & 0 & 0 & 0\end{pmatrix},\quad \begin{pmatrix}2 & -1 & 0 & 3\\0 & 4 & 6 & 2\\0 & 0 & 0 & 8\\0 & 0 & 0 & 0\\0 & 0 & 0 & 0\end{pmatrix}$$

都是行阶梯形矩阵.

小贴士 注意行阶梯矩阵和三角矩阵的区别.

由矩阵的秩的定义和行阶梯形矩阵的定义易知,行阶梯形矩阵的秩等于其非零行的行数. 因此,考虑是否能用行阶梯形矩阵求矩阵的秩. 下面的定理对此做出了肯定的回答.

定理 2.4 设矩阵 $\boldsymbol{A}$ 经初等行变换变为矩阵 $\boldsymbol{B}$,则

$$r(\boldsymbol{A})=r(\boldsymbol{B}).$$

证明从略.

推论 2.2 矩阵 $\boldsymbol{A}$ 的秩 $r(\boldsymbol{A})=r$ 的充分必要条件是通过初等行变换能把 $\boldsymbol{A}$ 化成具有 r 个非零行的行阶梯形矩阵.

由此得到用初等行变换求矩阵秩的方法:对矩阵施行初等行变换,使其化为行阶梯形矩阵,行阶梯形矩阵的非零行的行数就是该矩阵的秩.

例 2.3.5 设

$$\boldsymbol{A}=\begin{pmatrix}3 & 2 & 0 & 5 & 0\\3 & -2 & 3 & 6 & -1\\2 & 0 & 1 & 5 & -3\\1 & 6 & -4 & -1 & 4\end{pmatrix},$$

求 $r(\boldsymbol{A})$.

解 $$\boldsymbol{A}=\begin{pmatrix}3 & 2 & 0 & 5 & 0\\3 & -2 & 3 & 6 & -1\\2 & 0 & 1 & 5 & -3\\1 & 6 & -4 & -1 & 4\end{pmatrix}\xrightarrow{r_1\leftrightarrow r_4}\begin{pmatrix}1 & 6 & -4 & -1 & 4\\3 & -2 & 3 & 6 & -1\\2 & 0 & 1 & 5 & -3\\3 & 2 & 0 & 5 & 0\end{pmatrix}$$

$$\xrightarrow{r_2-r_4}\begin{pmatrix}1 & 6 & -4 & -1 & 4\\0 & -4 & 3 & 1 & -1\\2 & 0 & 1 & 5 & -3\\3 & 2 & 0 & 5 & 0\end{pmatrix}\xrightarrow[r_4+(-3)r_1]{r_3+(-2)r_1}\begin{pmatrix}1 & 6 & -4 & -1 & 4\\0 & -4 & 3 & 1 & -1\\0 & -12 & 9 & 7 & -11\\0 & -16 & 12 & 8 & -12\end{pmatrix}$$

$$\xrightarrow[r_4+(-4)r_2]{r_3+(-3)r_2}\begin{pmatrix}1&6&-4&-1&4\\0&-4&3&1&-1\\0&0&0&4&-8\\0&0&0&4&-8\end{pmatrix}\xrightarrow{r_4-r_3}\begin{pmatrix}1&6&-4&-1&4\\0&-4&3&1&-1\\0&0&0&4&-8\\0&0&0&0&0\end{pmatrix},$$

因为行阶梯形矩阵有 3 行非零行,所以 $r(\mathbf{A})=3$.

定义 2.11 各行的第一个非零元素均为 1,且所在列的其他元素都为 0 的行阶梯矩阵称为行最简阶梯形矩阵.

例如,$\begin{pmatrix}1&0&0&1&3\\0&1&0&2&4\\0&0&1&0&8\end{pmatrix}$是一个行最简阶梯形矩阵.

定理 2.5 任何矩阵,都可以通过矩阵的初等行变换,转换成行阶梯形矩阵.而行阶梯形矩阵也可以继续通过初等行变换,转换成行最简阶梯形矩阵.

证明从略.

例 2.3.6 设 $\mathbf{A}=\begin{pmatrix}1&1&-1&1\\1&2&-1&2\\1&-1&2&-1\\-3&2&3&2\end{pmatrix}$,求 $\mathbf{A}$ 的行最简阶梯形矩阵.

解
$$\mathbf{A}=\begin{pmatrix}1&1&-1&1\\1&2&-1&2\\1&-1&2&-1\\-3&2&3&2\end{pmatrix}\xrightarrow[r_4+3r_1]{\substack{r_2+(-1)r_1\\r_3+(-1)r_1}}\begin{pmatrix}1&1&-1&1\\0&1&0&1\\0&-2&3&-2\\0&5&0&5\end{pmatrix}$$

$$\xrightarrow{\frac{1}{5}r_4}\begin{pmatrix}1&1&-1&1\\0&1&0&1\\0&-2&3&-2\\0&1&0&1\end{pmatrix}\xrightarrow[r_4+(-1)r_2]{r_3+2r_2}\begin{pmatrix}1&1&-1&1\\0&1&0&1\\0&0&3&0\\0&0&0&0\end{pmatrix}$$

$$\xrightarrow{\frac{1}{3}r_3}\begin{pmatrix}1&1&-1&1\\0&1&0&1\\0&0&1&0\\0&0&0&0\end{pmatrix}\xrightarrow{r_1+r_3}\begin{pmatrix}1&1&0&1\\0&1&0&1\\0&0&1&0\\0&0&0&0\end{pmatrix}\xrightarrow{r_1+(-1)r_2}\begin{pmatrix}1&0&0&0\\0&1&0&1\\0&0&1&0\\0&0&0&0\end{pmatrix}.$$

小贴士

将行阶梯形矩阵变换为行最简阶梯形矩阵就是将非零行的首非零元变换为 1,并把它所在列的其他元素变换为 0.

习题 2.3

1. 用初等行变换求下列矩阵的逆矩阵：

(1) $\begin{pmatrix} 1 & 2 & -1 \\ 3 & 4 & -2 \\ 5 & -4 & 1 \end{pmatrix}$；　　(2) $\begin{pmatrix} 1 & 2 & 3 \\ 2 & 4 & 6 \\ 3 & 1 & 3 \end{pmatrix}$；

(3) $\begin{pmatrix} 0 & 2 & 1 \\ -1 & 1 & 4 \\ 2 & -1 & -3 \end{pmatrix}$；　　(4) $\begin{pmatrix} 1 & 0 & 1 \\ 2 & 1 & 0 \\ -3 & 2 & -5 \end{pmatrix}$.

2. 已知 $\begin{pmatrix} 2 & 1 \\ 5 & 3 \end{pmatrix} \boldsymbol{X} \begin{pmatrix} 2 & 1 & -1 \\ 2 & 1 & 0 \\ 1 & -1 & 1 \end{pmatrix} = \begin{pmatrix} 1 & -1 & 3 \\ 4 & 3 & 2 \end{pmatrix}$，求 $\boldsymbol{X}$.

3. 求下列矩阵的秩：

(1) $\begin{pmatrix} -1 & 2 & 3 & -1 \\ 2 & -1 & 4 & 2 \\ 1 & 1 & 7 & 1 \end{pmatrix}$；　　(2) $\begin{pmatrix} 2 & -1 & 3 & 5 \\ -3 & 2 & -5 & -8 \\ 1 & 3 & -2 & -1 \\ -1 & 4 & -5 & -6 \end{pmatrix}$.

4. 若矩阵 $\begin{pmatrix} 1 & a & -1 & 2 \\ 1 & -1 & a & 2 \\ 1 & 0 & -1 & 2 \end{pmatrix}$ 的秩为 2，求 a.

5. 设 $\boldsymbol{A} = \begin{pmatrix} 0 & 2 & -1 & 1 & 0 & 0 \\ 1 & 1 & 2 & 0 & 1 & 0 \\ -1 & -1 & -1 & 0 & 0 & 1 \end{pmatrix}$，求 $\boldsymbol{A}$ 的行最简阶梯形矩阵.

第四节　数学思想方法(二)——反例法

一、反例法的思想

著名科学家、哲学家波普曾说，知识成长的逻辑是“在猜想和反驳中成长着的”. 对一个错误知识的反驳不仅是可能的，而且有一个十分有效的标准和方法——反例. 反例法是证伪、纠错和发现正确认识的极富说服力的思想方法，是一项积极的创造性思维活动. 在数学推理中，构造反例和提出证明具有同等重要的作用，正如美国数学家盖尔鲍姆所说：“冒着过于简单化的风险，我们可以说(撇开定义、陈述及艰苦的工作不谈)数学是由两大类——证明和反例组成，而数学的发展也是朝着这两个主要目标——提出证明和构造反例.”

在数学史上，反例对猜想的反驳在数学的发展史上起了重大的作用，特别是典型的反例的提出具有划时代的意义.

例如，数学史上古希腊的毕达格拉斯学派(公元前 5 世纪至 3 世纪)对于数学的发展做出了巨大的贡献(特别是算术和几何方面)，但他们对数的认识仅限于有理数，并用唯心主义的观点加以神化,宣传“万物皆数(指有理数)”,且把它当成信条来维护. 公元前五世纪末该学派一个名叫希帕苏斯的成员在研究正五边形的对角线与边长之比时,发现该比值是不可公度比,即不可用“数”表示出来(我们知道这个比是$\frac{\sqrt{5}+1}{2}$). 这一反例(现称为“无理数悖论”)的提出,动摇并最后推翻了毕氏学派的信条,导致史学上第一次数学危机. 虽然希帕苏斯不幸遭遇到毕氏学派的严厉处罚,但这个反例促成了无理数理论的创立和发展,其功不可没.

小贴士 正五边形的边长与对角线长之比的近似值为 0.618,称为黄金分割或黄金比数.

二、矩阵中的反例法思想

线性代数是高等院校非数学专业必修的一门重要基础理论课程. 它所涉及的处理问题的思想、方法和技巧广泛地应用到科技、经济管理、军事、社会管理等各个领域. 矩阵理论是线性代数的核心内容之一,是高等数学后续学习的基础,也是解决众多问题的有力工具. 因此,矩阵理论的学习是学生学好线性代数的关键.

矩阵乘法是矩阵理论及线性代数课程的基本内容,但由于其内容的抽象性,给学生在学习时带来一定的困难.

反例可以加强学生对基本概念和性质的理解和掌握,是纠正惯常错误的有效方法. 实数乘法运算在学生的脑海中留下深刻的印象,通过与实数乘法进行比较对学生学习矩阵乘法有很大的帮助,但若学生没有理解新知识的实质,往往会根据旧知识的规律想当然地认为矩阵乘法也和实数一样满足交换律,从而产生认识的错误迁移. 本章例 2.1.3 就是矩阵乘法不满足交换律的一个反例.

又如要说明矩阵的行列式不满足运算律:$|\boldsymbol{A}+\boldsymbol{B}|=|\boldsymbol{A}|+|\boldsymbol{B}|$,也只需举出一个反例即可.

请思考

你能举出这样的例子吗?

复习题二

一、单项选择题

1. 设 $\boldsymbol{A},\boldsymbol{B}$ 均为 n 阶矩阵,且$(\boldsymbol{A}+\boldsymbol{B})(\boldsymbol{A}-\boldsymbol{B})=\boldsymbol{A}^2-\boldsymbol{B}^2$,则必有(　　).

A. $\boldsymbol{A}=\boldsymbol{B}$　　B. $\boldsymbol{A}=\boldsymbol{E}$　　C. $\boldsymbol{AB}=\boldsymbol{BA}$　　D. $\boldsymbol{B}=\boldsymbol{E}$

2. 设 $\boldsymbol{A},\boldsymbol{B}$ 均为 n 阶矩阵,且 $\boldsymbol{AB}=\boldsymbol{O}$,则$|\boldsymbol{A}|$和$|\boldsymbol{B}|$(　　).

A. 至多一个等于零　　B. 都不等于零

C. 只有一个等于零　　D. 至少一个等于零

3. 设 $\boldsymbol{A},\boldsymbol{B}$ 均为 n 阶对称矩阵，$\boldsymbol{AB}$ 仍为对称矩阵的充分必要条件是(　　).

A. $\boldsymbol{A}$ 可逆　　B. $\boldsymbol{B}$ 可逆　　C. $|\boldsymbol{AB}|\neq 0$　　D. $\boldsymbol{AB}=\boldsymbol{BA}$

4. 设 $\boldsymbol{A}$ 为 n 阶矩阵，$\boldsymbol{A}^*$ 是 $\boldsymbol{A}$ 的伴随矩阵，则 $|\boldsymbol{A}^*|=$(　　).

A. $|\boldsymbol{A}|^{n-1}$　　B. $|\boldsymbol{A}|^{n-2}$　　C. $|\boldsymbol{A}^n|$　　D. $|\boldsymbol{A}|$

5. 设 $\boldsymbol{A},\boldsymbol{B}$ 均为 n 阶可逆矩阵，则下列公式成立的是(　　).

A. $(\boldsymbol{AB})^{\mathrm{T}}=\boldsymbol{A}^{\mathrm{T}}\boldsymbol{B}^{\mathrm{T}}$　　B. $(\boldsymbol{A}+\boldsymbol{B})^{\mathrm{T}}=\boldsymbol{A}^{\mathrm{T}}+\boldsymbol{B}^{\mathrm{T}}$

C. $(\boldsymbol{AB})^{-1}=\boldsymbol{A}^{-1}\boldsymbol{B}^{-1}$　　D. $(\boldsymbol{A}+\boldsymbol{B})^{-1}=\boldsymbol{A}^{-1}+\boldsymbol{B}^{-1}$

二、填空题

1. 设 $\boldsymbol{A},\boldsymbol{B}$ 均为 3 阶矩阵，且 $|\boldsymbol{A}|=\dfrac{1}{2}$，$|\boldsymbol{B}|=3$，则 $|2\boldsymbol{B}^{\mathrm{T}}\boldsymbol{A}|=$______.

2. 设矩阵 $\boldsymbol{A}=\begin{pmatrix}1 & -1\\ 2 & 3\end{pmatrix}$，$\boldsymbol{B}=\boldsymbol{A}^2-3\boldsymbol{A}+2\boldsymbol{E}$，则 $\boldsymbol{B}^{-1}=$______.

3. 设 $\boldsymbol{A}$ 为 4 阶矩阵，$\boldsymbol{A}^*$ 是 $\boldsymbol{A}$ 的伴随矩阵，若 $|\boldsymbol{A}|=-2$，则 $|\boldsymbol{A}^*|=$______.

4. 设 $\boldsymbol{A},\boldsymbol{B}$ 均为 n 阶矩阵，$|\boldsymbol{A}|=2$，$|\boldsymbol{B}|=-3$，则 $|2\boldsymbol{A}^*\boldsymbol{B}^{-1}|=$______.

5. 设 $\boldsymbol{A}=\begin{pmatrix}1 & 0 & 1\\ 0 & 2 & 0\\ 1 & 0 & 1\end{pmatrix}$，$n\geqslant 2$ 且为整数，则 $\boldsymbol{A}^n-2\boldsymbol{A}^{n-1}=$______.

三、计算题

1. 设 $\boldsymbol{A}=\begin{pmatrix}0 & 1 & 0\\ -1 & 1 & 1\\ -1 & 0 & -1\end{pmatrix}$，$\boldsymbol{B}=\begin{pmatrix}1 & -1\\ 2 & 0\\ 5 & 3\end{pmatrix}$，且 $\boldsymbol{X}=\boldsymbol{AX}+\boldsymbol{B}$，求矩阵 $\boldsymbol{X}$.

2. 设 $\boldsymbol{A}=\begin{pmatrix}1 & 1 & -1\\ -1 & 1 & 1\\ 1 & -1 & 1\end{pmatrix}$，$\boldsymbol{A}^*\boldsymbol{X}=\boldsymbol{A}^{-1}+2\boldsymbol{X}$，求矩阵 $\boldsymbol{X}$.

3. 设 $\boldsymbol{A}^{-1}=\begin{pmatrix}1 & 1 & 1\\ 1 & 2 & 1\\ 1 & 1 & 3\end{pmatrix}$，求 $(\boldsymbol{A}^*)^{-1}$.

四、证明题

1. 设 $\boldsymbol{A}$ 为 n 阶方阵，且 $\boldsymbol{A}^2-3\boldsymbol{A}-4\boldsymbol{E}=\boldsymbol{O}$，其中 $\boldsymbol{E}$ 为 n 阶单位矩阵，证明：$\boldsymbol{A}$ 可逆，并求 $\boldsymbol{A}^{-1}$；若 $|\boldsymbol{A}|=2$，求 $|6\boldsymbol{A}+8\boldsymbol{E}|$ 的值.

2. 设 $\boldsymbol{A},\boldsymbol{B}$ 为 n 阶方阵，$\boldsymbol{A}+\boldsymbol{B}=\boldsymbol{E}$，证明：$\boldsymbol{AB}=\boldsymbol{BA}$.

第三章　线性方程组

学习目标

- 掌握线性方程组的求解方法和解的判定定理.
- 掌握向量的基本运算,理解向量的线性表出和线性相关的概念,并会判断向量之间是否可以线性表出,是否线性相关.
- 理解向量组的极大线性无关组和秩的概念,掌握求秩的方法.
- 了解线性方程组解的结构,并会用基础解系表示通解.

本章重点介绍线性代数的基本内容——线性方程组,主要利用上一章矩阵的知识来求解线性方程组,并会用向量的形式来表示解.线性方程组可以解决许多实际问题和数学问题.先看下面两个案例.

【鸡兔同笼案例】

一档热门综艺节目《奔跑吧,兄弟》中有这样一道智力题:鸡和兔子在同一个笼子中,笼中一共有 35 只头,94 只脚,那么笼子中分别有多少只鸡和兔子?

假设笼子中有鸡 x 只,兔子 y 只,则由题意得:$\begin{cases} x+y=35 \\ 2x+4y=94 \end{cases}$,解出方程组即可.

【投资分配案例】

一个投资者将 10 万元投入给三家企业 A_1,A_2,A_3,所得的利润分别是 10%,12%,15%,如果他想得到 1.3 万元的利润,投给 A_1 的钱可不可以等于投给 A_3 的 2 倍?

设投给 A_1,A_2,A_3 的钱分别为:x_1,x_2,x_3(万元),则由题意得:

$$\begin{cases} x_1+x_2+x_3=10 \\ x_1-2x_3=0 \\ 10x_1+12x_2+15x_3=130 \end{cases},$$

根据方程组的解的情况来判断即可.

第一节 线性方程组解的讨论

一、线性方程组的相关概念

有 n 个未知量的方程组：

$$\begin{cases} a_{11}x_1+a_{12}x_2+\cdots+a_{1n}x_n=b_1 \\ a_{21}x_1+a_{22}x_2+\cdots+a_{2n}x_n=b_2 \\ \cdots\cdots \\ a_{m1}x_1+a_{m2}x_2+\cdots+a_{mn}x_n=b_m \end{cases} \tag{3-1}$$

称为 n **元线性方程组**，其中 $a_{ij}(i=1,2,\cdots,m,j=1,2,\cdots,n)$ 为第 i 个方程中 x_j 的系数，$b_i(i=1,2,\cdots,m)$ 表示第 i 个方程的**常数项**.

矩阵

$$\boldsymbol{A}=\begin{pmatrix} a_{11} & a_{12} & \cdots & a_{1n} \\ a_{21} & a_{22} & \cdots & a_{2n} \\ \vdots & \vdots & & \vdots \\ a_{m1} & a_{m2} & \cdots & a_{mn} \end{pmatrix}$$

称为线性方程组(3-1)的**系数矩阵**.

当 $b_1=b_2=\cdots=b_m=0$ 时，(3-1)式变为：

$$\begin{cases} a_{11}x_1+a_{12}x_2+\cdots+a_{1n}x_n=0 \\ a_{21}x_1+a_{22}x_2+\cdots+a_{2n}x_n=0 \\ \cdots\cdots \\ a_{m1}x_1+a_{m2}x_2+\cdots+a_{mn}x_n=0 \end{cases} \tag{3-2}$$

称方程组(3-2)为**齐次线性方程组**.

当 $b_1,b_2,\cdots,b_m$ 不全为 0 时，方程组(3-1)称为**非齐次线性方程组**.

矩阵

$$\boldsymbol{B}=\begin{pmatrix} b_1 \\ b_2 \\ \vdots \\ b_m \end{pmatrix}$$

称为方程组(3-1)的**常数矩阵**.

矩阵

$$\boldsymbol{x}=\begin{pmatrix} x_1 \\ x_2 \\ \vdots \\ x_n \end{pmatrix}$$

称为方程组(3－1)和(3－2)的**未知量列矩阵**.

非齐次线性方程组(3－1)的矩阵表示形式：$\boldsymbol{Ax}=\boldsymbol{B}$.

齐次线性方程组(3－2)的矩阵表示形式：$\boldsymbol{Ax}=\boldsymbol{0}$.

矩阵

$$\bar{\boldsymbol{A}}=(\boldsymbol{A}\ \vdots\ \boldsymbol{B})=\begin{pmatrix} a_{11} & a_{12} & \cdots & a_{1n} & b_1 \\ a_{21} & a_{22} & \cdots & a_{2n} & b_2 \\ \vdots & \vdots & & \vdots & \vdots \\ a_{m1} & a_{m2} & \cdots & a_{mn} & b_m \end{pmatrix}$$

称为方程组(3－1)的**增广矩阵**.

二、非齐次线性方程组解的讨论

通过利用消元法求解线性方程组来观察消元和初等行变换之间的关联.

例 3.1.1 解三元线性方程组

$$\begin{cases} x_1+2x_2+3x_3=2 \\ 2x_1+2x_2+x_3=1. \\ 3x_1+4x_2+3x_3=4 \end{cases}$$

解

$$\begin{cases} x_1+2x_2+3x_3=2 & ① \\ 2x_1+2x_2+x_3=1 & ② \\ 3x_1+4x_2+3x_3=4 & ③ \end{cases} \qquad \bar{\boldsymbol{A}}=\begin{pmatrix} 1 & 2 & 3 & 2 \\ 2 & 2 & 1 & 1 \\ 3 & 4 & 3 & 4 \end{pmatrix}$$

$$\xrightarrow[③+①\times(-3)]{②+①\times(-2)} \begin{cases} x_1+2x_2+3x_3=2 & ① \\ -2x_2-5x_3=-3 & ② \\ -2x_2-6x_3=-2 & ③ \end{cases} \qquad \xrightarrow[r_3+r_1\times(-3)]{r_2+r_1\times(-2)} \begin{pmatrix} 1 & 2 & 3 & 2 \\ 0 & -2 & -5 & -3 \\ 0 & -2 & -6 & -2 \end{pmatrix}$$

$$\xrightarrow{③+②\times(-1)} \begin{cases} x_1+2x_2+3x_3=2 & ① \\ -2x_2-5x_3=-3 & ② \\ -x_3=1 & ③ \end{cases} \qquad \xrightarrow{r_3+r_2\times(-1)} \begin{pmatrix} 1 & 2 & 3 & 2 \\ 0 & -2 & -5 & -3 \\ 0 & 0 & -1 & 1 \end{pmatrix}$$

$$\xrightarrow[③\times(-1)]{②\times(-\frac{1}{2})} \begin{cases} x_1+2x_2+3x_3=2 & ① \\ x_2+\frac{5}{2}x_3=\frac{3}{2} & ② \\ x_3=-1 & ③ \end{cases} \qquad \xrightarrow[r_3\times(-1)]{r_2\times(-\frac{1}{2})} \begin{pmatrix} 1 & 2 & 3 & 2 \\ 0 & 1 & \frac{5}{2} & \frac{3}{2} \\ 0 & 0 & 1 & -1 \end{pmatrix}$$

$$\xrightarrow[①+③\times(-3)]{②+③\times(-\frac{5}{2})} \begin{cases} x_1+2x_2=5 & ① \\ x_2=4 & ② \\ x_3=-1 & ③ \end{cases} \qquad \xrightarrow[r_1+r_3\times(-3)]{r_2+r_3\times(-\frac{5}{2})} \begin{pmatrix} 1 & 2 & 0 & 5 \\ 0 & 1 & 0 & 4 \\ 0 & 0 & 1 & -1 \end{pmatrix}$$

$$\xrightarrow{①+②\times(-2)} \begin{cases} x_1=-3 & ① \\ x_2=4 & ② \\ x_3=-1 & ③ \end{cases} \qquad \xrightarrow{r_1+r_2\times(-2)} \begin{pmatrix} 1 & 0 & 0 & -3 \\ 0 & 1 & 0 & 4 \\ 0 & 0 & 1 & -1 \end{pmatrix}$$

小贴士 用消元法求解非齐次线性方程组的过程，恰为增广矩阵$\overline{A}$进行初等行变换的过程，并且最终变换为行最简阶梯形矩阵.

例 3.1.2 解线性方程组$\begin{cases} x_1+x_2+x_3+x_4=1 \\ 3x_1+2x_2+x_3-3x_4=0 \\ x_2+2x_3+6x_4=3 \end{cases}$.

解 对增广矩阵施行初等行变换，得

$$\overline{A}=(A\ \vdots\ B)=\begin{pmatrix} 1 & 1 & 1 & 1 & 1 \\ 3 & 2 & 1 & -3 & 0 \\ 0 & 1 & 2 & 6 & 3 \end{pmatrix} \to \begin{pmatrix} 1 & 1 & 1 & 1 & 1 \\ 0 & -1 & -2 & -6 & -3 \\ 0 & 1 & 2 & 6 & 3 \end{pmatrix}$$

$$\to \begin{pmatrix} 1 & 1 & 1 & 1 & 1 \\ 0 & 1 & 2 & 6 & 3 \\ 0 & 0 & 0 & 0 & 0 \end{pmatrix} \to \begin{pmatrix} 1 & 0 & -1 & -5 & -2 \\ 0 & 1 & 2 & 6 & 3 \\ 0 & 0 & 0 & 0 & 0 \end{pmatrix}.$$

由行最简阶梯形矩阵得到对应的同解方程组为

$$\begin{cases} x_1-x_3-5x_4=-2 \\ x_2+2x_3+6x_4=3 \end{cases}.$$

选自由未知量为x_3，x_4，则原方程组的通解为

$$\begin{cases} x_1=x_3+5x_4-2 \\ x_2=-2x_3-6x_4+3 \\ x_3=x_3 \\ x_4=x_4 \end{cases} \quad (x_3, x_4 \text{ 为自由未知量}).$$

小贴士 含有自由未知量的解的表达式，称为原方程组的**一般解**或**通解**. 自由未知量的取法不是唯一的，但其个数是确定的. 自由未知量的个数等于方程组中未知量的个数减去行最简阶梯形矩阵中非零行的行数.

例 3.1.3 解线性方程组$\begin{cases} x_1+x_2+x_3+x_4=1 \\ 3x_1+2x_2+x_3-3x_4=2 \\ x_2+2x_3+6x_4=3 \end{cases}$.

解 因为 $\overline{A}=(A\ \vdots\ B)=\begin{pmatrix} 1 & 1 & 1 & 1 & 1 \\ 3 & 2 & 1 & -3 & 2 \\ 0 & 1 & 2 & 6 & 3 \end{pmatrix}$

$$\to \begin{pmatrix} 1 & 1 & 1 & 1 & 1 \\ 0 & -1 & -2 & -6 & -1 \\ 0 & 1 & 2 & 6 & 3 \end{pmatrix} \to \begin{pmatrix} 1 & 1 & 1 & 1 & 1 \\ 0 & 1 & 2 & 6 & 1 \\ 0 & 0 & 0 & 0 & 2 \end{pmatrix}.$$

对应的同解方程组中出现了方程“$0=2$”，因此方程组无解.

请思考

根据上面三个例题,寻找非齐次线性方程组的解的情况与增广矩阵的秩、系数矩阵的秩之间的关系.

定理 3.1　n 元非齐次线性方程组(3-1)有解的充分必要条件是 $r(\boldsymbol{A})=r(\bar{\boldsymbol{A}})$. 且

(1) 当 $r(\boldsymbol{A})=r(\bar{\boldsymbol{A}})=n$ 时,方程组(3-1)有唯一解;

(2) 当 $r(\boldsymbol{A})=r(\bar{\boldsymbol{A}})<n$ 时,方程组(3-1)有无穷多解.

推论 3.1　n 元非齐次线性方程组(3-1)无解的充分必要条件是 $r(\boldsymbol{A})\neq r(\bar{\boldsymbol{A}})$.

例 3.1.4　讨论线性方程组

$$\begin{cases} x_1+x_2+x_3+x_4=1 \\ 3x_1+2x_2+x_3+x_4=0 \\ 5x_1+4x_2+3x_3+3x_4=\lambda \end{cases}$$

(1) λ 取何值时有解?

(2) λ 取何值时无解?

解　因为 $\bar{\boldsymbol{A}}=(\boldsymbol{A} \vdots \boldsymbol{B})=\begin{pmatrix} 1 & 1 & 1 & 1 & 1 \\ 3 & 2 & 1 & 1 & 0 \\ 5 & 4 & 3 & 3 & \lambda \end{pmatrix} \to \begin{pmatrix} 1 & 1 & 1 & 1 & 1 \\ 0 & -1 & -2 & -2 & -3 \\ 0 & -1 & -2 & -2 & \lambda-5 \end{pmatrix}$

$$\to \begin{pmatrix} 1 & 1 & 1 & 1 & 1 \\ 0 & 1 & 2 & 2 & 3 \\ 0 & 0 & 0 & 0 & \lambda-2 \end{pmatrix}.$$

所以当 $\lambda=2$ 时,$r(\boldsymbol{A})=r(\bar{\boldsymbol{A}})=2<4$,此时原方程组有解且有无穷多解.

当 $\lambda\neq 2$ 时,$r(\boldsymbol{A})=2$,$r(\bar{\boldsymbol{A}})=3$,此时原方程组无解.

小点睛

分类讨论的思想是解决问题的一种逻辑方法,也是一种数学思想. 在含有参数的线性方程组的解的讨论中,就要根据解的判定定理分类讨论.

根据上述所讲的求解非齐次线性方程组的方法可以来解决本章开头的两个案例.

"鸡兔同笼案例"中方程组的解为 $\begin{cases} x=23 \\ y=12 \end{cases}$,因此可知:笼子中有鸡 23 只,兔子 12 只.

"投资分配案例"中方程组的解为 $\begin{cases} x_1=-20 \\ x_2=40 \\ x_3=-10 \end{cases}$,投资金额为负数,显然不符合实际,因此认为如果他想得到 1.3 万元的利润,投给 A_1 的钱不可以等于投给 A_3 的 2 倍.

三、齐次线性方程组解的讨论

齐次线性方程组(3-2)必定有解,因为 $x_1=x_2=\cdots=x_n=0$ 就是它的一个解,这个解称为零解,其他的解称为非零解.所以对于齐次线性方程组的解的讨论,就是讨论是有唯一的解,即零解,还是有无穷多解,即既有零解又有非零解.

定理 3.2 n 元齐次线性方程组(3-2)一定有解,且:

(1) 当 $r(\mathbf{A})=n$ 时,方程组(3-2)只有零解;

(2) 当 $r(\mathbf{A})<n$ 时,方程组(3-2)有非零解.

小贴士 齐次线性方程组的求解方法是对系数矩阵进行初等行变换,化为行最简阶梯形矩阵,通过系数矩阵的秩和定理 3.2 判断解的情况.

例 3.1.5 解齐次线性方程组 $\begin{cases}x_1+x_2+2x_3+2x_4=0\\2x_1-x_2+x_3-2x_4=0\\x_1-2x_2-x_3-4x_4=0\end{cases}$.

解 对系数矩阵 $\mathbf{A}$ 施行初等行变换,得

$$\mathbf{A}=\begin{pmatrix}1&1&2&2\\2&-1&1&-2\\1&-2&-1&-4\end{pmatrix}\to\begin{pmatrix}1&1&2&2\\0&-3&-3&-6\\0&-3&-3&-6\end{pmatrix}\to\begin{pmatrix}1&1&2&2\\0&1&1&2\\0&0&0&0\end{pmatrix}$$

$$\to\begin{pmatrix}1&0&1&0\\0&1&1&2\\0&0&0&0\end{pmatrix}.$$

由行最简阶梯形矩阵得到对应的同解方程组为:

$$\begin{cases}x_1+x_3=0\\x_2+x_3+2x_4=0\end{cases}.$$

选自由未知量为 x_3,x_4,此时方程组的一般解为:

$$\begin{cases}x_1=-x_3\\x_2=-x_3-2x_4\\x_3=x_3\\x_4=x_4\end{cases}(x_3,x_4\text{为自由未知量}).$$

习题 3.1

1. 求解下列线性方程组:

(1) $\begin{cases}x_1-2x_2+2x_3=0\\x_1+2x_2-x_3=0\\8x_1-4x_2+7x_3=0\end{cases}$;

(2) $\begin{cases}x_1+2x_2+2x_3+x_4=0\\2x_1+x_2-2x_3-2x_4=0\\x_1-x_2-4x_3-3x_4=0\end{cases}$;

(3) $\begin{cases}x_1+2x_2-x_3+2x_4=1\\2x_1+4x_2+x_3+x_4=5\\x_1+2x_2+2x_3-x_4=4\end{cases}$;

(4) $\begin{cases}x_1-2x_2-x_3=1\\2x_1+x_3=5\\-x_1+3x_2+2x_3=1\end{cases}$;

(5) $\begin{cases} x_1+x_2-2x_3+3x_4=0 \\ 2x_1+x_2-6x_3+4x_4=-1 \\ 3x_1+2x_2-x_3+7x_4=-1 \\ x_1-x_2-6x_3-x_4=-2 \end{cases}$;　　(6) $\begin{cases} x_1+x_4=0 \\ x_1+2x_2-x_4=1 \\ 3x_1-x_2+4x_4=1 \\ x_1+4x_2+5x_3+x_4=2 \end{cases}$.

2. 设线性方程组

$$\begin{cases} (1+\lambda)x_1+x_2+x_3=0 \\ x_1+(1+\lambda)x_2+x_3=3, \\ x_1+x_2+(1+\lambda)x_3=\lambda \end{cases}$$

问 λ 取何值时,此方程组(1) 有唯一解;(2) 无解;(3) 有无穷多解? 并在有无穷多解时求其通解.

3. 一专卖店出售四种型号分别为小号、中号、大号和加大号的名牌 T 恤衫, 四种型号的 T 恤衫售价分别为 220 元、240 元、260 元、300 元. 若专卖店某日共售出了 13 件 T 恤衫, 毛收入为 3 200 元,并已知大号的销售量为小号和加大号销售量的总和, 大号的销售收入(毛收入)也为小号和加大号销售收入(毛收入)的总和. 问各种型号的 T 恤衫各售出多少件?

第二节　n 维向量及线性相关性

一、n 维向量的相关概念

定义 3.1　n 个数组成的有序数组

$$(a_1,a_2,\cdots,a_n)$$

称为 n 维向量,$a_i(i=1,2,\cdots,n)$称为向量的第 i 个分量. 通常用小写希腊字母 $\boldsymbol{\alpha},\boldsymbol{\beta},\boldsymbol{\gamma}$ 表示.

分量为实数的向量称为**实向量**,分量为复数的向量称为**复向量**.

向量通常写成一行 $\boldsymbol{\alpha}=(a_1,a_2,\cdots,a_n)$,称为**行向量**.

向量也可以写成一列 $\boldsymbol{\alpha}=\begin{pmatrix} a_1 \\ a_2 \\ \vdots \\ a_n \end{pmatrix}$,称为**列向量**.

所有分量都为 0 的向量$(0,0,\cdots,0)$,称为**零向量**.

$\boldsymbol{\varepsilon}_1=(1,0,\cdots,0),\boldsymbol{\varepsilon}_2=(0,1,\cdots,0),\cdots,\boldsymbol{\varepsilon}_n=(0,0,\cdots,1)$称为 **$n$ 维基本向量**.

定义 3.2　n 维向量

$$\boldsymbol{\alpha}=(a_1,a_2,\cdots,a_n),\boldsymbol{\beta}=(b_1,b_2,\cdots,b_n)$$

如果对应分量都相等,即 $a_i=b_i(i=1,2,\cdots,n)$,就称这两个向量是相等的,记作 $\boldsymbol{\alpha}=\boldsymbol{\beta}$.

二、向量的运算

1. 加法

$$\boldsymbol{\alpha}=(a_1,a_2,\cdots,a_n),\boldsymbol{\beta}=(b_1,b_2,\cdots,b_n)$$

是两个 n 维向量,规定:

$$\boldsymbol{\alpha}+\boldsymbol{\beta}=(a_1+b_1,a_2+b_2,\cdots,a_n+b_n)$$

为 $\boldsymbol{\alpha},\boldsymbol{\beta}$ 的和.

2. 减法

称向量 $-\boldsymbol{\alpha}=(-a_1,-a_2,\cdots,-a_n)$ 为向量 $\boldsymbol{\alpha}=(a_1,a_2,\cdots,a_n)$ 的**负向量**.

向量的减法定义为:$\boldsymbol{\alpha}-\boldsymbol{\beta}=\boldsymbol{\alpha}+(-\boldsymbol{\beta})$.

3. 数乘

设 k 是一个数,规定

$$k\boldsymbol{\alpha}=(ka_1,ka_2,\cdots,ka_n),$$

称 $k\boldsymbol{\alpha}$ 为 k 与 $\boldsymbol{\alpha}$ 的数量乘积.

4. 运算满足的性质

(1) $\boldsymbol{\alpha}+\boldsymbol{\beta}=\boldsymbol{\beta}+\boldsymbol{\alpha}$;

(2) $(\boldsymbol{\alpha}+\boldsymbol{\beta})+\boldsymbol{\gamma}=\boldsymbol{\alpha}+(\boldsymbol{\beta}+\boldsymbol{\gamma})$;

(3) $\boldsymbol{\alpha}+\mathbf{0}=\boldsymbol{\alpha}$;

(4) $\boldsymbol{\alpha}+(-\boldsymbol{\alpha})=\mathbf{0}$;

(5) $(kl)\boldsymbol{\alpha}=k(l\boldsymbol{\alpha})$;

(6) $1\cdot\boldsymbol{\alpha}=\boldsymbol{\alpha}$;

(7) $(k+l)\boldsymbol{\alpha}=k\boldsymbol{\alpha}+l\boldsymbol{\alpha}$;

(8) $k(\boldsymbol{\alpha}+\boldsymbol{\beta})=k\boldsymbol{\alpha}+k\boldsymbol{\beta}$.

三、向量的线性相关性

定义 3.3 设 $\boldsymbol{\alpha}_1,\boldsymbol{\alpha}_2,\cdots,\boldsymbol{\alpha}_s,\boldsymbol{\beta}$ 都是 n 维向量,如果 $\boldsymbol{\beta}$ 可以表示成

$$\boldsymbol{\beta}=k_1\boldsymbol{\alpha}_1+k_2\boldsymbol{\alpha}_2+\cdots+k_s\boldsymbol{\alpha}_s,$$

则称向量 $\boldsymbol{\beta}$ 是向量组 $\boldsymbol{\alpha}_1,\boldsymbol{\alpha}_2,\cdots,\boldsymbol{\alpha}_s$ 的**线性组合**,或称 $\boldsymbol{\beta}$ 可以由向量组 $\boldsymbol{\alpha}_1,\boldsymbol{\alpha}_2,\cdots,\boldsymbol{\alpha}_s$ **线性表出**.

如果向量 $\boldsymbol{\beta}$ 可由向量 $\boldsymbol{\alpha}$ 线性表出:

$$\boldsymbol{\beta}=k\boldsymbol{\alpha},$$

则称 $\boldsymbol{\alpha},\boldsymbol{\beta}$ 成比例.

扫一扫可见微课
"向量组的线性相关性"

例 3.2.1 零向量可以由任意向量组 $\boldsymbol{\alpha}_1,\boldsymbol{\alpha}_2,\cdots,\boldsymbol{\alpha}_s$ 线性表出,这是因为

$$\mathbf{0}=0\boldsymbol{\alpha}_1+0\boldsymbol{\alpha}_2+\cdots+0\boldsymbol{\alpha}_s.$$

例 3.2.2 任意一个 n 维向量 $\boldsymbol{\alpha}=(a_1,a_2,\cdots,a_n)$ 都可以由 n 维基本向量线性表出,因为 $\boldsymbol{\alpha}=a_1\boldsymbol{\varepsilon}_1+a_2\boldsymbol{\varepsilon}_2+\cdots+a_n\boldsymbol{\varepsilon}_n$.

设

$$\boldsymbol{\alpha}_1=\begin{pmatrix}a_{11}\\a_{21}\\\vdots\\a_{n1}\end{pmatrix},\boldsymbol{\alpha}_2=\begin{pmatrix}a_{12}\\a_{22}\\\vdots\\a_{n2}\end{pmatrix},\cdots,\boldsymbol{\alpha}_s=\begin{pmatrix}a_{1s}\\a_{2s}\\\vdots\\a_{ns}\end{pmatrix},\boldsymbol{\beta}=\begin{pmatrix}b_1\\b_2\\\vdots\\b_n\end{pmatrix},$$

若向量 $\boldsymbol{\beta}$ 可以由向量组 $\boldsymbol{\alpha}_1,\boldsymbol{\alpha}_2,\cdots,\boldsymbol{\alpha}_s$ 线性表出,即存在一组数 $k_1,k_2,\cdots,k_s$,使得

$$\boldsymbol{\beta}=k_1\boldsymbol{\alpha}_1+k_2\boldsymbol{\alpha}_2+\cdots+k_s\boldsymbol{\alpha}_s.$$

根据向量相等的定义,即对应分量相等,则上式可以写成:

$$\begin{cases}a_{11}k_1+a_{12}k_2+\cdots+a_{1s}k_s=b_1\\ a_{21}k_1+a_{22}k_2+\cdots+a_{2s}k_s=b_2\\ \cdots\cdots\\ a_{n1}k_1+a_{n2}k_2+\cdots+a_{ns}k_s=b_n\end{cases}. \tag{3-3}$$

因此,向量 $\boldsymbol{\beta}$ 可以由向量组 $\boldsymbol{\alpha}_1,\boldsymbol{\alpha}_2,\cdots,\boldsymbol{\alpha}_s$ 线性表出的充分必要条件是非齐次线性方程组(3-3)有解.

小贴士

向量 $\boldsymbol{\beta}$ 能否由 $\boldsymbol{\alpha}_1,\boldsymbol{\alpha}_2,\cdots,\boldsymbol{\alpha}_s$ 线性表出的问题相当于一个由 s 个未知量 n 个方程组成的非齐次线性方程组是否有解. 由上一节所讲的对非齐次线性方程组的讨论,可知有 3 种结果:向量 $\boldsymbol{\beta}$ 不能由向量组 $\boldsymbol{\alpha}_1,\boldsymbol{\alpha}_2,\cdots,\boldsymbol{\alpha}_s$ 线性表出;向量 $\boldsymbol{\beta}$ 可以由向量组 $\boldsymbol{\alpha}_1,\boldsymbol{\alpha}_2,\cdots,\boldsymbol{\alpha}_s$ 线性表出,且表示方法唯一;向量 $\boldsymbol{\beta}$ 可以由向量组 $\boldsymbol{\alpha}_1,\boldsymbol{\alpha}_2,\cdots,\boldsymbol{\alpha}_s$ 线性表出,且表示方法有无穷多种.

例 3.2.3 设 $\boldsymbol{\alpha}_1=\begin{pmatrix}1\\2\\-3\\1\end{pmatrix},\boldsymbol{\alpha}_2=\begin{pmatrix}2\\3\\-1\\2\end{pmatrix},\boldsymbol{\alpha}_3=\begin{pmatrix}3\\1\\-2\\-2\end{pmatrix},\boldsymbol{\beta}=\begin{pmatrix}0\\4\\-2\\5\end{pmatrix}$,问 $\boldsymbol{\beta}$ 是否可以由向量组 $\boldsymbol{\alpha}_1,\boldsymbol{\alpha}_2,\boldsymbol{\alpha}_3$ 线性表出?

解 设 $\boldsymbol{\beta}=k_1\boldsymbol{\alpha}_1+k_2\boldsymbol{\alpha}_2+k_3\boldsymbol{\alpha}_3$,则:

$$\begin{cases}k_1+2k_2+3k_3=0\\ 2k_1+3k_2+k_3=4\\ -3k_1-k_2-2k_3=-2\\ k_1+2k_2-2k_3=5\end{cases}.$$

这个线性方程组有唯一解 $(1,1,-1)^{\mathrm{T}}$,所以 $\boldsymbol{\beta}$ 可以由向量组 $\boldsymbol{\alpha}_1,\boldsymbol{\alpha}_2,\boldsymbol{\alpha}_3$ 唯一地线性表出:

$$\boldsymbol{\beta}=\boldsymbol{\alpha}_1+\boldsymbol{\alpha}_2-\boldsymbol{\alpha}_3.$$

例 3.2.4 设 $\boldsymbol{\alpha}_1=\begin{pmatrix}1\\3\\0\end{pmatrix},\boldsymbol{\alpha}_2=\begin{pmatrix}1\\2\\1\end{pmatrix},\boldsymbol{\alpha}_3=\begin{pmatrix}1\\1\\2\end{pmatrix},\boldsymbol{\alpha}_4=\begin{pmatrix}1\\-3\\6\end{pmatrix},\boldsymbol{\beta}=\begin{pmatrix}1\\0\\3\end{pmatrix}$,问 $\boldsymbol{\beta}$ 是否可以由向量组 $\boldsymbol{\alpha}_1,\boldsymbol{\alpha}_2,\boldsymbol{\alpha}_3,\boldsymbol{\alpha}_4$ 线性表出?

解 设 $\boldsymbol{\beta}=k_1\boldsymbol{\alpha}_1+k_2\boldsymbol{\alpha}_2+k_3\boldsymbol{\alpha}_3+k_4\boldsymbol{\alpha}_4$,则:

$$\begin{cases}k_1+k_2+k_3+k_4=1\\ 3k_1+2k_2+k_3-3k_4=0\\ k_2+2k_3+6k_4=3\end{cases}.$$

此方程组即为与例 3.1.2 同解的方程组,因此,方程组的一般解为

$$\begin{cases} k_1 = k_3 + 5k_4 - 2 \\ k_2 = -2k_3 - 6k_4 + 3 \\ k_3 = k_3 \\ k_4 = k_4 \end{cases} \quad (k_3, k_4 \text{为自由未知量,可取任意常数}).$$

因此,$\boldsymbol{\beta}$ 可以由向量组 $\boldsymbol{\alpha}_1, \boldsymbol{\alpha}_2, \boldsymbol{\alpha}_3, \boldsymbol{\alpha}_4$ 线性表出,而且表出方法有无穷多种.

例 3.2.5 设 $\boldsymbol{\alpha}_1 = \begin{pmatrix} 1 \\ 1 \\ 0 \end{pmatrix}, \boldsymbol{\alpha}_2 = \begin{pmatrix} 1 \\ 3 \\ -1 \end{pmatrix}, \boldsymbol{\alpha}_3 = \begin{pmatrix} 5 \\ 3 \\ t \end{pmatrix}, \boldsymbol{\beta} = \begin{pmatrix} 2 \\ 4 \\ -1 \end{pmatrix}$,问 t 为何值时,$\boldsymbol{\beta}$ 可以由向量组 $\boldsymbol{\alpha}_1, \boldsymbol{\alpha}_2, \boldsymbol{\alpha}_3$ 线性表出?

解 设 $\boldsymbol{\beta} = k_1\boldsymbol{\alpha}_1 + k_2\boldsymbol{\alpha}_2 + k_3\boldsymbol{\alpha}_3$,则:

$$\begin{cases} k_1 + k_2 + 5k_3 = 2 \\ k_1 + 3k_2 + 3k_3 = 4 \\ -k_2 + tk_3 = -1 \end{cases}.$$

用初等行变换求解此线性方程组:

$$\begin{pmatrix} 1 & 1 & 5 & 2 \\ 1 & 3 & 3 & 4 \\ 0 & -1 & t & -1 \end{pmatrix} \to \begin{pmatrix} 1 & 0 & 6 & 1 \\ 0 & 1 & -1 & 1 \\ 0 & 0 & t-1 & 0 \end{pmatrix}.$$

当 $t-1 \neq 0$,即 $t \neq 1$ 时,此方程组有唯一的一组解 $(1,1,0)^{\mathrm{T}}$,此时 $\boldsymbol{\beta} = \boldsymbol{\alpha}_1 + \boldsymbol{\alpha}_2$.

当 $t-1=0$,即 $t=1$ 时,此方程组有无穷多个解

$$\begin{cases} k_1 = 1 - 6k_3 \\ k_2 = 1 + k_3 \\ k_3 = k_3 \end{cases} \quad (k_3 \text{ 为自由未知量,可取任意常数}).$$

此时,$\boldsymbol{\beta}$ 可以由向量组 $\boldsymbol{\alpha}_1, \boldsymbol{\alpha}_2, \boldsymbol{\alpha}_3$ 线性表出,且表出方法有无穷多种.

如果令 $k_3 = 0$,则 $k_1 = k_2 = 1$,此时得到其中的一种表出方法:$\boldsymbol{\beta} = \boldsymbol{\alpha}_1 + \boldsymbol{\alpha}_2$.

定义 3.4 设 $\boldsymbol{\alpha}_1, \boldsymbol{\alpha}_2, \cdots, \boldsymbol{\alpha}_s$ 都是 n 维向量,如果有不全为零的数 $k_1, k_2, \cdots, k_s$,使得

$$k_1\boldsymbol{\alpha}_1 + k_2\boldsymbol{\alpha}_2 + \cdots + k_s\boldsymbol{\alpha}_s = \mathbf{0},$$

则称向量 $\boldsymbol{\alpha}_1, \boldsymbol{\alpha}_2, \cdots, \boldsymbol{\alpha}_s$ **线性相关**. 否则称向量 $\boldsymbol{\alpha}_1, \boldsymbol{\alpha}_2, \cdots, \boldsymbol{\alpha}_s$ **线性无关**.

小贴士

$\boldsymbol{\alpha}_1, \boldsymbol{\alpha}_2, \cdots, \boldsymbol{\alpha}_s$ 线性无关,即指等式 $k_1\boldsymbol{\alpha}_1 + k_2\boldsymbol{\alpha}_2 + \cdots + k_s\boldsymbol{\alpha}_s = \mathbf{0}$ 只有在 $k_1 = k_2 = \cdots = k_s = 0$ 的情况下才成立.

小贴士

包含零向量的向量组一定线性相关. n 维基本向量组 $\boldsymbol{\varepsilon}_1, \boldsymbol{\varepsilon}_2, \cdots, \boldsymbol{\varepsilon}_n$ 一定线性无关.

设 n 维向量组 $\boldsymbol{\alpha}_i=\begin{pmatrix}a_{1i}\\a_{2i}\\\vdots\\a_{ni}\end{pmatrix}\quad(i=1,2,\cdots,s)$，令

$$k_1\boldsymbol{\alpha}_1+k_2\boldsymbol{\alpha}_2+\cdots+k_s\boldsymbol{\alpha}_s=\mathbf{0}.$$

根据向量相等的定义，即对应分量相等，则上式可以写成：

$$\begin{cases}a_{11}k_1+a_{12}k_2+\cdots+a_{1s}k_s=0\\a_{21}k_1+a_{22}k_2+\cdots+a_{2s}k_s=0\\\cdots\cdots\\a_{n1}k_1+a_{n2}k_2+\cdots+a_{ns}k_s=0\end{cases}. \tag{3-4}$$

因此，向量组 $\boldsymbol{\alpha}_1,\boldsymbol{\alpha}_2,\cdots,\boldsymbol{\alpha}_s$ 线性相关的充分必要条件是齐次线性方程组(3－4)有非零解. 向量组 $\boldsymbol{\alpha}_1,\boldsymbol{\alpha}_2,\cdots,\boldsymbol{\alpha}_s$ 线性无关的充分必要条件是齐次线性方程组(3－4)只有零解.

例 3.2.6 设 $\boldsymbol{\alpha}_1=\begin{pmatrix}1\\2\\-3\\1\end{pmatrix},\boldsymbol{\alpha}_2=\begin{pmatrix}2\\3\\-1\\2\end{pmatrix},\boldsymbol{\alpha}_3=\begin{pmatrix}3\\1\\-2\\-2\end{pmatrix}$，问向量组 $\boldsymbol{\alpha}_1,\boldsymbol{\alpha}_2,\boldsymbol{\alpha}_3$ 是否线性相关？

解 设 $k_1\boldsymbol{\alpha}_1+k_2\boldsymbol{\alpha}_2+k_3\boldsymbol{\alpha}_3=\mathbf{0}$，则：

$$\begin{cases}k_1+2k_2+3k_3=0\\2k_1+3k_2+k_3=0\\-3k_1-k_2-2k_3=0\\k_1+2k_2-2k_3=0\end{cases}.$$

此方程组只有零解，即只有当 $k_1=k_2=k_3=0$ 时，$k_1\boldsymbol{\alpha}_1+k_2\boldsymbol{\alpha}_2+k_3\boldsymbol{\alpha}_3=\mathbf{0}$才成立. 因此，$\boldsymbol{\alpha}_1,\boldsymbol{\alpha}_2,\boldsymbol{\alpha}_3$ 线性无关.

例 3.2.7 设 $\boldsymbol{\alpha}_1=\begin{pmatrix}1\\2\\1\end{pmatrix},\boldsymbol{\alpha}_2=\begin{pmatrix}1\\-1\\-2\end{pmatrix},\boldsymbol{\alpha}_3=\begin{pmatrix}2\\1\\-1\end{pmatrix},\boldsymbol{\alpha}_4=\begin{pmatrix}2\\-2\\-4\end{pmatrix}$，问向量组 $\boldsymbol{\alpha}_1,\boldsymbol{\alpha}_2,\boldsymbol{\alpha}_3,\boldsymbol{\alpha}_4$ 是否线性相关？

解 设 $k_1\boldsymbol{\alpha}_1+k_2\boldsymbol{\alpha}_2+k_3\boldsymbol{\alpha}_3+k_4\boldsymbol{\alpha}_4=\mathbf{0}$，则：

$$\begin{cases}k_1+k_2+2k_3+2k_4=0\\2k_1-k_2+k_3-2k_4=0\\k_1-2k_2-k_3-4k_4=0\end{cases}.$$

此方程组有无穷多个解. 通解为

$$\begin{cases}k_1=-k_3\\k_2=-k_3-2k_4\\k_3=k_3\\k_4=k_4\end{cases}(k_3,k_4\text{为自由未知量，可取任意常数}).$$

令 $k_3=0, k_4=1$，得到一组非零解 $(0,-2,0,1)^{\mathrm{T}}$，即得：

$$0\cdot\boldsymbol{\alpha}_1+(-2)\boldsymbol{\alpha}_2+0\cdot\boldsymbol{\alpha}_3+1\cdot\boldsymbol{\alpha}_4=\mathbf{0}.$$

因此，$\boldsymbol{\alpha}_1,\boldsymbol{\alpha}_2,\boldsymbol{\alpha}_3,\boldsymbol{\alpha}_4$ 是线性相关的.

请思考

线性相关与线性表出的关系.

定理 3.3 向量组 $\boldsymbol{\alpha}_1,\boldsymbol{\alpha}_2,\cdots,\boldsymbol{\alpha}_s(s\geqslant 2)$ 线性相关的充分必要条件是 $\boldsymbol{\alpha}_1,\boldsymbol{\alpha}_2,\cdots,\boldsymbol{\alpha}_s$ 中至少有一个向量可以被其余的向量线性表出.

定理 3.4 如果向量组 $\boldsymbol{\alpha}_1,\boldsymbol{\alpha}_2,\cdots,\boldsymbol{\alpha}_s(s\geqslant 2)$ 线性无关，而 $\boldsymbol{\alpha}_1,\boldsymbol{\alpha}_2,\cdots,\boldsymbol{\alpha}_s,\boldsymbol{\beta}$ 线性相关，则 $\boldsymbol{\beta}$ 可以由 $\boldsymbol{\alpha}_1,\boldsymbol{\alpha}_2,\cdots,\boldsymbol{\alpha}_s$ 线性表出.

定理 3.5 设 $\boldsymbol{\beta}$ 可由向量组 $\boldsymbol{\alpha}_1,\boldsymbol{\alpha}_2,\cdots,\boldsymbol{\alpha}_s(s\geqslant 2)$ 线性表出，则表示方法唯一的充分必要条件是 $\boldsymbol{\alpha}_1,\boldsymbol{\alpha}_2,\cdots,\boldsymbol{\alpha}_s$ 线性无关.

习题 3.2

1. 设 $\boldsymbol{\alpha}_1=\begin{pmatrix}1\\1\\2\end{pmatrix},\boldsymbol{\alpha}_2=\begin{pmatrix}-1\\3\\-2\end{pmatrix},\boldsymbol{\alpha}_3=\begin{pmatrix}3\\1\\-1\end{pmatrix}$，计算 $3\boldsymbol{\alpha}_1+2\boldsymbol{\alpha}_2-\boldsymbol{\alpha}_3$.

2. 判断下列向量组中向量 $\boldsymbol{\beta}$ 是否可以由其他的向量线性表出. 若可以，写出线性表出的方法.

(1) $\boldsymbol{\alpha}_1=\begin{pmatrix}1\\1\\1\\1\end{pmatrix},\boldsymbol{\alpha}_2=\begin{pmatrix}1\\1\\-1\\-1\end{pmatrix},\boldsymbol{\alpha}_3=\begin{pmatrix}1\\-1\\1\\-1\end{pmatrix},\boldsymbol{\alpha}_4=\begin{pmatrix}1\\-1\\-1\\1\end{pmatrix},\boldsymbol{\beta}=\begin{pmatrix}1\\2\\3\\4\end{pmatrix}$；

(2) $\boldsymbol{\alpha}_1=\begin{pmatrix}1\\0\\0\\0\end{pmatrix},\boldsymbol{\alpha}_2=\begin{pmatrix}1\\-1\\0\\0\end{pmatrix},\boldsymbol{\alpha}_3=\begin{pmatrix}1\\0\\1\\1\end{pmatrix},\boldsymbol{\alpha}_4=\begin{pmatrix}1\\2\\1\\1\end{pmatrix},\boldsymbol{\beta}=\begin{pmatrix}1\\2\\3\\4\end{pmatrix}$；

(3) $\boldsymbol{\alpha}_1=\begin{pmatrix}1\\2\\3\end{pmatrix},\boldsymbol{\alpha}_2=\begin{pmatrix}-1\\1\\4\end{pmatrix},\boldsymbol{\alpha}_3=\begin{pmatrix}3\\3\\2\end{pmatrix},\boldsymbol{\beta}=\begin{pmatrix}4\\5\\5\end{pmatrix}$.

3. 判断下列向量组是否线性相关：

(1) $\boldsymbol{\alpha}_1=\begin{pmatrix}1\\1\\1\\1\end{pmatrix},\boldsymbol{\alpha}_2=\begin{pmatrix}1\\1\\-1\\-1\end{pmatrix},\boldsymbol{\alpha}_3=\begin{pmatrix}1\\-1\\1\\-1\end{pmatrix},\boldsymbol{\alpha}_4=\begin{pmatrix}1\\-1\\-1\\1\end{pmatrix}$；

(2) $\boldsymbol{\alpha}_1=\begin{pmatrix}1\\0\\1\end{pmatrix},\boldsymbol{\alpha}_2=\begin{pmatrix}-1\\2\\2\end{pmatrix},\boldsymbol{\alpha}_3=\begin{pmatrix}1\\2\\4\end{pmatrix}$.

4. 已知 $\boldsymbol{\alpha}_1,\boldsymbol{\alpha}_2,\boldsymbol{\alpha}_3$ 线性无关，求证：$\boldsymbol{\alpha}_1+\boldsymbol{\alpha}_2,\boldsymbol{\alpha}_2+\boldsymbol{\alpha}_3,\boldsymbol{\alpha}_1+\boldsymbol{\alpha}_3$ 也线性无关.

第三节　向量组的秩与极大线性无关组

一、向量组的极大线性无关组

定义 3.5　向量组的一个部分组称为它的一个**极大线性无关组**，如果

(1) 这个部分组本身是线性无关的；

(2) 再从这个向量组的其余向量（如果还有的话）中任取一个添进去以后，所得到的新的部分组都线性相关.

例 3.3.1　设 $\boldsymbol{\alpha}_1=\begin{pmatrix}0\\1\end{pmatrix},\boldsymbol{\alpha}_2=\begin{pmatrix}1\\0\end{pmatrix},\boldsymbol{\alpha}_3=\begin{pmatrix}1\\1\end{pmatrix},\boldsymbol{\alpha}_4=\begin{pmatrix}0\\2\end{pmatrix}$，显然 $\boldsymbol{\alpha}_1,\boldsymbol{\alpha}_2$ 线性无关，而且 $\boldsymbol{\alpha}_3=\boldsymbol{\alpha}_1+\boldsymbol{\alpha}_2,\boldsymbol{\alpha}_4=2\boldsymbol{\alpha}_1$. 因此，$\boldsymbol{\alpha}_1$ 与 $\boldsymbol{\alpha}_2$ 是 $\boldsymbol{\alpha}_1,\boldsymbol{\alpha}_2,\boldsymbol{\alpha}_3,\boldsymbol{\alpha}_4$ 的极大线性无关组. 同样，$\boldsymbol{\alpha}_1$ 与 $\boldsymbol{\alpha}_3$，$\boldsymbol{\alpha}_2$ 与 $\boldsymbol{\alpha}_3$，$\boldsymbol{\alpha}_2$ 与 $\boldsymbol{\alpha}_4$，$\boldsymbol{\alpha}_3$ 与 $\boldsymbol{\alpha}_4$ 都是极大线性无关组，但是 $\boldsymbol{\alpha}_1$ 与 $\boldsymbol{\alpha}_4$ 不是极大线性无关组.

> **小贴士**　一个向量组的极大线性无关组不一定唯一.

完全由零向量组成的向量组没有极大线性无关组，因为它的任何一个部分组都是线性相关的. 反之，任何一个向量组，只要含有非零向量，就一定有极大线性无关组.

定理 3.6　向量组的极大线性无关组所含向量的个数相等.

二、向量组的秩

定义 3.6　向量组 $\boldsymbol{\alpha}_1,\boldsymbol{\alpha}_2,\cdots,\boldsymbol{\alpha}_s$ 的极大线性无关组所含向量的个数称为这个向量组的秩，记作 $r\{\boldsymbol{\alpha}_1,\boldsymbol{\alpha}_2,\cdots,\boldsymbol{\alpha}_s\}$.

> **小贴士**　只含零向量的向量组的秩为零. 线性无关的向量组的秩为它本身所含向量的个数.

下面讨论如何求向量组的秩.

设矩阵

$$\mathbf{A}=\begin{pmatrix}a_{11}&a_{12}&\cdots&a_{1n}\\a_{21}&a_{22}&\cdots&a_{2n}\\\vdots&\vdots&&\vdots\\a_{s1}&a_{s2}&\cdots&a_{sn}\end{pmatrix},$$

将矩阵 $\mathbf{A}$ 的每一行看成一个向量，即

$$\boldsymbol{\alpha}_1=(a_{11},a_{12},\cdots,a_{1n}),$$

$$\boldsymbol{\alpha}_2=(a_{21},a_{22},\cdots,a_{2n}),$$

$$\cdots\cdots$$

$$\boldsymbol{\alpha}_s=(a_{s1},a_{s2},\cdots,a_{sn}),$$

称向量组 $\boldsymbol{\alpha}_1,\boldsymbol{\alpha}_2,\cdots,\boldsymbol{\alpha}_s$ 为矩阵 $\boldsymbol{A}$ 的行向量组.

将矩阵 $\boldsymbol{A}$ 的每一列看成一个向量,即

$$\boldsymbol{\beta}_1=\begin{pmatrix}a_{11}\\a_{21}\\\vdots\\a_{s1}\end{pmatrix},\boldsymbol{\beta}_2=\begin{pmatrix}a_{12}\\a_{22}\\\vdots\\a_{s2}\end{pmatrix},\cdots,\boldsymbol{\beta}_n=\begin{pmatrix}a_{1n}\\a_{2n}\\\vdots\\a_{sn}\end{pmatrix},$$

称向量组 $\boldsymbol{\beta}_1,\boldsymbol{\beta}_2,\cdots,\boldsymbol{\beta}_n$ 为矩阵 $\boldsymbol{A}$ 的列向量组.

定理 3.7 矩阵 $\boldsymbol{A}$ 的行向量组的秩等于列向量组的秩,也等于矩阵 $\boldsymbol{A}$ 的秩.

小贴士 求向量组的秩转化为求对应矩阵的秩,即对矩阵进行初等行变换,变换为行阶梯形矩阵,行阶梯形矩阵非零行的行数即为向量组的秩.

例 3.3.2 设 $\boldsymbol{\alpha}_1=\begin{pmatrix}1\\1\\-2\\1\\-1\end{pmatrix},\boldsymbol{\alpha}_2=\begin{pmatrix}4\\4\\-7\\4\\-5\end{pmatrix},\boldsymbol{\alpha}_3=\begin{pmatrix}2\\5\\-8\\4\\-3\end{pmatrix},\boldsymbol{\alpha}_4=\begin{pmatrix}2\\-1\\2\\0\\-3\end{pmatrix}$,求向量组 $\boldsymbol{\alpha}_1,\boldsymbol{\alpha}_2,\boldsymbol{\alpha}_3,\boldsymbol{\alpha}_4$ 的秩,写出一个极大线性无关组,并把其余向量用该极大线性无关组线性表出.

解 $\boldsymbol{A}=\begin{pmatrix}1&4&2&2\\1&4&5&-1\\-2&-7&-8&2\\1&4&4&0\\-1&-5&-3&-3\end{pmatrix}\to\begin{pmatrix}1&4&2&2\\0&0&3&-3\\0&1&-4&6\\0&0&2&-2\\0&-1&-1&-1\end{pmatrix}$

$$\to\begin{pmatrix}1&4&2&2\\0&1&1&1\\0&1&-4&6\\0&0&1&-1\\0&0&0&0\end{pmatrix}\to\begin{pmatrix}1&4&2&2\\0&1&1&1\\0&0&1&-1\\0&0&0&0\\0&0&0&0\end{pmatrix},$$

所以 $r(\boldsymbol{A})=3$,即 $r\{\boldsymbol{\alpha}_1,\boldsymbol{\alpha}_2,\boldsymbol{\alpha}_3,\boldsymbol{\alpha}_4\}=3$.

为了找出一个极大线性无关组,并能用极大线性无关组将其余向量线性表出,矩阵 $\boldsymbol{A}$ 继续进行初等行变换,变成行最简阶梯形矩阵.

$$A \to \begin{pmatrix} 1 & 4 & 2 & 2 \\ 0 & 1 & 1 & 1 \\ 0 & 0 & 1 & -1 \\ 0 & 0 & 0 & 0 \\ 0 & 0 & 0 & 0 \end{pmatrix} \to \begin{pmatrix} 1 & 4 & 0 & 4 \\ 0 & 1 & 0 & 2 \\ 0 & 0 & 1 & -1 \\ 0 & 0 & 0 & 0 \\ 0 & 0 & 0 & 0 \end{pmatrix} \to \begin{pmatrix} 1 & 0 & 0 & -4 \\ 0 & 1 & 0 & 2 \\ 0 & 0 & 1 & -1 \\ 0 & 0 & 0 & 0 \\ 0 & 0 & 0 & 0 \end{pmatrix}.$$

由行最简阶梯形矩阵可以看出，$\boldsymbol{\alpha}_1,\boldsymbol{\alpha}_2,\boldsymbol{\alpha}_3$ 是线性无关的，所以 $\boldsymbol{\alpha}_1,\boldsymbol{\alpha}_2,\boldsymbol{\alpha}_3$ 是一个极大线性无关组，且 $\boldsymbol{\alpha}_4$ 可由 $\boldsymbol{\alpha}_1,\boldsymbol{\alpha}_2,\boldsymbol{\alpha}_3$ 线性表出：$\boldsymbol{\alpha}_4=-4\boldsymbol{\alpha}_1+2\boldsymbol{\alpha}_2-\boldsymbol{\alpha}_3$.

小贴士 由定理 3.7，用行向量和列向量组成矩阵求秩都可以，但用列向量组成的矩阵来求解不仅可以求出向量组的秩，还可以方便地用极大线性无关组将其余向量线性表出.

习题 3.3

1. 求下列向量组的秩，写出一个极大线性无关组，并用极大线性无关组表示其他向量：

(1) $\boldsymbol{\alpha}_1=\begin{pmatrix}1\\-1\\3\end{pmatrix},\boldsymbol{\alpha}_2=\begin{pmatrix}2\\-1\\4\end{pmatrix},\boldsymbol{\alpha}_3=\begin{pmatrix}3\\-4\\11\end{pmatrix},\boldsymbol{\alpha}_4=\begin{pmatrix}4\\-2\\8\end{pmatrix}$;

(2) $\boldsymbol{\alpha}_1=\begin{pmatrix}1\\-1\\2\\4\end{pmatrix},\boldsymbol{\alpha}_2=\begin{pmatrix}0\\3\\1\\2\end{pmatrix},\boldsymbol{\alpha}_3=\begin{pmatrix}3\\0\\7\\14\end{pmatrix},\boldsymbol{\alpha}_4=\begin{pmatrix}1\\-1\\2\\0\end{pmatrix},\boldsymbol{\alpha}_5=\begin{pmatrix}2\\1\\5\\6\end{pmatrix}$.

2. 设 $\boldsymbol{\alpha}_1=\begin{pmatrix}1\\-1\\2\\4\end{pmatrix},\boldsymbol{\alpha}_2=\begin{pmatrix}0\\3\\1\\2\end{pmatrix},\boldsymbol{\alpha}_3=\begin{pmatrix}3\\0\\7\\14\end{pmatrix},\boldsymbol{\alpha}_4=\begin{pmatrix}1\\2\\3\\a\end{pmatrix}$. 讨论 a 取不同值时向量组 $\boldsymbol{\alpha}_1,\boldsymbol{\alpha}_2,\boldsymbol{\alpha}_3,\boldsymbol{\alpha}_4$ 的秩.

第四节 线性方程组解的结构

利用本章第一节的内容可以判断一个线性方程组解的情形. 那么当方程组有无穷多解时，解与解之间有怎样的关系呢，也就是说解的结构是怎样的呢？本节就将利用向量来讨论线性方程组解的结构.

一、齐次线性方程组解的结构

$$\begin{cases} a_{11}x_1+a_{12}x_2+\cdots+a_{1n}x_n=0 \\ a_{21}x_1+a_{22}x_2+\cdots+a_{2n}x_n=0 \\ \cdots\cdots \\ a_{s1}x_1+a_{s2}x_2+\cdots+a_{sn}x_n=0 \end{cases}, \qquad (3-5)$$

扫一扫可见微课
“齐次线性方程组的解法”

齐次线性方程组有以下两个性质：

(1) 齐次线性方程组(3-5)的两个解的和还是它的解.

(2) 齐次线性方程组(3-5)的解的倍数还是它的解.

定义 3.7 齐次线性方程组(3-5)有非零解时，如果它的有限多个解 $\boldsymbol{\eta}_1,\boldsymbol{\eta}_2,\cdots,\boldsymbol{\eta}_t$ 满足：

(1) $\boldsymbol{\eta}_1,\boldsymbol{\eta}_2,\cdots,\boldsymbol{\eta}_t$ 线性无关；

(2) 齐次线性方程组(3-5)的每一个解都可以由 $\boldsymbol{\eta}_1,\boldsymbol{\eta}_2,\cdots,\boldsymbol{\eta}_t$ 线性表出.

那么称 $\boldsymbol{\eta}_1,\boldsymbol{\eta}_2,\cdots,\boldsymbol{\eta}_t$ 是齐次线性方程组(3-5)的一个**基础解系**.

如何求出齐次线性方程组(3-5)的基础解系？下面的定理及其证明过程回答了这两个问题.

定理 3.8 如果齐次线性方程组(3-5)有非零解，那么它一定有基础解系，并且基础解系所含解的个数等于 $n-r$，其中 r 是此方程组系数矩阵 $\boldsymbol{A}$ 的秩.

证明 因为齐次线性方程组(3-5)有非零解，则 $r(\boldsymbol{A})<n$.

第一步 把 $\boldsymbol{A}$ 经过初等行变换，变换为最简阶梯形矩阵后，得到的一般解为：

$$\begin{cases} x_1=c_{1,r+1}x_{r+1}+c_{1,r+2}x_{r+2}+\cdots+c_{1,n}x_n \\ x_2=c_{2,r+1}x_{r+1}+c_{2,r+2}x_{r+2}+\cdots+c_{2,n}x_n \\ \quad\cdots\cdots \\ x_r=c_{r,r+1}x_{r+1}+c_{r,r+2}x_{r+2}+\cdots+c_{r,n}x_n \end{cases}(x_{r+1},\cdots,x_n \text{ 是自由未知量}). \tag{3-6}$$

第二步 让自由未知量 $x_{r+1},\cdots,x_n$ 分别取下述 $n-r$ 组数：

$$(1,0,\cdots,0),(0,1,\cdots,0),\cdots,(0,0,\cdots,1), \tag{3-7}$$

则得到齐次线性方程组(3-5)的 $n-r$ 个解：$\boldsymbol{\eta}_1,\boldsymbol{\eta}_2,\cdots,\boldsymbol{\eta}_{n-r}$，其中：

$$\begin{cases} \boldsymbol{\eta}_1=(c_{1,r+1},c_{2,r+1},\cdots,c_{r,r+1},1,0,\cdots,0)^{\mathrm{T}} \\ \boldsymbol{\eta}_2=(c_{1,r+2},c_{2,r+2},\cdots,c_{r,r+2},0,1,\cdots,0)^{\mathrm{T}} \\ \quad\cdots\cdots \\ \boldsymbol{\eta}_{n-r}=(c_{1,n},c_{2,n},\cdots,c_{r,n},0,0,\cdots,1)^{\mathrm{T}} \end{cases}. \tag{3-8}$$

下面证明上述解(3-8)即为齐次线性方程组(3-5)的基础解系.

(1) 证明 $\boldsymbol{\eta}_1,\boldsymbol{\eta}_2,\cdots,\boldsymbol{\eta}_{n-r}$ 线性无关.

显然，向量组(3-7)线性无关，而向量组(3-8)可以看作是向量组(3-7)添加 r 个分量得到的，所以也是线性无关的.

(2) 证明齐次线性方程组(3-5)的任一解都可以由 $\boldsymbol{\eta}_1,\boldsymbol{\eta}_2,\cdots,\boldsymbol{\eta}_{n-r}$ 线性表出.

任取齐次线性方程组(3-5)的一个解：$\boldsymbol{\eta}=(c_1,c_2,\cdots,c_n)^{\mathrm{T}}$，代入方程组(3-6)，得到：

$$\begin{cases} c_1=c_{1,r+1}c_{r+1}+c_{1,r+2}c_{r+2}+\cdots+c_{1,n}c_n \\ c_2=c_{2,r+1}c_{r+1}+c_{2,r+2}c_{r+2}+\cdots+c_{2,n}c_n \\ \quad\cdots\cdots \\ c_r=c_{r,r+1}c_{r+1}+c_{r,r+2}c_{r+2}+\cdots+c_{r,n}c_n \end{cases}.$$

从而解向量 $\boldsymbol{\eta}$ 可以写成：

$$\begin{aligned}\boldsymbol{\eta}&=(c_1,c_2,\cdots,c_n)^{\mathrm{T}}\\&=(c_{1,r+1}c_{r+1}+c_{1,r+2}c_{r+2}+\cdots+c_{1,n}c_n,c_{2,r+1}c_{r+1}+c_{2,r+2}c_{r+2}+\cdots+c_{2,n}c_n,\cdots,c_{r,r+1}c_{r+1}\\&\quad+c_{r,r+2}c_{r+2}+\cdots+c_{r,n}c_n,1c_{r+1}+0c_{r+2}+\cdots+0c_n,\cdots,0c_{r+1}+0c_{r+2}+\cdots+1c_n)^{\mathrm{T}}\\&=(c_{1,r+1},c_{2,r+1},\cdots,c_{r,r+1},1,\cdots,0)^{\mathrm{T}}c_{r+1}+(c_{1,r+2},c_{2,r+2},\cdots,c_{r,r+2},0,\cdots,0)^{\mathrm{T}}c_{r+2}+\cdots\\&\quad+(c_{1,n},c_{2,n},\cdots,c_{r,n},0,\cdots,1)^{\mathrm{T}}c_n\\&=\boldsymbol{\eta}_1c_{r+1}+\boldsymbol{\eta}_2c_{r+2}+\cdots+\boldsymbol{\eta}_{n-r}c_n.\end{aligned}$$

因此，方程组的任一解 $\boldsymbol{\eta}$ 都可由 $\boldsymbol{\eta}_1,\boldsymbol{\eta}_2,\cdots,\boldsymbol{\eta}_{n-r}$ 线性表出，所以 $\boldsymbol{\eta}_1,\boldsymbol{\eta}_2,\cdots,\boldsymbol{\eta}_{n-r}$ 是齐次线性方程组(3-5)的一个基础解系.

小贴士 按照定理 3.8 证明过程中的第一步和第二步即求解出齐次线性方程组(3-5)的基础解系. 若 $\boldsymbol{\eta}_1,\boldsymbol{\eta}_2,\cdots,\boldsymbol{\eta}_{n-r}$ 是它的一个基础解系，则此方程组的通解为：$k_1\boldsymbol{\eta}_1+k_2\boldsymbol{\eta}_2+\cdots+k_{n-r}\boldsymbol{\eta}_{n-r}$，其中 $k_1,k_2,\cdots,k_{n-r}$ 为任意常数.

例 3.4.1 求齐次线性方程组

$$\begin{cases}x_1+3x_2-5x_3-2x_4=0\\-3x_1-2x_2+x_3+x_4=0\\-11x_1-5x_2-x_3+2x_4=0\\5x_1+x_2+3x_3=0\end{cases}$$

的基础解系，并且写出它的通解.

解 首先把系数矩阵经过初等行变换化成行最简阶梯形矩阵：

$$\boldsymbol{A}=\begin{pmatrix}1&3&-5&-2\\-3&-2&1&1\\-11&-5&-1&2\\5&1&3&0\end{pmatrix}\to\begin{pmatrix}1&0&1&\frac{1}{7}\\0&1&-2&-\frac{5}{7}\\0&0&0&0\\0&0&0&0\end{pmatrix}.$$

于是，原方程组的一般解为：

$$\begin{cases}x_1=-x_3-\frac{1}{7}x_4\\x_2=2x_3+\frac{5}{7}x_4\\x_3=x_3\\x_4=x_4\end{cases}\ (x_3,x_4\text{ 为自由未知量}).$$

取 $x_3=1,x_4=0$，得一个解 $\boldsymbol{\eta}_1=(-1,2,1,0)^{\mathrm{T}}$.

取 $x_3=0,x_4=1$，得一个解 $\boldsymbol{\eta}_2=\left(-\frac{1}{7},\frac{5}{7},0,1\right)^{\mathrm{T}}$.

因此,得到此线性方程组的一个基础解系:$\boldsymbol{\eta}_1,\boldsymbol{\eta}_2$.那么这个方程组的通解为:

$k_1\boldsymbol{\eta}_1+k_2\boldsymbol{\eta}_2=k_1(-1,2,1,0)^{\mathrm{T}}+k_2\left(-\frac{1}{7},\frac{5}{7},0,1\right)^{\mathrm{T}}=\left(-k_1-\frac{1}{7}k_2,2k_1+\frac{5}{7}k_2,k_1,k_2\right)^{\mathrm{T}}$,

其中 k_1,k_2 为任意常数.

二、非齐次线性方程组解的结构

设非齐次线性方程组

$$\begin{cases}a_{11}x_1+a_{12}x_2+\cdots+a_{1n}x_n=b_1\\a_{21}x_1+a_{22}x_2+\cdots+a_{2n}x_n=b_2\\\quad\cdots\cdots\\a_{s1}x_1+a_{s2}x_2+\cdots+a_{sn}x_n=b_s\end{cases}, \tag{3-9}$$

齐次线性方程组(3-5)称为非齐次线性方程组(3-9)对应的齐次线性方程组.

非齐次线性方程组有以下两个性质:

(1) 非齐次线性方程组(3-9)的两个解的差是它对应的齐次线性方程组(3-5)的解.

(2) 非齐次线性方程组(3-9)的一个解的和与它对应的齐次线性方程组(3-5)的一个解的和是非齐次线性方程组(3-9)的解.

小点睛

类比的思想应用非常广泛,它的意义就在于"旁敲侧击","触类旁通".上述两个性质类似于常微分线性方程的解的结构,可通过结论类比的方法理解讨论.

由以上两个性质,容易得到下面的定理:

定理 3.9 如果 $\boldsymbol{\gamma}_0$ 是非齐次线性方程组(3-9)的一个解(称 $\boldsymbol{\gamma}_0$ 是**特解**),$\boldsymbol{\eta}_1,\boldsymbol{\eta}_2,\cdots,\boldsymbol{\eta}_{n-r}$是它对应的齐次线性方程组(3-5)的一个基础解系,则非齐次线性方程组(3-6)的通解就是:$\boldsymbol{\gamma}_0+k_1\boldsymbol{\eta}_1+k_2\boldsymbol{\eta}_2+\cdots+k_{n-r}\boldsymbol{\eta}_{n-r}$,其中 $k_1,k_2,\cdots,k_{n-r}$是任意常数.

推论 3.2 如果非齐次线性方程组(3-9)有解,那么它的解唯一的充分必要条件是它对应的齐次线性方程组(3-5)只有零解.

求非齐次线性方程组的通解的步骤:

第一步 将增广矩阵进行初等行变换,求出非齐次线性方程组的通解,让自由未知量都取 0,得到一个特解 $\boldsymbol{\gamma}_0$;

第二步 求出对应的齐次线性方程组的一个基础解系 $\boldsymbol{\eta}_1,\boldsymbol{\eta}_2,\cdots,\boldsymbol{\eta}_{n-r}$;

第三步 根据定理 3.9 写出非齐次线性方程组的通解:

$$\boldsymbol{\gamma}_0+k_1\boldsymbol{\eta}_1+k_2\boldsymbol{\eta}_2+\cdots+k_{n-r}\boldsymbol{\eta}_{n-r},$$

其中 $k_1,k_2,\cdots,k_{n-r}$是任意常数.

例 3.4.2 求非齐次线性方程组

$$\begin{cases} x_1-2x_2+x_3+x_4+x_5=2 \\ 2x_1+x_2-x_3-2x_4-3x_5=4 \\ 3x_1-2x_2-x_3-x_4-2x_5=5 \\ 2x_1-5x_2+x_3+2x_4+2x_5=3 \end{cases}$$

的通解.

解 首先把增广矩阵经过初等行变换化成行最简阶梯形矩阵：

$$\overline{\boldsymbol{A}}=\begin{pmatrix} 1 & -2 & 1 & 1 & 1 & 2 \\ 2 & 1 & -1 & -2 & -3 & 4 \\ 3 & -2 & -1 & -1 & -2 & 5 \\ 2 & -5 & 1 & 2 & 2 & 3 \end{pmatrix} \to \begin{pmatrix} 1 & -2 & 1 & 1 & 1 & 2 \\ 0 & 5 & -3 & -4 & -5 & 0 \\ 0 & 4 & -4 & -4 & -5 & -1 \\ 0 & -1 & -1 & 0 & 0 & -1 \end{pmatrix}$$

$$\to \begin{pmatrix} 1 & -2 & 1 & 1 & 1 & 2 \\ 0 & 1 & 1 & 0 & 0 & 1 \\ 0 & 0 & -8 & -4 & -5 & -5 \\ 0 & 0 & 0 & 0 & 0 & 0 \end{pmatrix} \to \begin{pmatrix} 1 & 0 & 0 & -\frac{1}{2} & -\frac{7}{8} & \frac{17}{8} \\ 0 & 1 & 0 & -\frac{1}{2} & -\frac{5}{8} & \frac{3}{8} \\ 0 & 0 & 1 & \frac{1}{2} & \frac{5}{8} & \frac{5}{8} \\ 0 & 0 & 0 & 0 & 0 & 0 \end{pmatrix},$$

则对应的同解方程组是：

$$\begin{cases} x_1-\frac{1}{2}x_4-\frac{7}{8}x_5=\frac{17}{8} \\ x_2-\frac{1}{2}x_4-\frac{5}{8}x_5=\frac{3}{8} \\ x_3+\frac{1}{2}x_4+\frac{5}{8}x_5=\frac{5}{8} \end{cases}. \tag{3-10}$$

于是，原方程组的通解为：

$$\begin{cases} x_1=\frac{17}{8}+\frac{1}{2}x_4+\frac{7}{8}x_5 \\ x_2=\frac{3}{8}+\frac{1}{2}x_4+\frac{5}{8}x_5 \\ x_3=\frac{5}{8}-\frac{1}{2}x_4-\frac{5}{8}x_5 \\ x_4=x_4 \\ x_5=x_5 \end{cases} (x_4, x_5 \text{ 为自由未知量}).$$

令 $x_4=x_5=0$，得到此方程组的一个特解：

$$\boldsymbol{\gamma}_0=\left(\frac{17}{8},\frac{3}{8},\frac{5}{8},0,0\right)^{\mathrm{T}}.$$

下面求对应的齐次线性方程组的基础解系. 只要求非齐次线性方程组的同解方程组(3-10)对应的齐次线性方程组

$$\begin{cases} x_1-\frac{1}{2}x_4-\frac{7}{8}x_5=0 \\ x_2-\frac{1}{2}x_4-\frac{5}{8}x_5=0 \\ x_3+\frac{1}{2}x_4+\frac{5}{8}x_5=0 \end{cases} \tag{3-11}$$

的基础解系即可.

(3－11)的通解为：

$$\begin{cases} x_1=\frac{1}{2}x_4+\frac{7}{8}x_5 \\ x_2=\frac{1}{2}x_4+\frac{5}{8}x_5 \\ x_3=-\frac{1}{2}x_4-\frac{5}{8}x_5 \\ x_4=x_4 \\ x_5=x_5 \end{cases}$$（x_4,x_5 为自由未知量，可取任意常数）.

取 $x_4=1,x_5=0$，得到一个解 $\boldsymbol{\eta}_1=\left(\frac{1}{2},\frac{1}{2},-\frac{1}{2},1,0\right)^{\mathrm{T}}$.

取 $x_4=0,x_5=1$，得到一个解 $\boldsymbol{\eta}_2=\left(\frac{7}{8},\frac{5}{8},-\frac{5}{8},0,1\right)^{\mathrm{T}}$.

因此得到(3－11)的一个基础解系：$\boldsymbol{\eta}_1,\boldsymbol{\eta}_2$. 那么这个非齐次线性方程组的通解为：

$$\begin{aligned}\boldsymbol{\gamma}_0+k_1\boldsymbol{\eta}_1+k_2\boldsymbol{\eta}_2&=\left(\frac{17}{8},\frac{3}{8},\frac{5}{8},0,0\right)^{\mathrm{T}}+k_1\left(\frac{1}{2},\frac{1}{2},-\frac{1}{2},1,0\right)^{\mathrm{T}}+k_2\left(\frac{7}{8},\frac{5}{8},-\frac{5}{8},0,1\right)^{\mathrm{T}} \\ &=\left(\frac{17}{8}+\frac{1}{2}k_1+\frac{7}{8}k_2,\frac{3}{8}+\frac{1}{2}k_1+\frac{5}{8}k_2,\frac{5}{8}-\frac{1}{2}k_1-\frac{5}{8}k_2,k_1,k_2\right)^{\mathrm{T}},\end{aligned}$$

其中 k_1,k_2 为任意常数.

习题 3.4

1. 用基础解系表示下列齐次线性方程组的通解：

(1) $\begin{cases} x_1-8x_2+10x_3+2x_4=0 \\ 2x_1+4x_2+5x_3-x_4=0 \\ 3x_1+8x_2+6x_3-2x_4=0 \end{cases}$；　(2) $\begin{cases} x_1+x_2-x_3-x_4=0 \\ 2x_1-5x_2+3x_3+2x_4=0 \\ 7x_1-7x_2+3x_3+x_4=0 \end{cases}$.

2. 求下列非齐次线性方程组的通解：

(1) $\begin{cases} x_1+3x_2+5x_3+5x_4=2 \\ x_1+x_2+x_3+x_4=0 \\ x_2+2x_3+2x_4=1 \\ 5x_1+3x_2+x_3+x_4=-2 \end{cases}$；　(2) $\begin{cases} 2x_1+x_2-x_3-x_4=-1 \\ 5x_1+4x_2-4x_3+5x_4=0 \\ x_1+2x_2-2x_3+3x_4=7 \\ 4x_1+5x_2-5x_3+5x_4=13 \end{cases}$；

(3) $\begin{cases}2x_1+x_2-x_3+x_4=1\\3x_1-2x_2+2x_3-3x_4=6\\5x_1+x_2-x_3+2x_4=3\\2x_1-x_2+x_3-3x_4=5\end{cases}$；　　(4) $\begin{cases}x_1-5x_2+2x_3-3x_4=11\\-3x_1+x_2-4x_3+2x_4=-5\\-x_1-9x_2-4x_4=17\\5x_1+3x_2+6x_3-x_4=-1\end{cases}$.

3. 设 $\boldsymbol{\eta}_1,\boldsymbol{\eta}_2$ 是某个非齐次线性方程组的两个不同的解，证明：

(1) $\boldsymbol{\eta}_1,\boldsymbol{\eta}_2$ 线性无关；

(2) $\boldsymbol{\eta}_1+k(\boldsymbol{\eta}_1-\boldsymbol{\eta}_2)$ 也是这个线性方程组的解.

第五节　数学思想方法(三)——分类讨论

一、分类讨论思想的概念

先看一则故事：

有一天，一位国王在后花园里散步，忽然指着水池问身边的大臣："池中有几桶水?"大臣们都被这古怪的问题问住了，谁都答不上来. 这时，有位大臣奏道："城东有个小孩，人称神童，要不叫他来试一试?"于是国王下令宣小孩进宫. 小孩听了国王的问题，眼睛眨巴了两下，随口答道："如果桶和水池一样大，就是一桶水；如果桶的大小是水池的二分之一，就是两桶水；如果桶的大小是水池的三分之一，就是三桶水；如果……"没等小孩说完国王便连连赞道："答得好，答得妙！真是聪明过人."

细细品味上述故事，小孩的确答得妙，妙在一个众人认为不易回答的问题，小孩能分情况考虑巧妙地答出，他这种思考问题的方法，实质上就是分类讨论的数学思想方法.

分类讨论思想方法是根据数学对象的本质属性的相同点和不同点，将数学对象区分为不同种类、不同形式进行处理的数学思想方法.

分类讨论思想来源于逻辑学，从欧几里得创建几何时起就成为一个重要的数学思想，现代数学的每一分支无不体现出分类思想的作用. 例如，克莱因的几何统一理论也体现了一种分类思想：依照不同的变换群对几何进行分类，其目的是通过这种分类统一几何学.

解决数学问题时作答方向的不确定性是引起分类讨论的直接原因. 当我们遇到某些问题，无法利用其中的条件来得到确切答案的时候，此时我们就要想到运用分类讨论思想，对数学内容进行分类，可以降低学习难度，增强学习的针对性. 因此，分类讨论思想实质上是"化整为零，逐个击破"的解题策略. 对问题实行分类与整合，确定分类标准后等于增加了一个条件，实施转化处理. 将目标分解为一个个子目标，降低难度，最后通过反思整合，实现解题目标.

利用分类讨论思想时必须要遵循一定的原则：(1) 同一标准性：在分类前，应当从被分类的概念属性中，取一个属性作为同一个标准来分类；(2) 互斥性原则：每种分类之间必须不重复，不包含；(3) 完备性原则：各种可能的分类必须都要考虑，做到没有遗漏.

二、分类讨论在线性方程组中的应用

【应用实例 1——方程组解的情况的分类讨论】

线性代数中含参数的线性方程组解的讨论就是依据解的判定定理对参数进行讨论求

解. 如例 3.1.4.

【应用实例 2——向量组的线性相关性的分类讨论】

含参数的向量组的线性表出和线性相关性的判定可按参数的取值来分类讨论求解. 如例 3.2.5.

复习题三

一、填空题

1. 非齐次线性方程组 $\boldsymbol{Ax}=\boldsymbol{B}$ 有解的充分必要条件是________.

2. 若齐次线性方程组 $\begin{cases}\lambda x_1+x_2+x_3=0\\ x_1+\lambda x_2+x_3=0\\ x_1+x_2+x_3=0\end{cases}$ 有非零解，则 $\lambda=$________.

3. 若非齐次线性方程组 $\boldsymbol{A}_{m\times n}\boldsymbol{x}=\boldsymbol{B}$ 的系数矩阵的秩为 m，而且此方程组无解，则增广矩阵的秩为________.

4. 当 $k=$______时，$\boldsymbol{\beta}=\begin{pmatrix}1\\k\\5\end{pmatrix}$ 能由 $\boldsymbol{\alpha}_1=\begin{pmatrix}1\\-3\\2\end{pmatrix}$，$\boldsymbol{\alpha}_2=\begin{pmatrix}2\\-1\\1\end{pmatrix}$ 线性表示.

5. 当 $a=$________时，$\boldsymbol{\alpha}_1=\begin{pmatrix}a\\1\\1\end{pmatrix}$，$\boldsymbol{\alpha}_2=\begin{pmatrix}1\\a\\-1\end{pmatrix}$，$\boldsymbol{\alpha}_3=\begin{pmatrix}1\\-1\\a\end{pmatrix}$ 线性相关.

6. 含有零向量的向量组一定线性________关，n 维单位向量组一定线性________关.

7. 若 $\boldsymbol{\alpha}_1,\boldsymbol{\alpha}_2,\boldsymbol{\alpha}_3$ 线性相关，则 $\boldsymbol{\alpha}_1,\boldsymbol{\alpha}_2,\cdots,\boldsymbol{\alpha}_s(s>3)$ 线性________关.

8. 设 $\boldsymbol{\beta}_1=\boldsymbol{\alpha}_1+\boldsymbol{\alpha}_2,\boldsymbol{\beta}_2=\boldsymbol{\alpha}_2+\boldsymbol{\alpha}_3,\boldsymbol{\beta}_3=\boldsymbol{\alpha}_3+\boldsymbol{\alpha}_1$，如果 $\boldsymbol{\alpha}_1,\boldsymbol{\alpha}_2,\boldsymbol{\alpha}_3$ 线性相关，则 $\boldsymbol{\beta}_1,\boldsymbol{\beta}_2,\boldsymbol{\beta}_3$ 线性________关；如果 $\boldsymbol{\alpha}_1,\boldsymbol{\alpha}_2,\boldsymbol{\alpha}_3$ 线性无关，则 $\boldsymbol{\beta}_1,\boldsymbol{\beta}_2,\boldsymbol{\beta}_3$ 线性________关.

9. 设 $\boldsymbol{A}$ 为 $m\times n$ 矩阵，$r(\boldsymbol{A})=r<\min(m,n)$，则 $\boldsymbol{Ax}=\boldsymbol{0}$ 有________个解，有________个线性无关的解.

10. 设非齐次四元线性方程组 $\boldsymbol{Ax}=\boldsymbol{B}$，$r(\boldsymbol{A})=2$，$\boldsymbol{\eta}_1,\boldsymbol{\eta}_2,\boldsymbol{\eta}_3$ 是它的三个解，$\boldsymbol{\eta}_1=(3,4,6,7)^{\mathrm{T}}$，$\boldsymbol{\eta}_2=(1,2,3,4)^{\mathrm{T}}$，$\boldsymbol{\eta}_3=(2,3,4,5)^{\mathrm{T}}$，则此方程组的通解为________.

二、单项选择题

1. 设 n 元齐次线性方程组 $\boldsymbol{Ax}=\boldsymbol{0}$ 系数矩阵 $\boldsymbol{A}$ 的秩为 r，则方程组 $\boldsymbol{Ax}=\boldsymbol{0}$ 有非零解的充分必要条件是(　　).

   A. $r=n$　　B. $r\geqslant n$　　C. $r<n$　　D. $r>n$

2. 设 $\boldsymbol{A}$ 为 $m\times n$ 矩阵，则下列结论正确的是(　　).

   A. 若 $\boldsymbol{Ax}=\boldsymbol{0}$ 仅有零解，则 $\boldsymbol{Ax}=\boldsymbol{B}$ 有唯一解

   B. 若 $\boldsymbol{Ax}=\boldsymbol{0}$ 有非零解，则 $\boldsymbol{Ax}=\boldsymbol{B}$ 有无穷多解

   C. 若 $\boldsymbol{Ax}=\boldsymbol{B}$ 有无穷多解，则 $\boldsymbol{Ax}=\boldsymbol{0}$ 仅有零解

   D. 若 $\boldsymbol{Ax}=\boldsymbol{B}$ 有无穷多解，则 $\boldsymbol{Ax}=\boldsymbol{0}$ 有非零解

3. 设 $\boldsymbol{A}$ 为 n 阶方阵，且 $|\boldsymbol{A}|=0$，则(　　).

A. $\boldsymbol{A}$ 中有两行(列)对应元素成比例

B. $\boldsymbol{A}$ 中任意一行为其他行的线性组合

C. $\boldsymbol{A}$ 中至少有一行元素全为零

D. $\boldsymbol{A}$ 中必有一行为其他行的线性组合

4. 设向量组 $\boldsymbol{\alpha}_1,\boldsymbol{\alpha}_2,\cdots,\boldsymbol{\alpha}_s(s\geqslant 2)$,下列结论正确的是(　　).

A. 若 $k_1\boldsymbol{\alpha}_1+k_2\boldsymbol{\alpha}_2+\cdots+k_s\boldsymbol{\alpha}_s=\boldsymbol{0}$,则 $\boldsymbol{\alpha}_1,\boldsymbol{\alpha}_2,\cdots,\boldsymbol{\alpha}_s$ 线性相关

B. 若对于任意一组不全为零的数 $k_1,k_2,\cdots,k_s$,都有 $k_1\boldsymbol{\alpha}_1+k_2\boldsymbol{\alpha}_2+\cdots+k_s\boldsymbol{\alpha}_s\neq\boldsymbol{0}$,则 $\boldsymbol{\alpha}_1,\boldsymbol{\alpha}_2,\cdots,\boldsymbol{\alpha}_s$ 线性无关

C. 若 $\boldsymbol{\alpha}_1,\boldsymbol{\alpha}_2,\cdots,\boldsymbol{\alpha}_s$ 线性相关,则对于任意一组不全为零的数 $k_1,k_2,\cdots,k_s$,都有 $k_1\boldsymbol{\alpha}_1+k_2\boldsymbol{\alpha}_2+\cdots+k_s\boldsymbol{\alpha}_s=\boldsymbol{0}$

D. 若 $0\boldsymbol{\alpha}_1+0\boldsymbol{\alpha}_2+\cdots+0\boldsymbol{\alpha}_s=\boldsymbol{0}$,则 $\boldsymbol{\alpha}_1,\boldsymbol{\alpha}_2,\cdots,\boldsymbol{\alpha}_s$ 线性无关

5. 设 $\boldsymbol{\beta}$ 是向量组 $\boldsymbol{\alpha}_1=\begin{pmatrix}1\\0\\0\end{pmatrix},\boldsymbol{\alpha}_2=\begin{pmatrix}0\\1\\0\end{pmatrix}$ 的线性组合,则 $\boldsymbol{\beta}=$(　　).

A. $\begin{pmatrix}0\\3\\0\end{pmatrix}$　　B. $\begin{pmatrix}2\\0\\1\end{pmatrix}$　　C. $\begin{pmatrix}0\\0\\1\end{pmatrix}$　　D. $\begin{pmatrix}0\\3\\1\end{pmatrix}$

6. 向量组 $\boldsymbol{\alpha}_1,\boldsymbol{\alpha}_2,\cdots,\boldsymbol{\alpha}_s(s\geqslant 2)$ 线性无关的充分必要条件是(　　).

A. 都不是零向量

B. 任意两个向量的分量不成比例

C. 至少有一个向量不可由其余向量线性表出

D. 每一个向量均不可由其余向量线性表出

7. 下列说法不正确的是(　　).

A. 秩为 4 的 4×5 矩阵的行向量组必线性无关

B. 可逆矩阵的行向量组和列向量组必线性无关

C. 秩为 $r(r<n)$ 的 $m\times n$ 矩阵的列向量组必线性相关

D. 凡行向量组线性无关的矩阵一定是可逆矩阵

8. 设 $\boldsymbol{\alpha}_1,\boldsymbol{\alpha}_2$ 是齐次线性方程组 $\boldsymbol{Ax}=\boldsymbol{0}$ 的一个基础解系,$\boldsymbol{\beta}_1,\boldsymbol{\beta}_2$ 是非齐次线性方程组 $\boldsymbol{Ax}=\boldsymbol{B}$ 的两个不同的解,k_1,k_2 为任意常数,则方程组 $\boldsymbol{Ax}=\boldsymbol{B}$ 的通解必为(　　).

A. $k_1\boldsymbol{\alpha}_1+k_2(\boldsymbol{\alpha}_1+\boldsymbol{\alpha}_2)+\dfrac{\boldsymbol{\beta}_1-\boldsymbol{\beta}_2}{2}$　　B. $k_1\boldsymbol{\alpha}_1+k_2(\boldsymbol{\alpha}_1-\boldsymbol{\alpha}_2)+\dfrac{\boldsymbol{\beta}_1+\boldsymbol{\beta}_2}{2}$

C. $k_1\boldsymbol{\alpha}_1+k_2(\boldsymbol{\beta}_1+\boldsymbol{\beta}_2)+\dfrac{\boldsymbol{\beta}_1-\boldsymbol{\beta}_2}{2}$　　D. $k_1\boldsymbol{\alpha}_1+k_2(\boldsymbol{\beta}_1-\boldsymbol{\beta}_2)+\dfrac{\boldsymbol{\beta}_1+\boldsymbol{\beta}_2}{2}$

三、计算题

1. 设 $\boldsymbol{\alpha}_1=\begin{pmatrix}1+\lambda\\1\\1\end{pmatrix},\boldsymbol{\alpha}_2=\begin{pmatrix}1\\1+\lambda\\1\end{pmatrix},\boldsymbol{\alpha}_3=\begin{pmatrix}1\\1\\1+\lambda\end{pmatrix},\boldsymbol{\beta}=\begin{pmatrix}0\\\lambda\\\lambda^2\end{pmatrix}$,问:

(1) λ 为何值时,$\boldsymbol{\beta}$ 可由 $\boldsymbol{\alpha}_1,\boldsymbol{\alpha}_2,\boldsymbol{\alpha}_3$ 唯一地线性表出?

(2) λ 为何值时,$\boldsymbol{\beta}$ 可由 $\boldsymbol{\alpha}_1,\boldsymbol{\alpha}_2,\boldsymbol{\alpha}_3$ 线性表出,但表出方式不唯一?

(3) λ 为何值时，$\boldsymbol{\beta}$ 不能由 $\boldsymbol{\alpha}_1,\boldsymbol{\alpha}_2,\boldsymbol{\alpha}_3$ 线性表出？

2. 判断下列向量组是否线性相关. 如果线性相关，求出向量组的一个极大无关组和秩，并将其余向量用极大线性无关组线性表出.

(1) $\boldsymbol{\alpha}_1=\begin{pmatrix}2\\2\\7\\-1\end{pmatrix},\boldsymbol{\alpha}_2=\begin{pmatrix}1\\2\\1\\1\end{pmatrix},\boldsymbol{\alpha}_3=\begin{pmatrix}2\\1\\0\\1\end{pmatrix}$；

(2) $\boldsymbol{\alpha}_1=\begin{pmatrix}1\\1\\1\\-1\end{pmatrix},\boldsymbol{\alpha}_2=\begin{pmatrix}1\\-2\\3\\-4\end{pmatrix},\boldsymbol{\alpha}_3=\begin{pmatrix}1\\4\\-1\\2\end{pmatrix},\boldsymbol{\alpha}_4=\begin{pmatrix}1\\7\\-3\\5\end{pmatrix}$；

(3) $\boldsymbol{\alpha}_1=\begin{pmatrix}1\\2\\1\\1\end{pmatrix},\boldsymbol{\alpha}_2=\begin{pmatrix}1\\0\\1\\1\end{pmatrix},\boldsymbol{\alpha}_3=\begin{pmatrix}0\\1\\-1\\0\end{pmatrix},\boldsymbol{\alpha}_4=\begin{pmatrix}1\\1\\1\\1\end{pmatrix}$；

(4) $\boldsymbol{\alpha}_1=\begin{pmatrix}1\\1\\2\\2\\3\end{pmatrix},\boldsymbol{\alpha}_2=\begin{pmatrix}1\\-1\\2\\-2\\3\end{pmatrix},\boldsymbol{\alpha}_3=\begin{pmatrix}1\\3\\2\\6\\3\end{pmatrix},\boldsymbol{\alpha}_4=\begin{pmatrix}1\\0\\2\\0\\3\end{pmatrix}$.

3. 求解下列线性方程组，并用基础解系表示出方程组的通解：

(1) $\begin{cases}x_1+x_2+2x_3-x_4=0\\2x_1+x_2+x_3-x_4=0\\2x_1+2x_2+x_3+2x_4=0\end{cases}$；

(2) $\begin{cases}4x_1+2x_2-x_3=2\\3x_1-x_2+2x_3=10\\7x_1+x_2+x_3=6\end{cases}$；

(3) $\begin{cases}x_1-x_2+2x_3=1\\x_1-2x_2-x_3=2\\3x_1-x_2+5x_3=3\\2x_1-2x_2-3x_3=4\end{cases}$；

(4) $\begin{cases}x_1+3x_2+x_3+2x_4=4\\3x_1+10x_2+2x_3+4x_4=6\\2x_1+7x_2+x_3+6x_4=6\\2x_1+5x_2+3x_3+2x_4=10\end{cases}$.

四、综合题

1. 一个投资者将 1 万元投入给三家企业 A,B,C，所得的利润率分别为 12%，15%，22%，他想得到 2 000 元的利润.

(1) 如果投入给 B 的钱是投给 A 的 2 倍，那么应当分别给 A,B,C 投资多少？

(2) 投给 C 的钱可不可以等于投给 A 与 B 的钱的和？

2. 求 a，使线性方程组

$$\begin{cases}x_1+2x_2+x_3+x_4+2x_5=1\\x_1+2x_2+2x_3-x_4+x_5=-1\\x_1-2x_2-x_3+5x_4+4x_5=2\\2x_1-4x_2+x_3+4x_4+5x_5=a\end{cases}$$

有解，并求出全部解.

3. 设 $\boldsymbol{\alpha}_1,\boldsymbol{\alpha}_2,\boldsymbol{\alpha}_3$ 线性相关，而 $\boldsymbol{\alpha}_2,\boldsymbol{\alpha}_3,\boldsymbol{\alpha}_4$ 线性无关，证明：$\boldsymbol{\alpha}_4$ 不能由 $\boldsymbol{\alpha}_1,\boldsymbol{\alpha}_2,\boldsymbol{\alpha}_3$ 线性表出.

4. 设向量组 $\boldsymbol{\alpha}_1,\boldsymbol{\alpha}_2,\cdots,\boldsymbol{\alpha}_s$ 满足

(1) $\boldsymbol{\alpha}_1\neq\boldsymbol{0}$;

(2) 每个 $\boldsymbol{\alpha}_i(i=2,3,\cdots,s)$ 都不能由它前面的向量线性表出，即不能由 $\boldsymbol{\alpha}_1,\boldsymbol{\alpha}_2,\cdots,\boldsymbol{\alpha}_{i-1}$ 线性表出.

证明：$\boldsymbol{\alpha}_1,\boldsymbol{\alpha}_2,\cdots,\boldsymbol{\alpha}_s$ 线性无关.

第四章　特征值与特征向量

学习目标

- 理解矩阵的特征值和特征向量的概念及性质.
- 会求矩阵的特征值和特征向量.
- 了解相似矩阵的概念、性质及矩阵可对角化的充分必要条件.
- 会将矩阵化为相似对角矩阵.

特征值与特征向量是应用广泛的数学概念,在很多问题中都有应用,且看下面的例子.

【引例】

设某动物种群中雌性动物的最大生存年龄为 15 年,以 5 年为间隔将雌性动物分为 3 个年龄组:[0,5],[5,10],[10,15].生育率分别为 0,4,3,存活率分别为 0.5,0.25,0,初始时刻 3 个年龄组雌性动物的数目分别为 500,1 000,500.试对该种群中雌性动物的年龄分布和数目增长规律进行分析.为了方便起见,设 $t_k=5k$,$k=1,2,\cdots$,在时刻 t_k 该动物种群的第 i 个年龄组中雌性动物的数目为 $x_i^{(k)}$,$i=1,2,3$.

令 $\boldsymbol{X}^{(k)}=\begin{pmatrix}x_1^{(k)}\\x_2^{(k)}\\x_3^{(k)}\end{pmatrix}$,$k=1,2,\cdots$,$\boldsymbol{X}^{(0)}=\begin{pmatrix}500\\1\ 000\\500\end{pmatrix}$,

则 $\boldsymbol{X}^{(k)}$ 即为时刻 t_k 该动物种群中雌性动物年龄分布的列矩阵,$k=1,2,\cdots$.

$$\boldsymbol{X}^{(1)}=\begin{pmatrix}x_1^{(1)}\\x_2^{(1)}\\x_3^{(1)}\end{pmatrix}=\begin{pmatrix}0\times500+4\times1\ 000+3\times500\\0.5\times500+0\times1\ 000+0\times500\\0\times500+0.25\times1\ 000+0\times500\end{pmatrix}=\begin{pmatrix}0&4&3\\0.5&0&0\\0&0.25&0\end{pmatrix}\begin{pmatrix}500\\1\ 000\\500\end{pmatrix}$$

$$=\boldsymbol{L}\cdot\boldsymbol{X}^{(0)},$$

$$\boldsymbol{X}^{(2)}=\boldsymbol{L}\cdot\boldsymbol{X}^{(1)},$$

……

$$\boldsymbol{X}^{(k)}=\boldsymbol{L}\cdot\boldsymbol{X}^{(k-1)}=\cdots=\boldsymbol{L}^k\cdot\boldsymbol{X}^{(0)},$$

其中 $\boldsymbol{L}=\begin{pmatrix}0&4&3\\0.5&0&0\\0&0.25&0\end{pmatrix}$.

那么如何求 $\boldsymbol{L}^k$ 呢?

要想解决这个问题就需用到矩阵的特征值和特征向量. 这就是本章要介绍的主要内容.

第一节　特征值与特征向量

一、特征值和特征向量的定义与性质

定义 4.1　设 $\boldsymbol{A}$ 是一个 n 阶矩阵,λ_0 是一个数,如果有 n 维非零列向量(即 $n\times 1$ 矩阵) $\boldsymbol{\alpha}$,使得

$$\boldsymbol{A\alpha}=\lambda_0\boldsymbol{\alpha},$$

则称 λ_0 是 $\boldsymbol{A}$ 的一个**特征值**,$\boldsymbol{\alpha}$ 是 $\boldsymbol{A}$ 的属于特征值 λ_0 的特征向量,简称**特征向量**.

例 4.1.1　设

$$\boldsymbol{A}=\begin{pmatrix} 0 & 10 & 6 \\ 1 & -3 & -3 \\ -2 & 10 & 8 \end{pmatrix},$$

因为

$$\boldsymbol{A}\begin{pmatrix} 2 \\ 1 \\ -1 \end{pmatrix}=\begin{pmatrix} 4 \\ 2 \\ -2 \end{pmatrix}=2\begin{pmatrix} 2 \\ 1 \\ -1 \end{pmatrix},$$

所以 2 是 $\boldsymbol{A}$ 的一个特征值,$(2,\ 1,\ -1)^{\mathrm{T}}$ 是 $\boldsymbol{A}$ 的属于特征值 2 的特征向量.

$$\boldsymbol{A}\begin{pmatrix} 3 \\ 0 \\ 1 \end{pmatrix}=\begin{pmatrix} 6 \\ 0 \\ 2 \end{pmatrix}=2\begin{pmatrix} 3 \\ 0 \\ 1 \end{pmatrix},$$

$$\boldsymbol{A}\begin{pmatrix} 2 \\ -1 \\ 2 \end{pmatrix}=\begin{pmatrix} 2 \\ -1 \\ 2 \end{pmatrix}=1\begin{pmatrix} 2 \\ -1 \\ 2 \end{pmatrix},$$

所以 $(3,\ 0,\ 1)^{\mathrm{T}}$ 也是 $\boldsymbol{A}$ 的属于特征值 2 的特征向量,而 $(2,\ -1,\ 2)^{\mathrm{T}}$ 则是 $\boldsymbol{A}$ 的属于特征值 1 的特征向量.

矩阵的特征值和特征向量有下列性质.

性质 4.1　如果 $\boldsymbol{\alpha}$ 是 $\boldsymbol{A}$ 的属于特征值 λ_0 的特征向量,那么对非零常数 k,$k\boldsymbol{\alpha}$ 也是 $\boldsymbol{A}$ 的属于 λ_0 的特征向量.

性质 4.2　如果 $\boldsymbol{\alpha},\boldsymbol{\beta}$ 都是矩阵 $\boldsymbol{A}$ 的属于特征值 λ_0 的特征向量,对任意常数 k_1,k_2,那么当 $k_1\boldsymbol{\alpha}+k_2\boldsymbol{\beta}\neq\boldsymbol{0}$ 时,$k_1\boldsymbol{\alpha}+k_2\boldsymbol{\beta}$ 也是属于特征值 λ_0 的特征向量.

性质 4.3　如果 λ_1,λ_2 是矩阵 $\boldsymbol{A}$ 的两个不同特征值,$\boldsymbol{\alpha}_1,\boldsymbol{\alpha}_2$ 是矩阵 $\boldsymbol{A}$ 的分别属于 λ_1,λ_2 的特征向量,那么 $\boldsymbol{\alpha}_1,\boldsymbol{\alpha}_2$ 线性无关.

小贴士 性质 4.3 可推广为：如果 $\lambda_1,\lambda_2,\cdots,\lambda_s$ 是矩阵 $\boldsymbol{A}$ 的不同特征值，$\boldsymbol{\alpha}_1,\boldsymbol{\alpha}_2,\cdots,\boldsymbol{\alpha}_s$ 是 $\boldsymbol{A}$ 的依次属于 $\lambda_1,\lambda_2,\cdots,\lambda_s$ 的特征向量，那么 $\boldsymbol{\alpha}_1,\boldsymbol{\alpha}_2,\cdots,\boldsymbol{\alpha}_s$ 线性无关.

二、特征值与特征向量的计算方法

设

$$\boldsymbol{\alpha}=\begin{pmatrix} c_1 \\ c_2 \\ \vdots \\ c_n \end{pmatrix}\neq\boldsymbol{0}$$

是矩阵

$$\boldsymbol{A}=\begin{pmatrix} a_{11} & a_{12} & \cdots & a_{1n} \\ a_{21} & a_{22} & \cdots & a_{2n} \\ \vdots & \vdots & & \vdots \\ a_{n1} & a_{n2} & \cdots & a_{nn} \end{pmatrix}$$

的属于特征值 λ_0 的特征向量，那么

$$\boldsymbol{A\alpha}=\lambda_0\boldsymbol{\alpha},$$

即

$$(\lambda_0\boldsymbol{E}-\boldsymbol{A})\boldsymbol{\alpha}=\boldsymbol{0}.$$

具体写来就是

$$\begin{cases} (\lambda_0-a_{11})c_1-a_{12}c_2-\cdots-a_{1n}c_n=0 \\ -a_{21}c_1+(\lambda_0-a_{22})c_2-\cdots-a_{2n}c_n=0 \\ \quad\cdots\cdots \\ -a_{n1}c_1-a_{n2}c_2+\cdots+(\lambda_0-a_{nn})c_n=0 \end{cases}.$$

这说明$(c_1,c_2,\cdots,c_n)$是齐次线性方程组

$$\begin{cases} (\lambda_0-a_{11})x_1-a_{12}x_2-\cdots-a_{1n}x_n=0 \\ -a_{21}x_1+(\lambda_0-a_{22})x_2-\cdots-a_{2n}x_n=0 \\ \quad\cdots\cdots \\ -a_{n1}x_1-a_{n2}x_2+\cdots+(\lambda_0-a_{nn})x_n=0 \end{cases} \tag{4-1}$$

的一个非零解. 这个齐次线性方程组既然有非零解，所以它的系数行列式等于零

$$\begin{vmatrix} \lambda_0-a_{11} & -a_{12} & \cdots & -a_{1n} \\ -a_{21} & \lambda_0-a_{22} & \cdots & -a_{2n} \\ \vdots & \vdots & & \vdots \\ -a_{n1} & -a_{n2} & \cdots & \lambda_0-a_{nn} \end{vmatrix}=0,$$

即

$$|\lambda_0\boldsymbol{E}-\boldsymbol{A}|=0.$$

定义 4.2 $\boldsymbol{A}$ 是一个 n 阶矩阵，λ 是一个未知量，矩阵 $\lambda\boldsymbol{E}-\boldsymbol{A}$ 称为 $\boldsymbol{A}$ 的**特征矩阵**；行列式

$$|\lambda\boldsymbol{E}-\boldsymbol{A}|=\begin{vmatrix}\lambda-a_{11} & -a_{12} & \cdots & -a_{1n}\\ -a_{21} & \lambda-a_{22} & \cdots & -a_{2n}\\ \vdots & \vdots & & \vdots\\ -a_{n1} & -a_{n2} & \cdots & \lambda-a_{nn}\end{vmatrix}$$

是一个关于 λ 的 n 次多项式，称为 $\boldsymbol{A}$ 的**特征多项式**；方程 $|\lambda\boldsymbol{E}-\boldsymbol{A}|=0$ 称为 $\boldsymbol{A}$ 的**特征方程**，特征方程的根即为 $\boldsymbol{A}$ 的**特征值**.

由于 n 次方程 $|\lambda\boldsymbol{E}-\boldsymbol{A}|=0$ 在复数域内必有 n 个根，所以 $\boldsymbol{A}$ 在复数域内必有 n 个特征值（重根按重数计算），但我们只在实数范围内考虑实矩阵的实特征值的问题.

归纳以上讨论，可总结出矩阵 $\boldsymbol{A}$ 的特征值和特征向量的求法：

(1) 计算 $\boldsymbol{A}$ 的特征多项式 $|\lambda\boldsymbol{E}-\boldsymbol{A}|$；

(2) 求出 $|\lambda\boldsymbol{E}-\boldsymbol{A}|=0$ 的全部根，就是 $\boldsymbol{A}$ 的全部特征根；

(3) 对于每个特征值 λ_0，求出齐次线性方程组(4-1)的全部非零解，就是属于 λ_0 的全部特征向量.

小点睛

抽象概括是解决数学问题的基本思想，可以选择一些适当的事物做这种抽象、概括方法的训练，通过这样的深究分析，便可在学习活动中逐步培养抽象、概括的能力.

例 4.1.2 求 $\boldsymbol{A}=\begin{pmatrix}2 & 1\\ 1 & 2\end{pmatrix}$ 的全部特征值与特征向量.

解 先求 $\boldsymbol{A}$ 的特征多项式

$$|\lambda\boldsymbol{E}-\boldsymbol{A}|=\begin{vmatrix}\lambda-2 & -1\\ -1 & \lambda-2\end{vmatrix}=(\lambda-3)(\lambda-1),$$

所以 $\boldsymbol{A}$ 的特征值为 $\lambda_1=3$，$\lambda_2=1$.

对于 $\lambda_1=3$，解齐次线性方程组 $(3\boldsymbol{E}-\boldsymbol{A})\boldsymbol{X}=\boldsymbol{0}$.

$$3\boldsymbol{E}-\boldsymbol{A}=\begin{pmatrix}1 & -1\\ -1 & 1\end{pmatrix}\to\begin{pmatrix}1 & -1\\ 0 & 0\end{pmatrix},$$

即

$$x_1-x_2=0.$$

取 x_2 为自由未知量，得它的一个基础解系是

$$\boldsymbol{\alpha}_1=\begin{pmatrix}1\\ 1\end{pmatrix},$$

所以 $\boldsymbol{A}$ 对应于特征值 $\lambda_1=3$ 的全部特征向量为

$$k_1\begin{pmatrix}1\\1\end{pmatrix}(k_1 \text{ 为任意非零数}).$$

对于 $\lambda_2=1$，解齐次线性方程组 $(\boldsymbol{E}-\boldsymbol{A})\boldsymbol{X}=\boldsymbol{0}$.

$$\boldsymbol{E}-\boldsymbol{A}=\begin{pmatrix}-1 & -1\\-1 & -1\end{pmatrix}\to\begin{pmatrix}-1 & -1\\0 & 0\end{pmatrix}\to\begin{pmatrix}1 & 1\\0 & 0\end{pmatrix},$$

即

$$x_1+x_2=0,$$

取 x_2 为自由未知量，得它的一个基础解系是

$$\boldsymbol{\alpha}_2=\begin{pmatrix}-1\\1\end{pmatrix},$$

所以 $\boldsymbol{A}$ 对应于特征值 $\lambda_2=1$ 的全部特征向量为

$$k_2\begin{pmatrix}-1\\1\end{pmatrix}(k_2 \text{ 为任意非零数}).$$

例 4.1.3 求 $\boldsymbol{A}=\begin{pmatrix}1 & 1 & -1\\1 & -1 & 2\\1 & -2 & 3\end{pmatrix}$ 的全部特征值与特征向量.

解 先求 $\boldsymbol{A}$ 的特征多项式

$$|\lambda\boldsymbol{E}-\boldsymbol{A}|=\begin{vmatrix}\lambda-1 & -1 & 1\\-1 & \lambda+1 & -2\\-1 & 2 & \lambda-3\end{vmatrix}=(\lambda-1)^3,$$

所以 $\boldsymbol{A}$ 的特征值为 $\lambda_1=\lambda_2=\lambda_3=1$，此时称 1 为三重根.

对于 $\lambda_1=\lambda_2=\lambda_3=1$，解齐次线性方程组 $(\boldsymbol{E}-\boldsymbol{A})\boldsymbol{X}=\boldsymbol{0}$.

$$\boldsymbol{E}-\boldsymbol{A}=\begin{pmatrix}0 & -1 & 1\\-1 & 2 & -2\\-1 & 2 & -2\end{pmatrix}\to\begin{pmatrix}-1 & 2 & -2\\0 & -1 & -1\\0 & 0 & 0\end{pmatrix}\to\begin{pmatrix}1 & 0 & 4\\0 & 1 & 1\\0 & 0 & 0\end{pmatrix},$$

即

$$\begin{cases}x_1+4x_3=0\\x_2+x_3=0\end{cases}.$$

取 x_3 为自由未知量，得它的一个基础解系是

$$\boldsymbol{\alpha}=\begin{pmatrix}-4\\-1\\1\end{pmatrix},$$

所以 $\boldsymbol{A}$ 对应于特征值 $\lambda_1=\lambda_2=\lambda_3=1$ 的全部特征向量为

$$k\begin{pmatrix}-4\\-1\\1\end{pmatrix}(k\text{ 为任意非零数}).$$

例 4.1.4 求矩阵 $\boldsymbol{A}=\begin{pmatrix}0&10&6\\1&-3&-3\\-2&10&8\end{pmatrix}$ 的全部特征值与特征向量.

解 先求 $\boldsymbol{A}$ 的特征多项式

$$|\lambda\boldsymbol{E}-\boldsymbol{A}|=\begin{vmatrix}\lambda&-10&-6\\-1&\lambda+3&3\\2&-10&\lambda-8\end{vmatrix}=(\lambda-1)(\lambda-2)^2,$$

所以 $\boldsymbol{A}$ 的特征值为 $\lambda_1=1,\lambda_2=\lambda_3=2$，2 称为二重根.

对于 $\lambda_1=1$，解齐次线性方程组 $(\boldsymbol{E}-\boldsymbol{A})\boldsymbol{X}=\boldsymbol{0}$.

$$\boldsymbol{E}-\boldsymbol{A}=\begin{pmatrix}1&-10&-6\\-1&4&3\\2&-10&-7\end{pmatrix}\to\begin{pmatrix}1&-10&-6\\0&-2&-1\\0&0&0\end{pmatrix}\to\begin{pmatrix}1&0&-1\\0&1&\frac{1}{2}\\0&0&0\end{pmatrix},$$

即

$$\begin{cases}x_1-x_3=0\\x_2+\frac{1}{2}x_3=0\end{cases},$$

取 x_3 为自由未知量，得它的一个基础解系是

$$\boldsymbol{\alpha}_1=\begin{pmatrix}1\\-\frac{1}{2}\\1\end{pmatrix},$$

所以 $\boldsymbol{A}$ 对应于特征值 $\lambda_1=1$ 的全部特征向量为

$$k_1\begin{pmatrix}1\\-\frac{1}{2}\\1\end{pmatrix}(k_1\text{ 为任意非零数}).$$

对于 $\lambda_2=\lambda_3=2$，解齐次线性方程组 $(2\boldsymbol{E}-\boldsymbol{A})\boldsymbol{X}=\boldsymbol{0}$.

$$2\boldsymbol{E}-\boldsymbol{A}=\begin{pmatrix}2&-10&-6\\-1&5&3\\2&-10&-6\end{pmatrix}\to\begin{pmatrix}-1&5&3\\0&0&0\\0&0&0\end{pmatrix}\to\begin{pmatrix}1&-5&-3\\0&0&0\\0&0&0\end{pmatrix},$$

即

$$x_1-5x_2-3x_3=0.$$

取 x_2,x_3 为自由未知量，得它的一个基础解系是

$$\boldsymbol{\alpha}_2=\begin{pmatrix}5\\1\\0\end{pmatrix},\boldsymbol{\alpha}_3=\begin{pmatrix}3\\0\\1\end{pmatrix},$$

所以 $\boldsymbol{A}$ 对应于特征值 $\lambda_2=\lambda_3=2$ 的全部特征向量为

$$k_2\begin{pmatrix}5\\1\\0\end{pmatrix}+k_3\begin{pmatrix}3\\0\\1\end{pmatrix}(k_2,k_3\text{ 是不全为零的任意数}).$$

小贴士

因为特征向量是非零向量，所以 $k_1,k,\cdots,k_s$ 必须不全为零.

请思考

对角矩阵特征值是什么？

习题 4.1

1. 求下列矩阵的全部特征值和特征向量：

(1) $\begin{pmatrix}3&4\\5&2\end{pmatrix}$； (2) $\begin{pmatrix}2&-1&2\\5&-3&3\\-1&0&-2\end{pmatrix}$；

(3) $\begin{pmatrix}0&0&1\\0&1&0\\1&0&0\end{pmatrix}$.

2. 已知 $\boldsymbol{\alpha}=(1,1,-1)^{\mathrm{T}}$ 是 $\begin{pmatrix}0&-2&a\\b&-4&-2\\-2&2&0\end{pmatrix}$ 的特征向量，求 a,b 和 $\boldsymbol{\alpha}$ 的特征值.

3. 如果 $\boldsymbol{A}^2=\boldsymbol{E}$，证明：$\boldsymbol{A}$ 的特征值为 $\lambda=1$ 或 $\lambda=-1$.

4. 设 λ 是 n 阶矩阵 $\boldsymbol{A}$ 的一个特征值，且 $\boldsymbol{A}$ 可逆，求证：$\dfrac{1}{\lambda}$ 是 $\boldsymbol{A}^{-1}$ 的一个特征值.

第二节　相似矩阵

一、相似矩阵的定义与性质

定义 4.3　设 $\boldsymbol{A},\boldsymbol{B}$ 是两个同阶方阵，如果存在可逆矩阵 $\boldsymbol{X}$，使得 $\boldsymbol{B}=\boldsymbol{X}^{-1}\boldsymbol{A}\boldsymbol{X}$，就说 $\boldsymbol{A}$ 相似于 $\boldsymbol{B}$，记作 $\boldsymbol{A}\sim\boldsymbol{B}$.

例 4.2.1 设

$$A=\begin{pmatrix}2&0&1\\0&3&0\\1&0&2\end{pmatrix},\quad B=\begin{pmatrix}1&0&0\\0&3&0\\0&0&3\end{pmatrix},$$

存在可逆矩阵

$$X=\begin{pmatrix}1&0&1\\0&1&0\\-1&0&1\end{pmatrix},$$

使

$$X^{-1}AX=B,$$

所以 $A\sim B$.

> **小贴士**
>
> (1)"相似"是矩阵之间的一种关系,这种关系具有反身型、对称性和传递性. 即对 n 阶矩阵 A,有 $A\sim A$;若 $A\sim B$,则 $B\sim A$;若 $A\sim B,B\sim C$,则 $A\sim C$.
>
> (2) 对任意可逆矩阵 $X,X^{-1}EX=EX^{-1}X=E,X^{-1}(kE)X=kE$,这说明单位矩阵 E 和数量矩阵 kE 只与自己相似.

相似矩阵具有下面的一些性质:

性质 4.4 相似矩阵的行列式相等.

证明 设 $A\sim B$,那么有可逆矩阵 X,使 $B=X^{-1}AX$,于是

$$|B|=|X^{-1}AX|=|X^{-1}||A||X|=|X|^{-1}|A||X|=|A|.$$

性质 4.5 如果 $B=X^{-1}AX$, 则 A 与 B 同时可逆或同时不可逆,且当它们可逆时,它们的逆矩阵也相似,即 $B^{-1}=X^{-1}A^{-1}X$.

性质 4.6 如果 A 与 B 相似:$B=X^{-1}AX$. 若 A 与 B 相似, k 为正整数,那么 A^k 与 B^k 相似:$B^k=X^{-1}A^kX$.

性质 4.7 相似矩阵有相同的特征值.

证明 设 $A\sim B$,那么有可逆矩阵 X,使

$$B=X^{-1}AX.$$

于是 A,B 的特征矩阵有下述关系:

$$\lambda E-B=\lambda E-X^{-1}AX=X^{-1}(\lambda E-A)X.$$

求等式两端的行列式,得

$$|\lambda E-B|=|E-X^{-1}AX|=|X^{-1}||(\lambda E-A)||X|=|\lambda E-A|.$$

这就证明了 A,B 有相同的特征多项式,所以具有相同的特征值.

性质 4.8 相似矩阵有相同的秩.

二、矩阵与对角矩阵相似的条件

对于 n 阶矩阵 A,任意给定一个可逆矩阵 X,就有 $X^{-1}AX$ 与 A 相似,所以与 A 相似的矩

阵很多，而相似矩阵有许多共同的性质，因此，在 $\boldsymbol{A}$ 的众多相似矩阵中寻找一个最简单的矩阵作为这一相似类的代表. 这样，只要了解这个最简单的矩阵的性质，就可以了解 $\boldsymbol{A}$ 的有关性质. 最简单的矩阵具有什么形式？如何求可逆矩阵 $\boldsymbol{X}$，使 $\boldsymbol{X}^{-1}\boldsymbol{A}\boldsymbol{X}$ 就是这个最简单的矩阵，这是我们下面要研究的问题.

最简单的 n 阶矩阵当然是单位矩阵 $\boldsymbol{E}$ 和数量矩阵 $k\boldsymbol{E}$，但是与 $\boldsymbol{E}$ 和 $k\boldsymbol{E}$ 相似的矩阵只有它们自己，一般说来 $\boldsymbol{X}^{-1}\boldsymbol{A}\boldsymbol{X}$ 不是这样的形式. 除此之外，最简单的矩阵就是对角矩阵，那么，是不是任一个矩阵都可与某个对角矩阵相似呢？现在首先来分析矩阵 $\boldsymbol{A}$ 与对角矩阵相似的条件.

定理 4.1 若 n 阶矩阵 $\boldsymbol{A}$ 与对角矩阵

$$\boldsymbol{\Lambda}=\begin{pmatrix}\lambda_1 & 0 & \cdots & 0\\ 0 & \lambda_2 & \cdots & 0\\ \vdots & \vdots & & \vdots\\ 0 & 0 & \cdots & \lambda_n\end{pmatrix}$$

相似，则 $\lambda_1,\lambda_2,\cdots,\lambda_n$ 是 $\boldsymbol{A}$ 的 n 个特征值.

证明 若 $\boldsymbol{A}\sim\boldsymbol{\Lambda}$，由相似矩阵的性质 4.7，$\boldsymbol{A}$ 与 $\boldsymbol{\Lambda}$ 具有相同的特征值，对角矩阵的特征值就是其主对角线元素 $\lambda_1,\lambda_2,\cdots,\lambda_n$，因此，$\lambda_1,\lambda_2,\cdots,\lambda_n$ 是 $\boldsymbol{A}$ 的 n 个特征值.

至于什么样的矩阵可以与对角矩阵 $\boldsymbol{\Lambda}$ 相似呢，下面不加证明地给出 $\boldsymbol{A}$ 相似于对角矩阵的条件.

定理 4.2 n 阶矩阵 $\boldsymbol{A}$ 与一个对角矩阵相似的充分必要条件是 $\boldsymbol{A}$ 有 n 个线性无关的特征向量.

事实上，若 $\boldsymbol{A}$ 有 n 个线性无关的特征向量 $\boldsymbol{\alpha}_1,\boldsymbol{\alpha}_2,\cdots,\boldsymbol{\alpha}_n$. 它们所对应的特征值依次为 $\lambda_1,\lambda_2,\cdots,\lambda_n$，

$$\boldsymbol{A}\boldsymbol{\alpha}_i=\lambda_i\boldsymbol{\alpha}_i\,(i=1,2,\cdots,n).$$

以 $\boldsymbol{\alpha}_1,\boldsymbol{\alpha}_2,\cdots,\boldsymbol{\alpha}_n$ 为列作一个矩阵 $\boldsymbol{X}$，

$$\boldsymbol{X}=(\boldsymbol{\alpha}_1,\boldsymbol{\alpha}_2,\cdots,\boldsymbol{\alpha}_n),$$

因为 $\boldsymbol{\alpha}_1,\boldsymbol{\alpha}_2,\cdots,\boldsymbol{\alpha}_n$ 是线性无关的，所以 $\boldsymbol{X}$ 是可逆矩阵，可使得

$$\boldsymbol{X}^{-1}\boldsymbol{A}\boldsymbol{X}=\begin{pmatrix}\lambda_1 & 0 & \cdots & 0\\ 0 & \lambda_2 & \cdots & 0\\ \vdots & \vdots & & \vdots\\ 0 & 0 & \cdots & \lambda_n\end{pmatrix}=\boldsymbol{\Lambda}.$$

因此，若 $\boldsymbol{A}\sim\boldsymbol{\Lambda}$，即存在可逆矩阵 $\boldsymbol{X}$，使得 $\boldsymbol{X}^{-1}\boldsymbol{A}\boldsymbol{X}=\boldsymbol{\Lambda}$，则称 $\boldsymbol{A}$ 可以对角化，与 $\boldsymbol{A}$ 相似的对角矩阵 $\boldsymbol{\Lambda}$ 的主对角线上的 n 个元素就是 $\boldsymbol{A}$ 的 n 个特征值，$\boldsymbol{X}$ 的 n 个列向量就是 $\boldsymbol{A}$ 的 n 个线性无关的特征向量.

若 λ 是 $\boldsymbol{A}$ 的特征值，则 $\boldsymbol{A}$ 对应于特征值 λ 必有对应的特征向量. 如果 $\boldsymbol{A}$ 的 n 个特征值 $\lambda_1,\lambda_2,\cdots,\lambda_n$ 互不相同，对应的特征向量依次为 $\boldsymbol{\alpha}_1,\boldsymbol{\alpha}_2,\cdots,\boldsymbol{\alpha}_n$. 由第一节特征值和特征向量的性质 4.3 推广，$\boldsymbol{\alpha}_1,\boldsymbol{\alpha}_2,\cdots,\boldsymbol{\alpha}_n$ 线性无关，$\boldsymbol{A}$ 有 n 个线性无关的特征向量，必可与对角矩阵相似.

推论 4.1 若 n 阶矩阵 $\boldsymbol{A}$ 的特征值互不相同，则 $\boldsymbol{A}$ 必可与对角矩阵相似.

小点睛

数学猜想是推动数学理论发展的强大动力，是数学发展中最活跃、最主动、最积极的因素之一，是人类理性中最富有创造性的部分，这里大胆猜想是不是任一个矩阵都可与某个对角矩阵相似.

小贴士

$\boldsymbol{A}$ 有 n 个不同的特征值是 $\boldsymbol{A}$ 相似于对角矩阵的充分条件而不是必要条件. 也就是说，当 $\boldsymbol{A}$ 的 n 个特征值不是互异的情况下，也有可能相似于对角矩阵.

例 4.2.2 上节例 4.1.2 中：

$$\boldsymbol{A}=\begin{pmatrix}2 & 1\\ 1 & 2\end{pmatrix}$$

的特征值 $\lambda_1=3,\lambda_2=1$，对应的特征向量分别为

$$\boldsymbol{\alpha}_1=\begin{pmatrix}1\\ 1\end{pmatrix},\boldsymbol{\alpha}_2=\begin{pmatrix}-1\\ 1\end{pmatrix},$$

$\boldsymbol{\alpha}_1,\boldsymbol{\alpha}_2$ 是线性无关的，由定理 4.2 可知，$\boldsymbol{A}$ 可与对角矩阵相似.

令 $\boldsymbol{\Lambda}_1=\begin{pmatrix}3 & 0\\ 0 & 1\end{pmatrix},\boldsymbol{X}_1=(\boldsymbol{\alpha}_1,\quad \boldsymbol{\alpha}_2)=\begin{pmatrix}1 & -1\\ 1 & 1\end{pmatrix}$，

则 $\boldsymbol{X}_1^{-1}\boldsymbol{A}\boldsymbol{X}_1=\boldsymbol{\Lambda}_1$，所以 $\boldsymbol{A}\sim\boldsymbol{\Lambda}_1$.

如果令 $\boldsymbol{\Lambda}_2=\begin{pmatrix}1 & 0\\ 0 & 3\end{pmatrix},\boldsymbol{X}_2=(\boldsymbol{\alpha}_2,\quad \boldsymbol{\alpha}_1)=\begin{pmatrix}-1 & 1\\ 1 & 1\end{pmatrix}$，

则 $\boldsymbol{X}_2^{-1}\boldsymbol{A}\boldsymbol{X}_2=\boldsymbol{\Lambda}_2$，所以 $\boldsymbol{A}\sim\boldsymbol{\Lambda}_2$.

小贴士

若 $\boldsymbol{A}$ 相似于对角矩阵 $\boldsymbol{\Lambda}$，则 $\boldsymbol{\Lambda}$ 和 $\boldsymbol{X}$ 都不是唯一的，但 $\boldsymbol{\Lambda}$ 中特征值的排列顺序与 $\boldsymbol{X}$ 中特征向量的排列顺序是对应一致的.

例 4.2.3 上节例 4.1.3 中：

$$\boldsymbol{A}=\begin{pmatrix}1 & 1 & -1\\ 1 & -1 & 2\\ 1 & -2 & 3\end{pmatrix}$$

的特征值为 $\lambda_1=\lambda_2=\lambda_3=1$. $\boldsymbol{A}$ 对应于特征值为 $\lambda_1=\lambda_2=\lambda_3=1$ 的特征向量为 $\boldsymbol{\alpha}=\begin{pmatrix}-4\\ -1\\ 1\end{pmatrix}$，因为 $\boldsymbol{A}$ 是一个三阶矩阵，只有一个线性无关的特征向量，所以 $\boldsymbol{A}$ 不能对角化.

例 4.2.4 上节例 4.1.4 中：

$$A=\begin{pmatrix}0&10&6\\1&-3&-3\\-2&10&8\end{pmatrix}$$

的特征值 $\lambda_1=1,\lambda_2=\lambda_3=2$. A 对应于特征值 $\lambda_1=1$ 的特征向量 $\alpha_1=\begin{pmatrix}1\\-\frac{1}{2}\\1\end{pmatrix}$,对应于特征值 $\lambda_2=\lambda_3=2$的特征向量 $\alpha_2=\begin{pmatrix}5\\1\\0\end{pmatrix}$, $\alpha_3=\begin{pmatrix}3\\0\\1\end{pmatrix}$. A 可以对角化,因为 A 有三个线性无关的特征向量,令

$$\Lambda=\begin{pmatrix}1&0&0\\0&2&0\\0&0&2\end{pmatrix},$$

则
$$X=(\alpha_1,\quad\alpha_2,\quad\alpha_3)=\begin{pmatrix}1&5&3\\-\frac{1}{2}&1&0\\1&0&1\end{pmatrix},$$

可使 $X^{-1}AX=\Lambda$.

小贴士　此例中,虽然 A 的三个特征值不互异,但 A 仍可与对角矩阵相似.

讲到这里,前面的引例就能解决了.

如何求 L^k 呢?具体过程如下:

根据矩阵特征值、特征向量的求法,求得 L 的特征值:$\lambda_1=\frac{3}{2},\lambda_2=\frac{-3+\sqrt{5}}{4},\lambda_3=\frac{-3-\sqrt{5}}{4}$.

L 的属于 $\lambda_1,\lambda_2,\lambda_3$ 的特征向量分别为:

$$\alpha_1=\begin{pmatrix}1\\\frac{1}{3}\\\frac{1}{18}\end{pmatrix},\alpha_2=\begin{pmatrix}36-16\sqrt{5}\\-14+6\sqrt{5}\\3-\sqrt{5}\end{pmatrix},\alpha_3=\begin{pmatrix}-36-16\sqrt{5}\\14+6\sqrt{5}\\-3-\sqrt{5}\end{pmatrix}.$$

令 $P=(\alpha_1,\alpha_2,\alpha_3)=\begin{pmatrix}1&36-16\sqrt{5}&-36-16\sqrt{5}\\\frac{1}{3}&-14+6\sqrt{5}&14+6\sqrt{5}\\\frac{1}{18}&3-\sqrt{5}&-3-\sqrt{5}\end{pmatrix}$,则 P 可逆,且

$$P^{-1}\cdot L\cdot P=\begin{pmatrix}\lambda_1&&\\&\lambda_2&\\&&\lambda_3\end{pmatrix}.$$

于是 $\boldsymbol{L}=\boldsymbol{P}\cdot\begin{pmatrix}\lambda_1 & & \\ & \lambda_2 & \\ & & \lambda_3\end{pmatrix}\cdot\boldsymbol{P}^{-1},\boldsymbol{L}^k=\boldsymbol{P}\cdot\begin{pmatrix}\lambda_1^k & & \\ & \lambda_2^k & \\ & & \lambda_3^k\end{pmatrix}\cdot\boldsymbol{P}^{-1}$.

$$\boldsymbol{X}^{(k)}=\boldsymbol{L}^k\cdot\boldsymbol{X}^{(0)}=\lambda_1{}^k\cdot\boldsymbol{P}\cdot\begin{pmatrix}1 & & \\ & \left(\frac{\lambda_2}{\lambda_1}\right)^k & \\ & & \left(\frac{\lambda_3}{\lambda_1}\right)^k\end{pmatrix}\cdot\boldsymbol{P}^{-1}\cdot\begin{pmatrix}500\\1\,000\\500\end{pmatrix}.$$

让 $k\to+\infty$,有:$\boldsymbol{X}^{(k)}\approx\dfrac{27\,500}{19}\cdot\left(\dfrac{3}{2}\right)^k\cdot\begin{pmatrix}1\\ \frac{1}{3}\\ \frac{1}{18}\end{pmatrix}$.

由此可知,在初始状态下,经过充分长时间后,该种群中雌性动物的年龄分别趋于稳定,即 3 个年龄组中雌性动物的数目之比为:$1:\dfrac{1}{3}:\dfrac{1}{18}$,且该时刻 3 个年龄组中雌性动物的数目之和为:$\dfrac{343\,750}{171}\cdot\left(\dfrac{3}{2}\right)^k$.

习题 4.2

1. 试证:如果 $\boldsymbol{A}\sim\boldsymbol{B}$,那么 $\boldsymbol{A}^{\mathrm{T}}\sim\boldsymbol{B}^{\mathrm{T}}$.

2. 设 $\boldsymbol{A}$ 与 $\boldsymbol{B}$ 为 n 阶矩阵,其中 $\boldsymbol{A}$ 是可逆矩阵,证明:$\boldsymbol{AB}\sim\boldsymbol{BA}$.

3. 设 $\boldsymbol{A}\sim\boldsymbol{B}$,且存在可逆矩阵 $\boldsymbol{X}$,使得 $\boldsymbol{X}^{-1}\boldsymbol{AX}=\boldsymbol{B}$. 若 λ 是 $\boldsymbol{A},\boldsymbol{B}$ 的特征值,$\boldsymbol{\alpha}$ 是 $\boldsymbol{A}$ 对应于 λ 的特征向量. 证明:$\boldsymbol{X}^{-1}\boldsymbol{\alpha}$ 是 $\boldsymbol{B}$ 对应于 λ 的特征向量.

4. 问:习题 4.1 第 1 题中的矩阵哪些可以对角化? 对于可以对角化的矩阵 $\boldsymbol{A}$,求可逆矩阵 $\boldsymbol{X}$,使 $\boldsymbol{X}^{-1}\boldsymbol{AX}$ 为对角矩阵.

5. 设 $\boldsymbol{A}$ 是一个上三角形矩阵,且 $\boldsymbol{A}$ 主对角线上的元素 $a_{11},a_{22},\cdots,a_{nn}$ 互不相同. 求证:$\boldsymbol{A}$ 必相似于一个对角矩阵 $\boldsymbol{\Lambda}$,并写出 $\boldsymbol{\Lambda}$.

第三节 数学思想方法(四)——抽象概括思想

一、抽象概括的概念

"抽象"一词,来源于拉丁语"abstraetus",意思为排除、抽取. 所谓抽象,是指从复杂的事物中,排除非本质属性,透过现象抽出其本质特征的思维过程,通过科学的抽象,人们就能更深刻、更正确、更完全地把握事物的内部联系和本质特性. 抽象是数学中常用且不可少的思维方法.

所谓概括,是指在思想上把抽象出来的各种对象或现象之间的共同属性、本质特征结合起来的过程. 科学的、正确的概括就是把存在于事物和关系中的共同内容提取出来.

抽象和概括是互相联系、密不可分的，抽象是概括的基础，没有抽象就不可能认识任何事物的本质属性，就无法概括. 概括也是抽象过程所必需的一个环节，对共同点的概括才可得到对象的本质属性.

二、抽象概括在特征值和特征向量中的应用

【应用实例——特征值和特征向量求法的抽象概括】

利用克莱姆法则和矩阵特征多项式的概念抽象概括出求特征值和特征向量的方法.

(1) 计算 $\boldsymbol{A}$ 的特征多项式 $f(\lambda)=|\lambda\boldsymbol{E}-\boldsymbol{A}|$；

(2) 求出 $f(\lambda)$的全部根，就是 $\boldsymbol{A}$ 的全部特征根；

(3) 对于每个特征值 λ_0，求出齐次线性方程组的全部非零解，就是属于 λ_0 的全部特征向量.

三、抽象概括在生活中有趣的应用

【应用实例——哥尼斯堡七桥问题】

18 世纪东普鲁士哥尼斯堡有条普莱格尔河横贯城区. 这条河流有两条支流，在城中心汇成大河，中间是岛区. 两个岛与河两岸建有七座桥把它们联系起来(如图 4－1(a)所示).

哥尼斯堡的大学生们提出这样的问题：一个人能否从任何一处为出发点，一次相继走遍这七座桥，且每座桥只能走一次，然后重返到起点，即所谓七桥问题.

大学生们现场进行了多次步行尝试，终无一人取得成功. 于是他们就写信给当时著名的大数学家欧拉，请他帮助解决这个问题.

1736 年欧拉研究了这一问题. 他把人们步行过桥的问题，抽象成为一个“一笔画”问题. 他是这样想的：岛 B 与半岛 D 无非是桥梁的连接地点，两岸陆地 A 与 C 也是桥梁通往的地点，这就不妨把这四处地点缩小，抽象为四个点 A,B,C,D，而把七座桥抽象成七条线段，显然未改变问题的实质. 这样，原来的七桥问题就抽象概括成：能否一笔且无重复地画出图 4－1(b)的问题. 这个一笔画的几何图形，就是“七桥问题”的数学模型. 这个问题在拓扑学的历史发展中占有重要的地位.

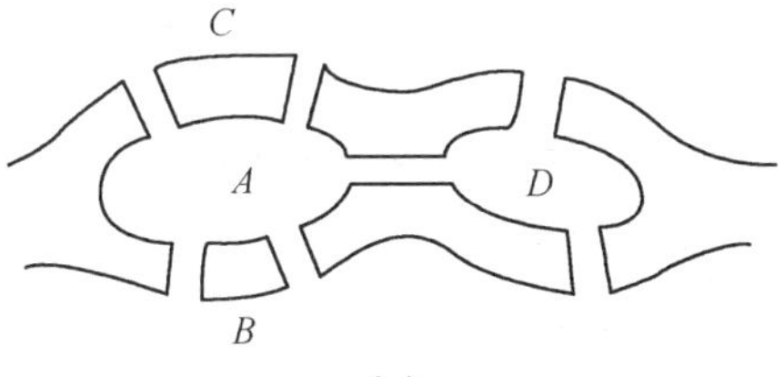

(a)

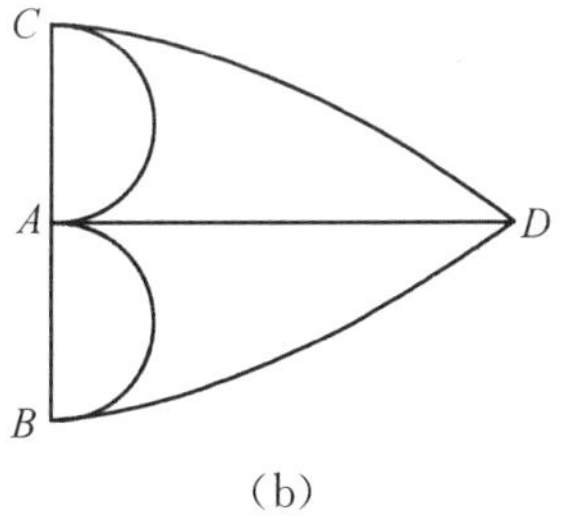

(b)

图 4－1

接着，欧拉考虑了“一笔画”的结构特征. 按照“一笔画”中每一点交会的曲线段数的奇、偶数来分，有：

① 至多有两个点(即起点和终点)有可能通过奇数条曲线段.

② 其他的任何一个中间点(交点)，每次总是沿着一条曲线段到达这点，紧接着又必须沿另一条曲线段离开这点(用以满足“无重复”的要求). 因此，在这些中间点交会的曲线段必为偶数条.

③ 由于现在所要作的是封闭图形(即终点与起点必须重合),因此,可以一笔且无重复地画出某一图形的条件(充要条件)是图中各中间点的曲线段总是偶数条.

然而,现在得出的图形中的四个交点 A,B,C,D 处所通过的曲线段都是奇数条,这就不符合“一笔画”所具有的特征.因此,可以断言这一图形是不可能一笔且无重复地画出.也就是说,所提的“七桥问题”不可能实现.

复习题四

一、填空题

1. $\boldsymbol{A}=\begin{pmatrix} a & b \\ c & d \end{pmatrix}$,$\boldsymbol{A}$ 的两个特征值 λ_1,λ_2,则 $\lambda_1+\lambda_2=$________,$\lambda_1\cdot\lambda_2=$________.

2. 设 $\boldsymbol{A}$ 的特征多项式 $|\lambda\boldsymbol{E}-\boldsymbol{A}|=(\lambda+1)(\lambda+4)^2$,则 $|\boldsymbol{A}|=$________.

3. $\boldsymbol{A}$ 为 n 阶矩阵,若 $\boldsymbol{AX}=\boldsymbol{O}$ 有非零解,则 $\boldsymbol{A}$ 必有一个特征值等于________.

4. λ_1,λ_2 是 $\boldsymbol{A}$ 的两个不同的特征值,$\boldsymbol{\alpha}_1,\boldsymbol{\alpha}_2$ 是分别对应的特征向量,则 $\boldsymbol{\alpha}_1,\boldsymbol{\alpha}_2$ 线性________.

二、单项选择题

1. 下面各命题正确的是(   ).

A. 若 0 是某矩阵的特征值,与它对应的特征向量必然是零向量

B. 若两个矩阵有相同的特征值,则它们对应的特征向量必相同

C. 不同矩阵必有不同的特征多项式

D. 矩阵的一个特征值可以对应多个特征向量,但一个特征向量只会属于一个特征值

2. 设 $\boldsymbol{A}=\begin{pmatrix} 3 & -1 & 1 \\ 2 & 0 & 1 \\ 1 & -1 & 2 \end{pmatrix}$,则 $\boldsymbol{A}$ 对应于特征值 2 的一个特征向量是(   ).

A. $\begin{pmatrix} 1 \\ 0 \\ 1 \end{pmatrix}$ B. $\begin{pmatrix} 1 \\ -1 \\ 0 \end{pmatrix}$ C. $\begin{pmatrix} 0 \\ 1 \\ -1 \end{pmatrix}$ D. $\begin{pmatrix} 1 \\ 1 \\ 0 \end{pmatrix}$

3. n 阶矩阵 $\boldsymbol{A}$ 的 n 个特征向量互异,是 $\boldsymbol{A}$ 可与对角矩阵相似的(   ).

A. 充分条件   B. 充要条件

C. 必要条件   D. 无关条件

4. 三阶矩阵 $\boldsymbol{A}$ 的特征值为 $\lambda_1=-1,\lambda_2=1,\lambda_3=2$,它们对应的特征向量分别为 $\boldsymbol{\alpha}_1,\boldsymbol{\alpha}_2,\boldsymbol{\alpha}_3$,令 $\boldsymbol{X}=(2\boldsymbol{\alpha}_2,\ -3\boldsymbol{\alpha}_3,\ \boldsymbol{\alpha}_1)$,则 $\boldsymbol{X}^{-1}\boldsymbol{AX}=$(   ).

A. $\begin{pmatrix} 1 & 0 & 0 \\ 0 & 2 & 0 \\ 0 & 0 & -1 \end{pmatrix}$ B. $\begin{pmatrix} -1 & 0 & 0 \\ 0 & -2 & 0 \\ 0 & 0 & 1 \end{pmatrix}$

C. $\begin{pmatrix} -1 & 0 & 0 \\ 0 & 2 & 0 \\ 0 & 0 & 1 \end{pmatrix}$ D. $\begin{pmatrix} 1 & 0 & 0 \\ 0 & -2 & 0 \\ 0 & 0 & -1 \end{pmatrix}$

三、解答题

1. 矩阵 $\boldsymbol{A}=\begin{pmatrix}3&1\\0&3\end{pmatrix}$ 与 $\boldsymbol{B}=\begin{pmatrix}3&0\\0&3\end{pmatrix}$ 相似吗？请说明理由.

2. 已知向量 $\boldsymbol{\alpha}=(1,\ k,\ 1)^{\mathrm{T}}$ 是矩阵 $\boldsymbol{A}=\begin{pmatrix}2&1&1\\1&2&1\\1&1&2\end{pmatrix}$ 的特征值，试求常数 k 的值.

3. 三阶矩阵 $\boldsymbol{A}$ 的特征值 $\lambda_1=2,\lambda_2=1,\lambda_3=-1$，对应的特征向量依次为：

$$\boldsymbol{\alpha}_1=\begin{pmatrix}1\\2\\2\end{pmatrix},\boldsymbol{\alpha}_2=\begin{pmatrix}2\\-2\\1\end{pmatrix},\boldsymbol{\alpha}_3=\begin{pmatrix}2\\1\\-2\end{pmatrix},$$

求矩阵 $\boldsymbol{A}$.

4. 已知矩阵 $\boldsymbol{A}=\begin{pmatrix}2&0&0\\0&0&1\\0&1&x\end{pmatrix}$，$\boldsymbol{B}=\begin{pmatrix}2&0&0\\0&y&0\\0&0&-1\end{pmatrix}$ 相似. (1) 求 x 与 y；(2) 求 $\boldsymbol{X}$，使 $\boldsymbol{X}^{-1}\boldsymbol{A}\boldsymbol{X}=\boldsymbol{B}$.

第五章　随机事件及其概率

学习目标

- 理解事件的概念及其运算.
- 掌握事件的加法公式和乘法公式.
- 掌握古典概型中事件概率的求法.
- 理解事件独立性的概念.
- 了解伯努利试验的概念,掌握伯努利概型中概率的计算方法.

概率论是近代数学的一个重要组成部分,是研究随机现象所呈现的数量规律性的一门数学学科,也是研究数理统计的基础.由于随机现象的普遍性,使得概率论在科学技术研究、经济管理和风险控制以及工农业生产实践中具有广泛的应用性,本章介绍概率论的基础知识.

【股票投资问题】

在投资环境日趋复杂的现代社会,几乎所有的投资都是在有风险和不确定的情况下进行的,一般来说,投资者都讨厌风险并力求避免风险,利用概率知识对风险系统进行分析可以直接获得风险决策.设某个投资者拥有三种获利相互独立的股票,且三种股票在一定的时间周期内获利的概率分别是0.5,0.6,0.8,求三种股票中至少有一种获利的概率.这个问题的解决涉及概率的加法公式、乘法公式及独立性等多方面的知识,下面我们一一介绍.

第一节　随机事件及其运算

我们知道,在自然界和人类社会中存在两类不同的现象:一类是必然现象,或者称为确定性现象,是指在一定条件下必然发生某一种结果或必然不发生某一种结果的现象;另一类是随机现象,或者称为不确定现象,是指在同样的条件下,多次进行同一试验,所得结果有多种可能的现象.许多随机现象,它们的特点是结果事前不可预知.例如,掷一枚均匀的骰子,朝上一面的点数可能是1,2,3,4,5,6中的任一个数;又比如股票某一天的收盘价,与前一天相比,既可能是上涨,也可能是下跌,还可能是持平的.

对于随机现象,人们经过长期实践和深入研究之后发现,虽然就每次实验或观察结果而言,具有不确定性,但在大量重复试验或观察下,它的结果却呈现出某种规律性,这种规律性称为随机现象的统计规律性.

例如,在相同的条件下,多次抛掷质地均匀的同一枚硬币,出现正面向上的次数约占总抛掷次数的一半;又如,对含有不合格品的一批产品进行多次重复检查,可以观察到它的不合格率;再如,某射手在相同的条件下,进行多次重复射击,可以看出他的命中率.

一、随机试验

扫一扫可见微课
“随机试验随机事件及样本空间”

我们把为研究随机现象而进行的观测、调查或试验,统称为随机试验. 它一般应满足以下三个条件:

(1) 试验可以在相同的条件下重复进行;

(2) 试验的所有可能的结果预先是可知的;

(3) 每次试验后只出现所有可能结果中的某一个,但是试验之前不能确定哪一个结果会出现.

试验常用 $E_1,E_2,\cdots$ 表示. 如:

E_1:抛掷一枚骰子,观察它出现的点数,其可能出现的点数是 1,2,3,4,5,6.

E_2:对一目标进行射击,直到击中目标为止,记录射击次数.

E_3:在一批灯泡中任取一只,测试它的寿命.

二、随机事件

随机试验中发生的最简单而不能再分解的结果称为基本事件或样本点,一般用 ω 表示. 所有基本事件组成的集合称为样本空间,用 Ω 表示. 例如,试验 E_1 中“骰子朝上一面的点数是 1”是一个基本事件,该随机试验的样本空间 Ω 可简单表示为 $\Omega=\{1,2,3,4,5,6\}$. 另外像“掷出的点数不超过 3”也是此试验的可能结果,显然它与样本空间中的三个基本事件有关,这种由两个或两个以上的基本事件组合而成的结果称为复合事件. 随机试验的各种可能结果,即基本事件与复合事件,统称为随机事件,一般用大写英文字母表示,如 $A,B,C,\cdots$,随机事件是样本空间 Ω 的子集. 在每次试验中,一定发生的事件称为必然事件,显然它是全部基本事件的集合,用 Ω 表示;在每次试验中一定不发生的事件称为不可能事件,用 $\varnothing$ 表示. 如在试验 E_1 中,“掷出的点数小于 7”是必然事件,“掷出的点数为 7”是不可能事件.

请思考

为什么样本空间和必然事件都用字母 Ω 表示? 它们是否为同一个概念?

小贴士

由以上讨论可知,随机事件与样本空间的子集一一对应,从而可以用集合论的一些术语和记号来描述事件之间的关系和运算. 以下的定义与集合论的相关内容极其类似,因此,我们可以借助集合论中的文氏(Venn)图来理解这些内容.

小点睛

类比的思想应用非常广泛,它的意义就在于“旁敲侧击”,“触类旁通”. 这里将事件与集合这两者的关系和运算相类比,易于我们理解和掌握.

1. 事件的包含与相等

如果事件 A 发生必然导致事件 B 发生，则称事件 B 包含事件 A，或事件 A 包含于事件 B，记作 $B\supset A$ 或 $A\subset B$，文氏图如图 5-1 所示.

如果事件 $A\subset B$ 且 $B\subset A$，则称事件 A 与事件 B 相等，记为 $A=B$.

扫一扫可见微课
“事件间的关系与运算”

2. 事件的并(或和)

事件 A 与事件 B 至少有一个发生的事件，称为事件 A 与事件 B 的并(或和)，记作 $A\cup B$(或 $A+B$)，如图 5-2 阴影部分所示. 类似地，n 个事件 A_1，A_2，…，A_n 中至少有一个发生的事件，称为事件 A_1，A_2，…，A_n 的并(或和)，记作 $A_1\cup A_2\cup\cdots\cup A_n$(或 $A_1+A_2+\cdots+A_n$).

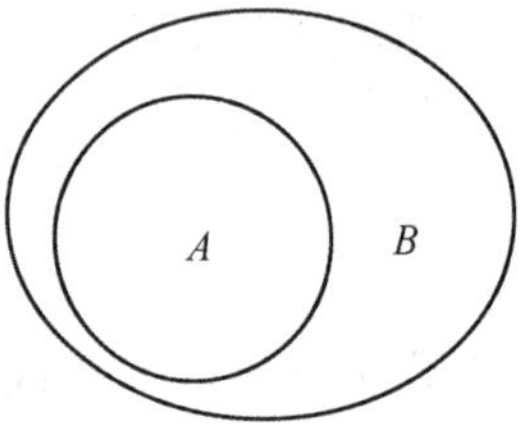

图5-1

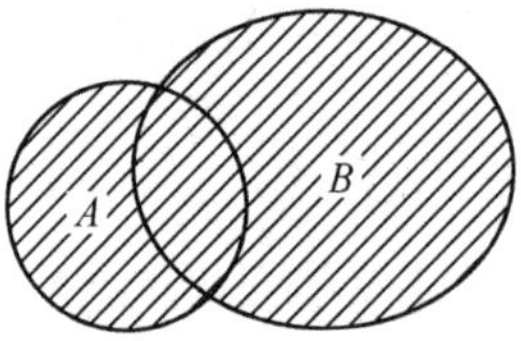

图5-2

3. 事件的交(或积)

事件 A 与事件 B 同时发生的事件，称为事件 A 与事件 B 的交(或积)，记作 $A\cap B$(或 AB)，如图 5-3 阴影部分所示. 类似地，n 个事件 A_1，A_2，…，A_n 同时发生的事件，称为事件 A_1，A_2，…，A_n 的交(或积)，记作 $A_1\cap A_2\cap\cdots\cap A_n$(或 $A_1A_2\cdots A_n$).

4. 事件的差

事件 A 发生而事件 B 不发生的事件，称为事件 A 与事件 B 的差，记为 $A-B$，如图 5-4 阴影部分所示.

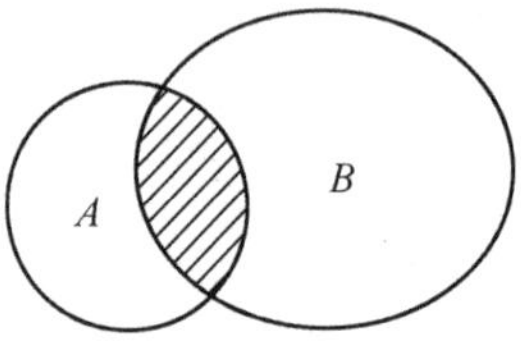

图5-3

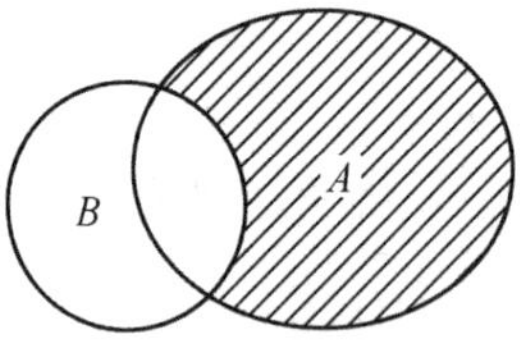

图5-4

5. 互不相容(或互斥)事件

如果事件 A 与事件 B 不可能同时发生，即 $AB=\varnothing$，则称事件 A 与事件 B 互不相容(或互斥)，如图 5-5 所示. 显然，基本事件之间是互不相容的，不可能事件 $\varnothing$ 与任何事件是互不相容的.

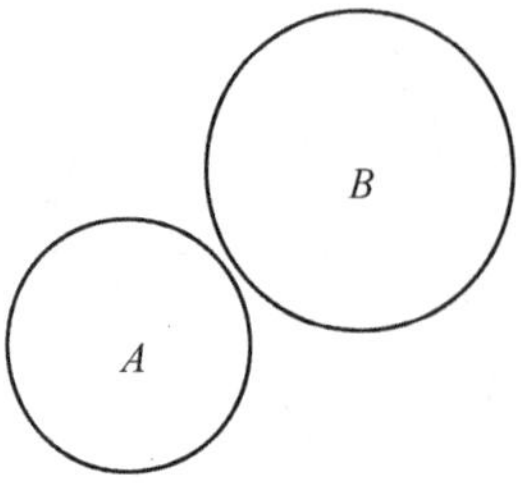

图5-5

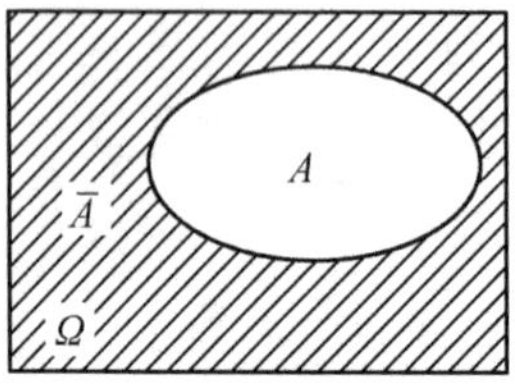

图5-6

6. 对立事件(或逆事件)

事件 A 不发生的事件,称为事件 A 发生的对立事件(或逆事件),记作 $\bar{A}$,如图 5-6 所示.

对于任何事件 A,B,显然有

(1) $\bar{\bar{A}}=A$;

(2) $A-B=A\bar{B}$;

(3) $\bar{A}=\Omega-A$.

如同集合运算规律一样,事件间的运算满足以下规律:

交换律 $A+B=B+A$; $AB=BA$.

结合律 $(A+B)+C=A+(B+C)$; $(AB)C=A(BC)$.

分配律 $(A+B)C=AC+BC$.

对偶律 $\overline{A+B}=\bar{A}\bar{B}$; $\overline{AB}=\bar{A}+\bar{B}$.

例 5.1.1 掷一枚质地均匀的骰子,观察其出现的点数. 记:

A 表示"掷一次骰子,出现奇数点";

B 表示"掷一次骰子,点数小于 5";

C 表示"掷一次骰子,点数为小于 5 的偶数".

用列举法说明事件:$\Omega,A,B,C,A+B,A-B,B-A,B-A,AB,AC,\bar{A}+B$.

解 $\Omega=\{1,2,3,4,5,6\}$,这是一个必然事件,包含所有的基本事件.

$A=\{1,3,5\}$,$B=\{1,2,3,4\}$,$C=\{2,4\}$,

$A+B=\{1,2,3,4,5\}$,$A-B=\{5\}$,$B-A=\{2,4\}$,

$AB=\{1,3\}$, $AC=\varnothing$,$\bar{A}+B=\{1,2,3,4,6\}$.

请思考

对偶律为什么成立?可否举例验证?

> **小贴士**
>
> 两个事件的对偶律可以推广至三个及三个以上的事件,如三个事件的对偶律:$\overline{A+B+C}=\bar{A}\bar{B}\bar{C}$,$\overline{ABC}=\bar{A}+\bar{B}+\bar{C}$.

例 5.1.2 设一个工人生产了三个零件,若记 A 表示"第一个零件是正品",B 表示"第二个零件是正品",C 表示"第三个零件是正品",试表示下列事件:

(1) 没有一个零件是次品;

(2) 只有第一个零件是次品;

(3) 恰有一个零件是次品;

(4) 至少有一个零件是次品;

(5) 至少有两个零件是正品.

解 (1)"没有一个零件是次品"表示成 ABC;

(2)"只有第一个零件是次品"表示成 $\bar{A}BC$;

(3)"恰有一个零件是次品"表示成 $\bar{A}BC+A\bar{B}C+AB\bar{C}$;

(4)"至少有一个零件是次品"表示成 $\bar{A}+\bar{B}+\bar{C}$ 或 $\overline{ABC}$;

(5)“至少有两个零件是正品”表示成 $AB+BC+AC$.

习题 5.1

1. 试用集合的形式表示下列随机试验的有关随机事件，并分析它们之间的相互关系：

(1) 掷一颗骰子，观察掷得的点数，考虑事件：A 表示“点数不超过 2”，B 表示“点数不超过 3”，C 表示“点数不小于 4”，D 表示“掷得奇数点”；

(2) 从一批灯泡中任取一只，测试它的寿命，考虑事件：E 表示“寿命大于 1 000 小时”，F 表示“寿命大于 1 500 小时”，G 表示“寿命不小于 1 000 小时”.

2. 检验某种圆柱形产品时，要求它的长度及直径都符合规格才算合格. 记 A 表示“产品合格”，B 表示“长度合格”，C 表示“直径合格”，试述(1) A 与 B,C 之间的关系；(2) $\overline{A}$ 与 $\overline{B},\overline{C}$ 之间的关系.

3. 设 A,B,C 表示三个事件，利用 A,B,C 表示下列事件：

(1) A 出现，B,C 都不出现；

(2) A,B 都出现，C 不出现；

(3) 三个事件都出现；

(4) 三个事件中至少有一个出现；

(5) 三个事件都不出现；

(6) 不多于一个事件出现；

(7) 不多于两个事件出现；

(8) 三个事件中至少有两个出现.

4. 从 1,2,3 这三个数字中任取一个，取后放回，连续取两次，排成一个二位数.

(1) 该随机试验中的基本事件总数是多少？并列出所有基本事件.

(2)“第一次取出的数字是 1”这一事件是由哪些基本事件组成的？

(3)“第二次取出的数字是 2”这一事件是由哪些基本事件组成的？

(4)“至少有一个数码字 3”这一事件是由哪些基本事件组成的？

(5)“小于 25 的数”这一事件是由哪些基本事件组成的？

第二节　概率及其运算

一、概率的统计定义

在 n 次重复试验中，若事件 A 发生了 m 次，则称比值 $\frac{m}{n}$ 为事件 A 发生的频率，记作 $f_n(A)$，即 $f_n(A)=\frac{m}{n}$.

对某一事件 A 来说，当试验的次数较少时，根据试验的次数不同，其发生的频率往往有较大的差异. 但随着试验次数的增加，其频率往往会在某个常数附近波动，并逐渐稳定地接近于这个常数，即频率具有稳定性.

在投掷硬币的实验中，表 5－1 列出了历史上几位著名学者的实验记录. 从表 5－1 可以看出，抛掷硬币发生“正面向上”的频率越来越接近于 0.5. 又据统计，英文字母 e 被使用的频率稳定于 0.1，而 z 被使用的频率稳定于 0.001.

表 5－1

试验者	投掷次数	出现正面的次数	出现正面的频率
摩根	2 048	1 017	0.496 6
蒲丰	4 040	2 048	0.506 9
皮尔逊	12 000	6 019	0.501 6
皮尔逊	24 000	12 012	0.500 5
维尼	30 000	1499 4	0.499 8

定义 5.1 在相同的条件下，重复进行 n 次实验，当 n 充分大时，如果事件 A 发生的频率稳定在某一常数 p 附近，则称常数 p 为随机事件 A 发生的概率，记作 $P(A)=p$.

小点睛

极限思想方法是指利用极限概念分析问题和解决问题的一种数学思想. 这里利用极限作近似代替，把试验次数充分大以后的事件发生的频率的极限作为事件发生的概率.

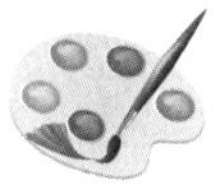

定义 5.1 称为概率的统计定义.

由概率的统计定义和频率的有关性质，易见概率具有下列性质：

性质 5.1 对于任一事件 A，有 $0\leqslant P(A)\leqslant 1$.

性质 5.2 必然事件的概率等于 1，不可能事件的概率等于 0，即 $P(\Omega)=1$，$P(\varnothing)=0$.

性质 5.3 对于任意两个事件 A,B，有 $P(A+B)=P(A)+P(B)-P(AB)$. 特别地，若 A,B 互不相容，则 $P(A+B)=P(A)+P(B)$. 若 n 个事件 $A_1,A_2,\cdots,A_n$ 两两互不相容，则 $P(A_1+A_2+\cdots+A_n)=P(A_1)+P(A_2)+\cdots+P(A_n)$.

小贴士

对于任意三个事件 A,B,C，有 $P(A+B+C)=P(A)+P(B)+P(C)-P(AB)-P(AC)-P(BC)+P(ABC)$.

性质 5.4 $P(A)=1-P(\overline{A})$.

性质 5.5 对于两个事件 A,B，若 $A\subset B$，则 $P(A)\leqslant P(B)$ 且 $P(B-A)=P(B)-P(A)$.

小贴士

应该说明，上述性质不仅对概率的统计定义适用，而且对今后所涉及的概率也都适用. 另外，性质 5.3 又称为概率的加法公式，它在概率的计算中有着很重要的应用.

二、概率的古典定义

最初的概率定义是对古典概型提出的. 所谓古典概型，是指具有下列特征的随机试验：

(1) 有限性　即样本空间的样本点(基本事件)的个数是有限的;

(2) 等可能性　即各基本事件发生的可能性是相等的.

例如,抛掷骰子的试验就是一个典型的古典概型问题.

定义 5.2　如果古典概型中的所有基本事件的个数为 n,事件 A 包含的基本事件的个数为 m,则称事件 A 发生的概率为$\frac{m}{n}$,即 $P(A)=\frac{m}{n}$.

定义 5.2 称为概率的古典定义.

小点睛

数学建模思想是指将实际问题数学化的一种数学思想.这里将具有共性的随机试验抽象化为同一概率问题来处理,即为概率模型.

例 5.2.1　从 0,1,2,3,4 五个数字中,任取三个排成一个三位数,求:(1)所得三位数为偶数的概率;(2)所得三位数大于 300 的概率.

解　从 0,1,2,3,4 五个数字中任取三个,排成的三位数总数为 $n=A_4^1A_4^2=48$ 个,设 A 表示事件“所得三位数为偶数”, B 表示事件“所得三位数大于 300”,则 A 中所含样本点个数为 $m=A_2^1A_3^1A_3^1+A_4^2=30$ 个,B 中包含的样本点个数为 $k=2A_4^2=24$ 个,所以有:

(1) $P(A)=\frac{m}{n}=\frac{30}{48}=\frac{5}{8}$;(2) $P(B)=\frac{k}{n}=\frac{24}{48}=\frac{1}{2}$.

例 5.2.2　设口袋中共有 10 只球,其中有 4 只黄球和 6 只红球,从中任取 3 只球,求至少取出 1 只黄球的概率.

解　设事件 A 表示“至少取出 1 只黄球”,则 A 中包含三个互不相容的事件:“恰好取出 1 只黄球”,“恰好取出 2 只黄球”以及“取出 3 只均为黄球”,而 $\overline{A}$ 表示“没有取出黄球”,通过间接计算 A 的概率比较方便,于是有:$P(A)=1-P(\overline{A})=1-\frac{C_6^3}{C_{10}^3}=\frac{5}{6}$.

小点睛

逆向法是解决数学问题时常用的一种方法,从正面入手解决问题比较繁琐时,我们可以另辟蹊径,从它的反面下手,一招制敌.

例 5.2.3　从一批 9 件正品、3 件次品组成的产品中,任取 5 件,求:(1) 其中至少有 1 件次品的概率;(2) 其中至少有 2 件次品的概率.

解　(1)设 A 表示“任取 5 件,其中至少有 1 件次品”,则 $\overline{A}$ 表示“任取 5 件,其中无次品”,于是有:$P(A)=1-P(\overline{A})=1-\frac{C_9^5}{C_{12}^5}=1-0.159=0.841$.

(2) 设 B 表示“任取 5 件,其中至少有 2 件次品”.

设 C 表示“任取 5 件,其中恰有 2 件次品”.

设 D 表示“任取 5 件,其中恰有 3 件次品”,则 $B=C+D$,且 C,D 互不相容,从而

$$P(B)=P(C+D)=P(C)+P(D)=\frac{C_3^2C_9^3}{C_{12}^5}+\frac{C_3^3C_9^2}{C_{12}^5}=0.364.$$

小点睛

分类讨论的思想是解决问题的一种逻辑方法，也是一种数学思想.这里将5件产品中至少有2件次品的问题分类为5件产品中恰有2件次品和5件产品中恰有3件次品(最多3件次品)这两个子问题来讨论.

习题 5.2

1. 从一批由37件正品和3件次品组成的产品中任取3件产品，求下列事件的概率：

(1) 3件产品中恰有1件次品；

(2) 3件产品全是次品；

(3) 3件产品全是正品；

(4) 3件产品中至少有1件次品；

(5) 3件产品中至少有2件次品.

2. 在0，1，2，3，…，9共10个数字中，任取4个不同数字，试求这4个数字能排成一个四位偶数的概率.

3. 甲、乙两人进行射击，甲击中目标的概率为0.8，乙击中目标的概率为0.85，两人同时击中目标的概率为0.68，求至少一人击中目标的概率以及两人都没有击中目标的概率.

4. 从一副扑克牌(52张)中任取4张，求下列事件的概率：

(1) A，K，Q，J各有一张；

(2) 4张牌的花色各不相同.

5. 某人在一次射击中射中10环、9环、8环的概率分别为0.26，0.30，0.20，试求此人在一次射击中：

(1) 射中8环及8环以上的概率；

(2) 不足8环的概率.

6. 某种产品50件，其中次品2件，其余均为正品，从中任取3件，试求：

(1) 3件全是正品的概率；

(2) 至少有1件是次品的概率.

第三节　条件概率与独立性

一、条件概率

【引例】

袋中有5个球：3个红球，2个白球，无放回地抽取两次，每次1个.(1) 求第一次取到红球的概率；(2) 第一次取到红球，第二次也取到红球的概率；(3) 已知第一次取到的是红球，求第二次取到红球的概率.

解 设 A 表示"第一次取到红球"，B 表示"第二次取到红球"，

(1) 显然，由定义 5.2 知：$P(A)=\frac{3}{5}=0.6$；

(2) 显然，由定义 5.2 知：$P(AB)=\frac{3}{10}=0.3$；

(3) 因为已经知道第一次取到的是红球，所以第二次取到红球的概率为 $\frac{2}{4}$，即 P(在 A 已经发生的条件下，B 发生)$=\frac{2}{4}=0.5$.

这里，事件 B 的概率依赖于事件 A 发生这个条件，故称条件概率.

定义 5.3 设 $P(A)>0$，则在事件 A 发生的前提下，事件 B 发生的概率称为条件概率，记作 $P(B|A)$.

这样，引例中(3)的概率可表示为 $P(B|A)=0.5$.

例 5.3.1 两台机床加工同一种机械零件的情况见表 5-2 所示：

表 5-2

	正品数	次品数	合计
第一台机床加工的零件数	35	5	40
第二台机床加工的零件数	50	10	60
总计	85	15	100

从这 100 个零件中任取 1 个. 设事件 A 表示"取出的这个零件是第一台机床加工的"，事件 B 表示"取出的这个零件是正品"，求 $P(AB)$，$P(A)$ 和 $P(B|A)$.

解 根据定义 5.2 和定义 5.3，有

$$P(AB)=\frac{35}{100},P(A)=\frac{40}{100},P(B|A)=\frac{35}{40}.$$

从引例和例 5.3.1 中，不难发现

$$P(B|A)=\frac{P(AB)}{P(A)}\quad[P(A)>0]. \tag{5-1}$$

类似地，有

$$P(A|B)=\frac{P(AB)}{P(B)}\quad[P(B)>0]. \tag{5-2}$$

小点睛

数学猜想是众多数学思想方法中的一块瑰宝，这里我们大胆猜想条件概率等于两个事件乘积的概率与已经发生的事件的概率之商.

例 5.3.2 人寿保险公司常常需要知道存活到某个年龄段的人在下一年仍然存活的概率，根据统计资料，某城市的人从出生活到 50 岁的概率为 0.907 18，活到 51 岁的概率为 0.901 35，问现年 50 岁的人能活到 51 岁的概率是多少？

解 设事件 A 表示"活到 50 岁"，事件 B 表示"活到 51 岁". 显然 $B\subset A$，故 $AB=B$，从而有：

$$P(B|A)=\frac{P(AB)}{P(A)}=\frac{P(B)}{P(A)}=\frac{0.901\,35}{0.907\,18}\approx 0.993\,57.$$

二、乘法公式

由条件概率公式(5-1)和(5-2)可直接得出：

$$P(AB)=P(A)P(B|A),P(A)>0. \tag{5-3}$$

$$P(AB)=P(B)P(A|B),P(B)>0. \tag{5-4}$$

式(5-3)和式(5-4)称为**概率的乘法公式**.

> **小贴士**
>
> 对于任意三个事件 A,B,C，有
>
> $$P(ABC)=P(A)P(B|A)P(C|AB)\quad [P(AB)>0]. \tag{5-5}$$

例 5.3.3 盒子中有 6 个正品和 4 个次品，不放回地任取两次，每次一个产品，求两次都取到正品的概率.

解 设 A_i 表示"第 i 次取到正品"，$i=1,2$，则 $P(A_1)=\frac{6}{10}$，$P(A_2|A_1)=\frac{5}{9}$，故两次都取到正品的概率 $P(A_1A_2)=P(A_1)P(A_2|A_1)=\frac{6}{10}\times\frac{5}{9}=\frac{1}{3}$.

例 5.3.4 袋中共有 3 个红球，2 个白球，每次任取 1 球，取后放回，并放入与所取之球同色的球两个，求连续三次都取得红球的概率.

解 设事件 A 表示"第一次取得红球"，B 表示"第二次取得红球"，C 表示"第三次取得红球"，则根据式(5-5)，得 $P(ABC)=P(A)P(B|A)P(C|AB)=\frac{3}{5}\cdot\frac{5}{7}\cdot\frac{7}{9}=\frac{1}{3}$.

三、事件的独立性

由于 $P(B|A)$ 与 $P(B)$ 的意义不同，因此，一般地，$P(B|A)\neq P(B)$，但在特殊情况下，也有例外，先看下面的例子.

例 5.3.5 袋中有 5 个球：3 个红球和 2 个白球，有放回地抽取两次，每次一个，设 A 表示"第一次取得红球"，B 表示"第二次取得红球"，求 $P(B|A)$.

解 $P(B|A)=P(B)=\frac{3}{5}$.

显然，上例中事件 B 发生的概率与已知事件 A 发生的条件无关. 这样乘法公式 $P(AB)=P(A)P(B|A)$ 变成 $P(AB)=P(A)P(B)$. 又由于 $P(AB)=P(B)P(A|B)$，故有 $P(A|B)=P(A)$，即事件 A 发生的概率也与已知事件 B 发生的条件无关. 这时，我们称事件 A,B 相互独立.

定义 5.4 对于事件 A 与事件 B，若

$$P(AB)=P(A)P(B), \tag{5-6}$$

则称 A 与 B 相互独立，简称 A,B 独立.

性质 5.6 (1) 必然事件 Ω 及不可能事件 $\varnothing$ 与任何事件都相互独立.

(2) 若 A 与 B 相互独立，则 A 与 $\overline{B}$，$\overline{A}$ 与 B，$\overline{A}$ 与 $\overline{B}$ 也相互独立.

请思考

为什么性质 5.6(2) 是成立的？

小贴士

(1) 实际应用时，一般不是根据定义，而是根据实际经验判断 A 与 B 独立，然后再利用式(5-6)，求 $P(AB)$.

(2) 两个事件的独立性可以推广至三个及三个以上的事件，如：若 A,B,C 相互独立，则 $P(ABC)=P(A)P(B)P(C)$ 及 $P(A+B+C)=1-P(\overline{A})P(\overline{B})P(\overline{C})$.

请思考

为什么 $P(A+B+C)=1-P(\overline{A})P(\overline{B})P(\overline{C})$ 是成立的？

例 5.3.6 两射手同时射击同一目标，设甲射中的概率为 0.9，乙射中的概率为 0.8，两人各射一次，求：(1) 两人都射中的概率；(2) 至少一人射中的概率.

解 设 A 表示"甲射中目标"，B 表示"乙射中目标"，由实际经验知 A 与 B 独立，因此：

(1) $P(AB)=P(A)P(B)=0.9\times0.8=0.72$.

(2) $P(A+B)=P(A)+P(B)-P(AB)=0.9+0.8-0.72=0.98$.

例 5.3.7 发报台分别以概率 0.6 与 0.4 发出信号"+"及"−"，由于干扰原因，发出"+"时，收报台分别以概率 0.9 与 0.1 收到"+"及"−"；而发出"−"时，分别以概率 0.8 与 0.2 收到"−"及"+"，求收报台收到"+"的概率.

解 设 A 表示"收报台收到+"，B 表示"发报台发出+"，则 $\overline{B}$ 表示"发报台发出−". 显然 A 的发生与 B 及 $\overline{B}$ 的发生有关，且只与它们有关. 因而，可借助于 B 及 $\overline{B}$ 将 A 拆分为不相容的两部分之和：$A=AB+A\overline{B}$. 根据题设有

$$P(B)=0.6, P(\overline{B})=0.4, P(A|B)=0.9, P(A|\overline{B})=0.2.$$

所以 $P(A)=P(AB+A\overline{B})=P(AB)+P(A\overline{B})=P(B)P(A|B)+P(\overline{B})P(A|\overline{B})=0.6\times0.9+0.4\times0.2=0.62$.

本例题的计算过程中，既用到加法公式，又用到乘法公式. 一般地，若

$$P(A_k)>0(k=1,2,\cdots,n), A_1+A_2+\cdots+A_n=\Omega,$$

$$A_iA_j=\varnothing(i\neq j, i,j=1,2,\cdots,n), B\subset\Omega,$$

则 $P(B)=P(BA_1+BA_2+\cdots+BA_n)=P(A_1)P(B|A_1)+P(A_2)P(B|A_2)+\cdots+P(A_n)P(B|A_n)$. (5-7)

公式(5－7)称为**全概率公式**,其中的事件组 $A_1, A_2, \cdots, A_n$ 称为 Ω 的一个完备事件组.

下面我们简单说说本章开始的引例的解法:

设 A,B,C 分别表示这三种股票获利,依题意 A,B,C 相互独立,则由加法公式和乘法公式可知,这三种股票中至少有一种获利的概率:

$$P(A+B+C)=1-P(\bar{A})P(\bar{B})P(\bar{C})=1-0.5\times 0.4\times 0.2=0.96.$$

习题 5.3

1. 甲、乙两城市都位于长江下游,根据一百余年来的气象记录,知道甲、乙两城市一年中雨天占的比例分别为 20%和 18%,两地同时下雨占的比例为 12%,问:

(1) 乙市为雨天时,甲市也为雨天的概率是多少?

(2) 甲市为雨天时,乙市也为雨天的概率是多少?

(3) 甲、乙两城市至少有一个为雨天的概率是多少?

2. 某种动物由出生活到 20 岁的概率为 0.8,活到 25 岁的概率为 0.4,问现年 20 岁的这种动物活到 25 岁的概率是多少?

3. 一批零件共 100 个,其中次品 10 个,每次从其中无放回地抽取一个零件,求第三次才取到正品的概率.

4. 某产品可能有两种缺陷 A 和 B 中的一种或两种,这两种缺陷的发生是独立的,又 $P(A)=0.05$,$P(B)=0.03$.求产品有下列各种情况的概率:(1) 两种缺陷都有;(2) 有 A 没有 B;(3) 两种缺陷中至少有一种.

5. 三人独立地去破译同一份密码,已知各人能译出的概率分别是 $\frac{1}{3}$,$\frac{1}{4}$ 和 $\frac{1}{5}$,求密码被破译的概率.

6. 成年人中吸烟的人占 25%,吸烟的人得肺癌的概率为 0.18,而不吸烟的人得肺癌的概率为 0.01,求成年人得肺癌的概率.

7. 某工厂有甲、乙、丙三个车间生产同一种产品,每个车间的产量分别占全厂的 25%,35%,40%,各车间产品的次品率分别为 5%,4%,2%,求全厂产品的次品率.

8. 某人从上海去南昌开会,他乘火车、轮船、汽车和飞机的概率分别为 0.1,0.2,0.3 和 0.4,已知他乘火车、轮船、汽车和飞机而迟到的概率分别是 0.3,0.25,0.35 和 0.1,求这个人迟到的概率.

第四节　伯努利概型

【保险问题】

现有 1 万人参加某保险公司的人寿保险,每人每年缴纳 12 元保险费.假设一年内一个人死亡的概率为千分之五,死亡后,保险公司需赔偿一千元,则保险公司年利润不少于 6 万元的概率有多大?

这个问题就是要计算一万人中在一年内意外死亡的人数不能超过 60 人的概率,也就是我们下面要学习的伯努利概型问题.

一、伯努利概型

定义 5.5 某一试验只有两种可能的结果 A 和 $\overline{A}$，将该试验在相同条件下重复进行 n 次，若每次试验的结果之间互相独立，每次试验中事件 A 的概率不变，则称这一系列试验为 n 重伯努利试验概型. 设 $P(A)=p(0<p<1)$，在 n 重伯努利概型中事件 A 发生 $k(0\leqslant k\leqslant n)$ 次的概率 $P_n(k)=C_n^k p^k(1-p)^{n-k}$.

例 5.4.1 从一批由 9 件正品和 3 件次品组成的产品中有放回地抽取 5 次，每次抽 1 件，求其中恰有 2 件次品的概率.

解 将每一次抽取当作一次试验，设 A 表示“取到次品”，$\overline{A}$ 表示“取到正品”，有放回地抽取 5 次，便构成了一个 5 重伯努利试验，“其中恰有 2 件次品”的概率即为 5 次伯努利试验中事件 A 发生 2 次的概率 $P_5(2)$，从而有：

$$P_5(2)=C_5^2\cdot\left(\frac{3}{12}\right)^2\left(\frac{9}{12}\right)^3=0.264.$$

请思考

能否利用古典概型求出上面的概率？

例 5.4.2 商店收到了 1 000 瓶矿泉水，每个瓶子在运输过程中破碎的概率为 0.003. 求商店收到的 1 000 瓶矿泉水中：(1) 恰有两瓶破碎的概率；(2) 超过两瓶破碎的概率.

解 (1) 恰有两瓶破碎的概率为 $P_{1\,000}(2)=C_{1\,000}^2 0.003^2(1-0.003)^{998}\approx 0.224$.

(2) 超过两瓶破碎的概率为 $1-P_{1\,000}(0)-P_{1\,000}(1)-P_{1\,000}(2)=1-0.997^{1\,000}-C_{1\,000}^1\times 0.003\times 0.997^{999}-C_{1\,000}^2\times 0.003^2\times 0.997^{998}\approx 0.577$.

下面我们来解决本节开始的引例：

参加保险的一万人中在一年内意外死亡的人数不超过 60 人的概率为：

$$\sum_{k=1}^{60}P_n(k)=\sum_{k=1}^{60}C_n^k p^k(1-p)^{n-k}.$$

将 $n=10\,000$，$p=0.005$ 代入上式计算即得概率约为 0.871.

习题 5.4

1. 某次考试出有 10 道正误判断题，某考生随意做出了正误判断，求他答对 6 题的概率.

2. 教学楼装有 5 个同类型的自动煮水器，调查表明在某时刻 t 每个煮水器被使用的概率为 0.1，求在同一时刻：(1) 恰有 2 个煮水器被使用的概率；(2) 至少有 1 个煮水器被使用的概率.

3. 某车间有 12 台车床，由于工艺原因时常需要停车，设各台车床的停车（或开车）是相互独立的，每台车床在任一时刻处于停车状态的概率为 $\frac{1}{3}$，计算在任一指定时刻，车间里恰有 2 台车床处于停车状态的概率.

4. 某工厂生产的螺丝的次品率为 0.05，设每个螺丝是否为次品是相互独立的，这个工厂将 10 个螺丝包成一包出售，并保证若一包中次品的个数多于 1 个即可退货，求某包螺丝被退货的概率.

第五节　数学思想方法(五)——数学建模

一、数学建模的概念

数学是研究现实世界中的数量关系和空间形式的科学，它的产生和许多重大发展都是与现实世界的生产活动和其他相应学科的需要密切相关的. 同时，数学作为认识和改造世界的强有力的工具，又促进了科学技术和生产建设的发展. 17 世纪伟大的科学家牛顿在研究力学的过程中发明了近代数学最重要的成果之一——微积分，并以微积分作为工具推导了著名的力学定律——万有引力定律. 这一成就是科学发展史上成功地建立数学模型的范例.

数学的特点不仅在于它的概念的抽象性、逻辑的严密性和结论的确定性，而且在于它的应用的广泛性. 进入 20 世纪以来，数学的应用不仅在它的传统领域(诸如力学、电学等学科及机电、土木、冶金等工程技术)继续取得许多重要进展，而且迅速进入了一些新领域(诸如经济、交通、人口、生态、医学、社会等领域)，产生了如数量经济学、数学生态学等边缘学科. 马克思曾说过："一门科学只有成功地运用数学时，才算达到了完善的地步. "可以认为数学在各门科学中被应用的水平，标志着这门科学发展的水平. 随着科学技术的进步，特别是电子计算机技术的迅速发展，数学已经渗透到从自然科学技术到工农业生产建设，从经济活动到社会生活的各个领域. 一般地说，当实际问题需要我们对所研究的现实对象提供分析、预报、决策、控制等方面的定量结果时，往往都离不开数学的应用，而建立数学模型则是这个过程的关键环节. 关于原型进行具体构造数学模型的过程称为数学建模(所谓数学模型，指的是对现实原型为了某种目的而作抽象、简化的数学结构，它是使用数学符号、数学式子及数量关系对原型作一种简化而本质的刻画，比如方程、函数等概念都是从客观事物的某种数量关系或空间形式中抽象出来的数学模型).

数学建模思想的实质是将实际问题数学化，进而用数学的方法解决实际问题. 概率论与数理统计研究的问题涉及自然界中的现象、工农业生产、医疗卫生、生物学、物理学等诸多领域.

二、数学建模思想的应用——概率模型

许多不同领域中的实际问题可以抽象为同一概率问题来处理，这一概率问题就称为一个概率模型. 如定义概率的"古典概率模型"和由伯努利试验抽象出的"伯努利概型". 更具体的，如"某人有 n 把钥匙，其中有 m 把能打开房门，黑暗中逐把试开，问他在第 k 次打开门的概率是多少?""设有 n 张奖券分发给 n 个人，其中将产生 m 个获奖者，假定每人都编上不同的号码，求第 k 人能中奖的概率"等问题都可用如下的概率模型来处理：袋中有 n 只黑球，m 只白球，现将球一只一只地摸出来，求第 $k(1\leqslant k\leqslant n+m)$ 次摸得黑球的概率. 此题就是一个很有代表性的模型，有趣的是无论 k 取何值，第 k 次摸得黑球的概率总是 $\frac{n}{n+m}$. 依据此题的

结果,人们认为抽签、抓阄、摸奖等活动应该对每个人都是公平的,当然某人是否抽到好签或摸到奖,这只是偶然性所起作用的结果而已.

例 5.5.1 4 个球迷只买到 1 张足球赛的球票,他们决定通过抽签决定这 1 张球票的归属,他们在盒子里放了 4 张纸片,其中 1 张纸片写有球票,其他 3 张为空白,抽到写有球票的纸片的球迷就会幸运地得到球票,4 个人依次去抽取纸片,是不是先抽的人会更有可能抽到球票呢?

解 设 A_i 表示"第 i 个球迷抽到写有球票的纸片",$i=1,2,3,4$,则第 1 个球迷抽到球票的概率 $P(A_1)=\frac{1}{4}$;

第 2 个球迷抽到球票的概率 $P(A_2)=P(\overline{A}_1A_2)=P(\overline{A}_1)P(A_2|\overline{A}_1)=\frac{3}{4}\times\frac{1}{3}=\frac{1}{4}$;

第 3 个球迷抽到球票的概率

$$\begin{aligned}P(A_3)&=P(\overline{A}_1\overline{A}_2A_3)\\&=P(\overline{A}_1)P(\overline{A}_2|\overline{A}_1)P(A_3|\overline{A}_1\overline{A}_2)\\&=\frac{3}{4}\times\frac{2}{3}\times\frac{1}{2}=\frac{1}{4};\end{aligned}$$

第 4 个球迷抽到球票的概率

$$\begin{aligned}P(A_4)&=P(\overline{A}_1\overline{A}_2\overline{A}_3A_4)\\&=P(\overline{A}_1)P(\overline{A}_2|\overline{A}_1)P(\overline{A}_3|\overline{A}_1\overline{A}_2)P(A_4\mid\overline{A}_1\overline{A}_2\overline{A}_3)\\&=\frac{3}{4}\times\frac{2}{3}\times\frac{1}{2}\times1=\frac{1}{4}.\end{aligned}$$

从而每个球迷抽到球票的概率总是$\frac{1}{4}$,与抽取的先后顺序无关,通俗地说,即"抽签不分先后".

复习题五

一、填空题

1. 设 $P(A)=0.4$,$P(A+B)=0.7$,若事件 A,B 互不相容,则 $P(B)=$________;若事件 A,B 独立,则 $P(B)=$________.

2. 设 A,B 为两个事件,且 $P(A+B)=0.9$, $P(AB)=0.3$,若 $B\subset A$,则 $P(A-B)=$________.

3. 设 A,B 为两个事件,若 $P(B)=\frac{3}{10}$,$P(B|A)=\frac{1}{6}$,$P(A+B)=\frac{4}{5}$,则 $P(A)=$________.

4. 口袋内有 5 只红球,3 只白球,2 只黄球,则任取 3 只球恰好颜色不同的概率是________.

5. 设 A,B 为两个事件,若 $P(B)=0.84$,$P(\overline{A}B)=0.21$,则 $P(AB)=$______.

6. 某人连续向一目标射击,每次命中目标的概率为 0.75,他连续射击直到命中为止,则射击次数为 3 的概率是______.

二、单项选择题

1. 对于任意两个事件 A 和 B，与 $A+B=B$ 不等价的是(　　).

A. $A\subset B$　　B. $\overline{B}\subset\overline{A}$　　C. $A\overline{B}=\varnothing$　　D. $\overline{A}B=\varnothing$

2. 掷两颗均匀的骰子，则出现的点数之和大于 3 的概率为(　　).

A. $\frac{1}{12}$　　B. $\frac{11}{12}$　　C. $\frac{1}{6}$　　D. $\frac{5}{6}$

3. 设 A,B 为两个事件，若 $P(A)=\frac{1}{3}$，$P(A|B)=\frac{2}{3}$，$P(\overline{B}|A)=\frac{3}{5}$，则 $P(B)=$ (　　).

A. $\frac{1}{5}$　　B. $\frac{2}{5}$　　C. $\frac{3}{5}$　　D. $\frac{4}{5}$

4. 甲、乙两人独立地向同一目标射击，他们击中目标的概率分别为 0.7，0.8，则两人中恰有一人击中目标的概率是(　　).

A. 0.56　　B. 0.44　　C. 0.5　　D. 0.38

5. 盒中有 2 个红球和 2 个白球，无放回地抽取两次，每次一个，已知第一次抽到红球，则第二次抽到红球的概率是(　　).

A. $\frac{1}{4}$　　B. $\frac{1}{2}$　　C. $\frac{1}{3}$　　D. $\frac{2}{3}$

三、解答题

1. 从含有 4 个白球，5 个黄球和 6 个红球的盒子里随机抽取一个球，求下列事件的概率：

(1) 抽取的是红球；(2) 抽取的是白球.

2. 已知 $P(A)=0.15$，$P(B)=0.43$，试就下列指定条件分别求 $P(A+B)$ 和 $P(\overline{A}B)$：

(1) A,B 为互斥事件；(2) A,B 为独立事件；(3) $A\subset B$.

3. 通过调查中央电视台 6 频道的电视节目的收视率可知，已婚的男士和女士收看该节目的概率分别是 0.5 和 0.6，在某女士看此节目的情况下，她的丈夫看此节目的概率为 0.8，求：

(1) 夫妻二人均看此节目的概率；(2) 在男士看此节目时，他的妻子看此节目的概率；(3) 夫妻二人至少有一人看此节目的概率.

4. 某商店收进甲厂生产的产品 30 箱，乙厂生产的产品 20 箱，甲厂每箱中产品的废品率为 0.06，乙厂每箱中产品的废品率为 0.05，任取一箱，求从中任取一个为废品的概率.

5. 某人值班需要看守甲、乙、丙 3 台机床，设在任一时刻，甲、乙、丙机床正常工作的概率分别为 0.9，0.8，0.85，求在任一时刻：(1) 3 台机床都正常工作的概率；(2) 3 台机床中至少有 1 台正常工作的概率.

6. 在 100 件产品中有 10 件次品，现在进行 5 次放回抽样检查，每次随机地抽取 1 件产品，求下列事件的概率：(1) 抽到 2 件次品；(2) 至少抽到 1 件次品.

第六章 随机变量及其数字特征

学习目标

- 理解随机变量的概率分布、概率密度的概念,掌握有关随机变量的概率计算.
- 了解分布函数的概念.
- 了解期望、方差的概念,掌握求随机变量期望、方差的方法.
- 了解几种常用离散型和连续型随机变量的分布,以及它们的期望和方差.
- 熟练掌握正态分布的概率计算,会查正态分布表.

本章引入随机变量的概念,利用含有随机变量的数学式子代替随机事件来描述随机试验的结果,以便运用微积分的方法进行更深入的研究,形成一种从整体上刻画随机现象统计规律性的数学形式.通过对随机变量及其分布、随机变量的数字特征的学习,对随机现象的统计规律性进行更深入的讨论.

【收入问题】

某加油站替公共汽车站代营出租汽车业务,每出租一辆汽车,可从出租车公司得到3元.因代营业务,每天加油站要多付给职工服务费60元.设每天出租汽车数X的概率分布如下:

X	10	20	30	40
P	0.15	0.25	0.45	0.15

求因代营业务得到的收入大于当天的额外支出费用的概率.

【经济收益问题】

某商场计划于5月1日搞一次促销活动,统计资料表明,如果在商场内搞促销活动,可获得经济收益3万元;在商场外搞促销活动,如果不遇到雨天可以获得经济收益12万元,遇到雨天则带来经济损失5万元.若前一天的天气预报称当天有雨的概率为40%,则商场应如何选择促销方式?

这两个案例涉及随机变量的分布及数字特征问题.

本节先介绍随机变量的概念.

第一节 随机变量的概念

例 6.1.1 在 10 件产品中有 3 件次品，从中任意抽取 2 件，若用 X 表示抽取所得的次品数，则 X 的可能取值为 0,1,2.

且“$X=0$”表示“两件都是正品”，其出现的概率为$\dfrac{C_7^2}{C_{10}^2}=\dfrac{7}{15}$.

且“$X=1$”表示“一件正品和一件次品”，其出现的概率为$\dfrac{C_7^1C_3^1}{C_{10}^2}=\dfrac{7}{15}$.

且“$X=2$”表示“两件都是次品”，其出现的概率为$\dfrac{C_3^2}{C_{10}^2}=\dfrac{1}{15}$.

例 6.1.2 某人对某一目标连续射击，直到命中目标为止. 若其每次命中目标的概率均为 p. 设 X 为他所需的射击次数，则 X 的所有可能的取值为一切正整数 $1,2,3,\cdots$；其次，他的各次射击之间互相独立，因此，容易计算

$$P(X=k)=(1-p)^{k-1}p,\ k=1,2,3,\cdots.$$

例 6.1.3 测试某种电子元件的寿命(单位:小时)，若用 X 表示其寿命，则 X 的取值由试验的结果所确定，可为区间$[0,+\infty)$上的任意一个数，而且通过实验可以知道 X 在某个范围内取值的概率.

例 6.1.4 抛掷一枚质地均匀的硬币，可能出现正面，也可能出现反面，对这种看似与数量无关的事件，可以约定：

若试验结果出现正面，记作 $X=1$，其出现的概率为 0.5；

若试验结果出现反面，记作 $X=0$，其出现的概率为 0.5.

从以上的例子可以看出，不论哪一种情况，X 的取值都与随机试验的结果相对应，也就是说 X 的取值都随着试验结果的不同而取不同的值，这与函数概念的本质是一致的. 由于试验结果的出现是具有一定的概率的，因此，X 的取值也具有一定的概率. 这样的变量 X 称为**随机变量**. 一般地，用大写字母 X,Y,Z 等表示随机变量，而用小写字母 x,y,z 等表示随机变量相应于某个试验结果所取的值.

对于随机变量，本书只讨论**离散型随机变量**和**连续型随机变量**的相关问题.

小贴士

随机变量是定义在样本空间的单值实函数.

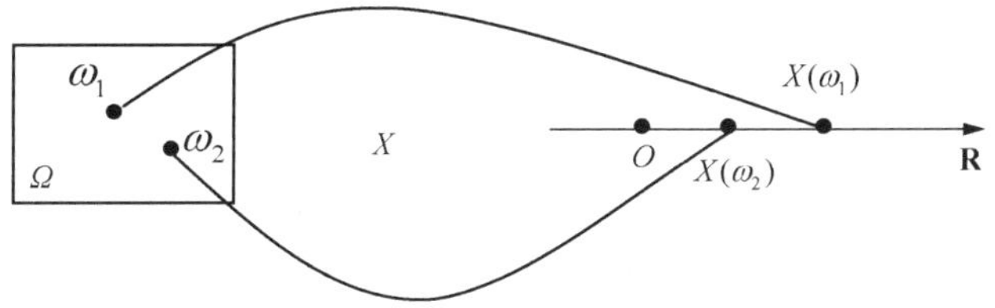

习题 6.1

1. 随机变量的特征是什么？

2. 投掷一枚质地均匀的骰子，观察正面向上的点数，试定义一个随机变量来表示该试验中出现的“点数大于 1”、“点数小于 7”、“点数不超过 4”这些结果及相应的概率.

第二节　离散型随机变量

本节介绍离散型随机变量及其常见分布——二点分布、二项分布、泊松分布.

一、离散型随机变量及其分布列

定义 6.1　如果随机变量 X 只取有限个或无穷可列个可能值，同时 X 以确定的概率取这些不同的值，则称 X 为**离散型随机变量**.

离散型随机变量 X 的所有取值与其对应概率之间的关系，即

$$P(X=x_k)=p_k \quad (k=1,2,\cdots), \tag{6-1}$$

称为离散型随机变量 X 的**概率分布**或**分布列**.

离散型随机变量的概率分布也可以用表 6-1 的形式直观地表示.

表 6-1

X	x_1	x_2	$\cdots$	x_k	$\cdots$
P	p_1	p_2	$\cdots$	p_k	$\cdots$

例 6.2.1　某篮球运动员投中篮圈的概率是 0.9，求他两次独立投篮投中次数 X 的概率分布.

解　X 的可能取值为 0,1,2，用 A_i 表示“第 i 次投中篮圈”，$i=1,2$，则

$P(A_1)=P(A_2)=0.9$；

$P(X=0)=P(\overline{A_1}\,\overline{A_2})=P(\overline{A_1})P(\overline{A_2})=0.1\times0.1=0.01$；

$P(X=1)=P(A_1\overline{A_2}\cup\overline{A_1}A_2)=P(A_1)P(\overline{A_2})+P(\overline{A_1})P(A_2)=0.9\times0.1+0.1\times0.9=0.18$；

$P(X=2)=P(A_1A_2)=P(A_1)P(A_2)=0.9\times0.9=0.81$.

所以 X 的分布列为

X	0	1	2
P	0.01	0.18	0.81

小贴士　随机事件可以用含随机变量的数学式子表示，求随机变量的各取值概率就是求该随机试验中某随机事件的概率.

小点睛

转化与化归思想方法是解决数学问题的一种重要思想方法，贯穿于整个数学中.这里通过随机事件不同表达方式的转化，把待解决的“随机变量取值概率问题”转化到在已有知识范围内可解的“随机事件概率问题”.

离散型随机变量的概率分布具有以下性质：

(1) $p_k \geqslant 0$ ($k=1,2,\cdots$)； (6-2)

(2) $\sum\limits_k P(X=x_k)=\sum\limits_k p_k=1$. (6-3)

例 6.2.2 下面解决本章开始的第一个案例：

由问题可知，每天出租汽车数 X 的概率分布为

X	10	20	30	40
P	0.15	0.25	0.45	0.15

则所求概率为 $P(3X>60)=P(X>20)=P(X=30)+P(X=40)=0.45+0.15=0.6$.

二、几种常见的离散型随机变量的概率分布

1. 二点分布

如果随机变量只取 0,1 两个值，其概率分布为

$$P(X=1)=p, P(X=0)=1-p\ (0<p<1) \tag{6-4}$$

或

表 6-2

X	0	1
P	$1-p$	p

则称 X 服从参数为 p 的**二点分布或(0－1)分布**，记为 $X\sim(0,1)$.

例如，一次射击中，某选手的命中率为 0.8，则该选手命中目标的次数 $X\sim(0,1)$，其分布列为

X	0	1
P	0.2	0.8

小贴士

二点分布是一种简单且常见的分布，一次试验只可能出现两种结果时，便确定一个服从二点分布的随机变量.例如，一次射击是否中靶、检验一件产品是否合格、新生儿的性别登记、系统的运行是否正常等等，相应的结果都服从二点分布.

2. 二项分布

如果随机变量 X 的概率分布为

$$P(X=k)=C_n^k p^k (1-p)^{n-k} (k=0,1,2,\cdots,n), \quad (6-5)$$

其中，$0<p<1$，则称 X 服从参数为 n,p 的**二项分布**，记作 $X\sim B(n,p)$.

小贴士

二项分布的实际背景是 n 重伯努利(Bernoulli)试验：试验可以在相同的条件下重复进行 n 次，各次试验的结果互不影响；每次试验只可能出现两种结果 A 和 $\overline{A}$；每次试验中 A 发生的概率均相同.

若在 n 重伯努利试验中，事件 A 发生的次数为 X，则 X 的可能取值为 $0,1,2,\cdots,n$. 可以证明，在 n 次试验中事件 A 发生 k 次的概率为

$$P_n(k)=C_n^k p^k (1-p)^{n-k},$$

其中，$P(A)=p(0<p<1)$.

注意到上式中 $C_n^k p^k (1-p)^{n-k}$ 恰是 $[p+(1-p)]^n$ 二项展开式中的第 $(k+1)$ 项，故称其为二项分布.

例 6.2.3 某教学楼安装有两部电梯，每部电梯因故障不能使用的概率均为 0.02，设不能同时使用的电梯数为 X，求 X 的分布列.

解 显然，$X\sim B(2,0.02)$，所以 X 的概率分布为

$$P(X=k)=C_2^k\, 0.02^k\cdot 0.98^{2-k} \quad (k=0,1,2).$$

可表示为

X	0	1	2
P	0.960 4	0.039 2	0.000 4

小贴士

当 $n=1$ 时，二项分布即为二点分布.

请思考

俗话说“三个臭皮匠，顶个诸葛亮”，这句话到底有没有科学依据呢？如果已知诸葛亮解出题目的概率是 0.9，每个臭皮匠解出题目的概率都是 0.6，诸葛亮和臭皮匠团队哪个胜出的可能性大？诸葛亮什么时候胜出的可能性大？如果三个臭皮匠解出题目的概率不一样，又有什么规律？

3. 泊松分布

如果随机变量 X 的概率分布为

$$P(X=k)=\frac{\lambda^k}{k!}e^{-\lambda} \quad (k=0,1,2,\cdots), \quad (6-6)$$

其中 $\lambda>0$，则称 X 服从参数为 λ 的**泊松(Poisson)分布**，记为 $X\sim P(\lambda)$.

小贴士 泊松分布适用于随机试验的次数 n 很大，每次试验事件 A 发生的概率 p 很小的情况. 例如，电话总机在某段时间内的呼唤次数、商店某段时间内的客流量、一匹布上的疵点数、一定时间间隔内某路段发生的交通事故数等等，都服从泊松分布.

例 6.2.4 超市出售某种物品，已知每月的销售量 $X \sim P(4)$，求 1 个月内该物品(1)恰好售出 8 件的概率；(2)至多售出 1 件的概率.

解 因为 $\lambda=4$，从而由

$$P(X=k)=\frac{4^k}{k!}\mathrm{e}^{-4} \quad (k=0,1,2,\cdots),$$

有 (1) $P(X=8)=\frac{4^8}{8!}\mathrm{e}^{-4}\approx 0.0298$；

(2) $P(X\leqslant 1)=P(X=0)+P(X=1)=\frac{4^0}{0!}\mathrm{e}^{-4}+\frac{4^1}{1!}\mathrm{e}^{-4}\approx 0.0916$.

小贴士 可以证明：在实际计算中，当 $n\geqslant 10$，$p\leqslant 0.1$ 时，就可用泊松分布近似代替二项分布，即 $C_n^k p^k(1-p)^k \approx \frac{\lambda^k}{k!}\mathrm{e}^{-\lambda}(\lambda=np, 0<p<1)$，且 n 越大，近似程度越好.

小点睛

极限思想方法是指用极限概念分析问题和解决问题的一种数学思想. 这里利用极限做近似代替，把复杂的二项分布概率计算转化为简单的泊松分布概率计算.

例 6.2.5 在人寿保险中，若一年内某类保险者里面每个人的死亡概率等于 0.000 5，现有 10 000 个这类人参加人寿保险，求未来一年中在这些保险者里面(1) 有 20 个人死亡的概率；(2) 死亡人数不超过 10 个的概率.

解 令 X="未来一年中在这 10 000 个人里面的死亡人数"，则 $X \sim B(10\,000, 0.000\,5)$，$n=10\,000$ 很大，而 $p=0.000\,5$ 很小，

所以可以用参数 $\lambda=np=5$ 的泊松分布近似代替.

(1) $P(X=20)\approx\frac{5^{20}}{20!}\mathrm{e}^{-5}\xlongequal{\text{用计算器}}0.000\,000\,264\,1$.

(2) $P(X\leqslant 10)\approx\sum_{k=0}^{10}\frac{5^k}{k!}\mathrm{e}^{-5}\xlongequal{\text{查表}}0.986\,3$.

习题 6.2

1. 下列各表能否作为离散型随机变量的分布列？为什么？

(1)

X	-1	0	1
P	0.5	0.3	0.2

(2)

X	1	3	5
P	0.3	0.3	0.2

(3)

X	0	1	2	$\cdots$	10
P	$\frac{1}{2}$	$\frac{1}{2}\times\frac{1}{3}$	$\frac{1}{2}\times\left(\frac{1}{3}\right)^2$	$\cdots$	$\frac{1}{2}\times\left(\frac{1}{3}\right)^{10}$

2. 同时抛掷 3 枚硬币，以 X 表示出现正面的枚数，写出 X 的分布列.

3. 将一枚骰子连掷两次，以 X 表示两次所得点数之和，求 X 的分布列.

4. 口袋中有 5 张卡片，分别编号 1，2，3，4，5. 从中任取 3 张，以 X 表示取出的最大号码，求 X 的概率分布.

5. 若随机变量 X 服从二点分布，且 $P(X=1)=2P(X=0)$，求 X 的分布列.

6. 某次考试出有 10 道正误判断题，某考生随意做出了正误判断. 若记其答对的题数为 X，求 X 的概率分布.

7. 已知随机变量 $X\sim P(\lambda)$，$P(X=0)=0.4$，求参数 λ.

8. 某厂生产的棉布，每米上的疵点数服从 $\lambda=3$ 的泊松分布. 今任取一米棉布，求该棉布上(1) 无疵点的概率； (2) 有 2～3 个疵点的概率.

第三节　连续型随机变量

本节介绍连续型随机变量及其常见分布——均匀分布、指数分布、正态分布.

一、连续型随机变量及其密度函数

扫一扫可见微课
“连续性随机变量的概率密度”

定义 6.2　对于随机变量 X，若存在非负可积函数 $f(x)$ $(-\infty<x<+\infty)$，使对任意实数 $a,b(a<b)$，有

$$P(a<x\leqslant b)=\int_a^b f(x)\mathrm{d}x, \qquad (6-7)$$

则称 X 为**连续型随机变量**. 称 $f(x)$ 为 X 的概率密度函数，简称为**概率密度**或**密度函数**. 其图像称为**密度曲线**.

连续型随机变量的密度函数具有以下性质：

(1) $f(x)\geqslant 0(-\infty<x<+\infty)$； (6-8)

(2) $\int_{-\infty}^{+\infty} f(x)\mathrm{d}x = P(-\infty < x < +\infty) = 1.$ (6-9)

小贴士

式(6-7)、(6-8)、(6-9)的几何意义如图6-1所示：概率密度曲线 $y=f(x)$ 不在 x 轴的下方；随机变量 X 落在任一区间 (a,b) 的概率等于以 (a,b) 为底，曲线 $y=f(x)$ 为高的曲边梯形的面积；曲线 $y=f(x)$ 与 x 轴之间的面积为1.

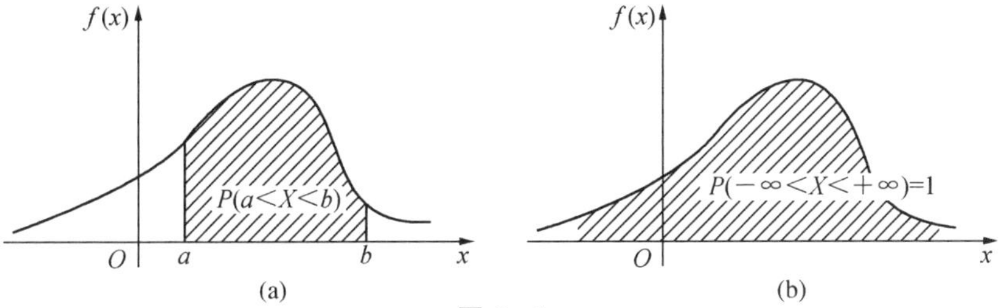

图6-1

从式(6-7)及概率的性质，可以推得 $P(X=C)=0$(C 为任意常数)，即连续型随机变量在某一点取值的概率为零，故有

$$P(a<X\leqslant b)=P(a<X<b)=P(a\leqslant X<b)=P(a\leqslant X\leqslant b)=\int_a^b f(x)\mathrm{d}x.$$

例6.3.1 设连续型随机变量 X 的密度函数为

$$f(x)=\begin{cases} a\cos x & -\frac{\pi}{2}<x<\frac{\pi}{2}, \\ 0 & \text{其他} \end{cases}$$

(1) 求常数 a；

(2) 求随机变量 X 落在区间 $(0,\frac{\pi}{4})$ 内的概率.

解 (1) 由式(6-9)，有

$$\int_{-\infty}^{+\infty} f(x)\mathrm{d}x = a\int_{-\frac{\pi}{2}}^{\frac{\pi}{2}}\cos x\mathrm{d}x = a\sin x\Big|_{-\frac{\pi}{2}}^{\frac{\pi}{2}} = 2a = 1,$$

所以 $a=\frac{1}{2}$.

(2) $P\left(0<X<\frac{\pi}{4}\right)=\frac{1}{2}\int_0^{\frac{\pi}{4}}\cos x\mathrm{d}x=\frac{1}{2}\sin x\Big|_0^{\frac{\pi}{4}}=\frac{\sqrt{2}}{4}.$

二、几种常见的连续型随机变量的概率分布

1. 均匀分布

如果随机变量 X 的密度函数为

$$f(x)=\begin{cases}\dfrac{1}{b-a} & a\leqslant x\leqslant b\\ 0 & 其他\end{cases}, \tag{6-10}$$

则称 X 在区间 $[a,b]$ 上服从**均匀分布**，记为 $X\sim U(a,b)$（如图 6-2(a)）.

> 小贴士
>
> 若 $[c,d]\subset[a,b]$，则 $P(c\leqslant X\leqslant d)=\int_c^d \dfrac{1}{b-a}\mathrm{d}x=\dfrac{d-c}{b-a}$，即 X 落在区间 $[c,d]$ 内的概率只与区间 $[c,d]$ 的长度 $d-c$ 有关，而与 $[c,d]$ 在 $[a,b]$ 内的位置无关（如图 6-2(b)）.

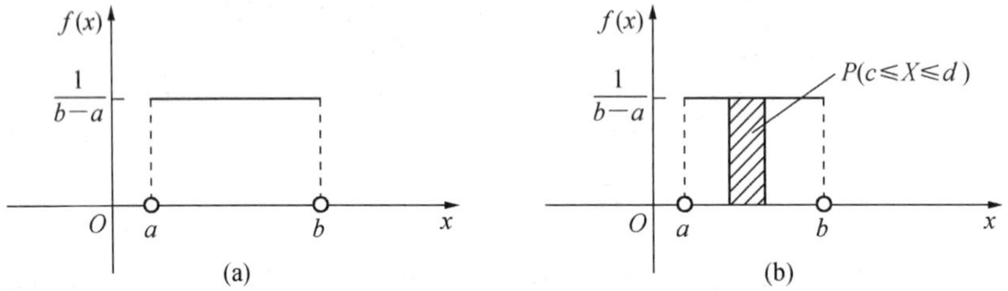

图 6-2

例 6.3.2 设某一时间段内的任意时刻，乘客来到公共汽车站是等可能的. 若每隔 5 分钟来一趟车，则乘客候车的时间 X 服从均匀分布. 求 X 的密度函数及候车时间不超过 3 分钟的概率.

解 显然，乘客候车时间 $X\sim U(0,5)$，所求的密度函数为

$$f(x)=\begin{cases}\dfrac{1}{5} & 0\leqslant x\leqslant 5\\ 0 & 其他\end{cases}.$$

候车时间不超过 3 分钟的概率为 $P(X\leqslant 3)=\int_0^3 \dfrac{1}{5}\mathrm{d}x=\dfrac{3}{5}$.

2. 指数分布

如果随机变量 X 的密度函数为

$$f(x)=\begin{cases}\lambda \mathrm{e}^{-\lambda x} & x>0\\ 0 & x\leqslant 0\end{cases}, \tag{6-11}$$

其中，λ 为大于零的常数，则称 X 服从参数为 λ 的**指数分布**，记为 $X\sim E(\lambda)$.

> 小贴士
>
> 指数分布在可靠性理论中有着广泛的应用，如电子元件、宝石轴承、动植物的寿命和随机服务系统中的服务时间等等，都可用指数分布来描述.

例 6.3.3 设修理某机器所用的时间 X 服从参数为 0.5（小时）的指数分布，求在机器出现故障时，在一小时内可以修好的概率.

解 根据题意，X 的概率密度为

$$f(x)=\begin{cases}0.5e^{-0.5x} & x>0\\ 0 & x\leqslant 0\end{cases}.$$

故所求概率为

$$P(0<X<1)=\int_0^1 0.5e^{-0.5x}dx=1-e^{-0.5}.$$

3. 正态分布

若随机变量 X 的概率密度为

$$f(x)=\frac{1}{\sqrt{2\pi}\sigma}e^{-\frac{(x-\mu)^2}{2\sigma^2}},\text{其中 }\mu,\sigma>0\text{ 为参数},-\infty<x<+\infty,\tag{6-12}$$

则称 X 服从参数为 μ,σ 的**正态分布**，记为 $X\sim N(\mu,\sigma^2)$. 此时，也称 X 为正态变量.

正态分布的密度函数的图形称为正态曲线. 如图 6-3(a)所示：它是一个钟形曲线，$x=\mu$ 为其对称轴，且 $x=\mu$ 时函数取得最大值. σ 越小，曲线越陡峭；σ 越大，曲线越平缓.

若参数 $\mu=0,\sigma=1$，即 $X\sim N(0,1)$，则称其为标准正态分布，其概率密度为

$$\varphi(x)=\frac{1}{\sqrt{2\pi}}e^{-\frac{x^2}{2}}\quad(-\infty<x<+\infty).\tag{6-13}$$

其图形称为标准正态曲线(如图 6-3(b)).

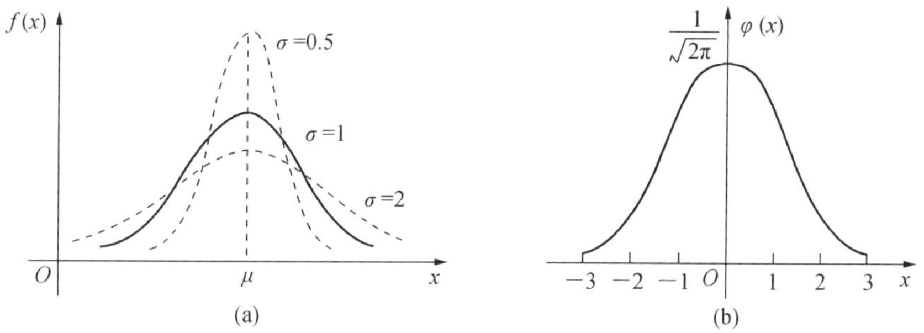

图 6-3

> **小贴士**
>
> 正态分布是概率论中最重要的一种分布，它的应用也最为广泛. 在自然和社会现象中，大量的随机变量都服从或近似服从正态分布. 例如，各种测量误差、各种产品的质量指标、人的身高或体重、正常情况下学生的考试成绩等都服从正态分布. 另外，经验表明，如果一个变量由大量独立、微小且均匀的随机因素叠加而成，那么它就近似服从正态分布.

习题 6.3

1. 确定下列函数中的常数 k，使之成为连续型随机变量的密度函数.

(1) $f(x)=\dfrac{k}{1+x^2}$，$-\infty<x<+\infty$；

(2) $f(x)=\begin{cases} k(2x-x^2) & 0<x<2 \\ 0 & \text{其他} \end{cases}$.

2. 已知某连续型随机变量 X 的密度函数为

$$f(x)=\begin{cases} \dfrac{1}{2}\cos x & |x|<\dfrac{\pi}{2} \\ 0 & \text{其他} \end{cases}.$$

(1) 绘出密度曲线；

(2) 求 $P(-\frac{\pi}{4}\leqslant X\leqslant\frac{\pi}{3})$，$P(X>-\frac{\pi}{4})$.

3. 设 X 在$[0,10]$上服从均匀分布，求 $P(X<3)$，$P(X\geqslant 6)$，$P(3<X\leqslant 8)$.

4. 设 $X\sim U(2,5)$，现在对 X 进行 3 次独立观测，求至少有两次观测值大于 3 的概率.

5. 设 $Y\sim U(0,5)$，求方程 $4x^2+4Yx+Y+2=0$ 有实根的概率.

6. 设 X 服从指数分布，其密度函数为

$$f(x)=\begin{cases} \lambda e^{-0.25x} & x>0 \\ 0 & x\leqslant 0 \end{cases}.$$

(1) 求 λ 的值；(2)求 $P(X\geqslant 4)$，$P(0<X\leqslant 8)$.

7. 设某台 VCD 机在发生故障前正常使用的时间 X 服从参数为$\dfrac{1}{1\,500}$的指数分布，试求这台机器正常使用至少 1 000 小时的概率.

8. 设顾客在某银行的窗口等待服务的时间 X(单位:分钟)服从参数 $\lambda=\dfrac{1}{5}$的指数分布. 某顾客在窗口等待服务，若超过 10 分钟，他就离开. 他一个月要到银行 5 次，以 Y 表示他未等到服务而离开窗口的次数. 写出 Y 的分布列，并求 $P(Y\geqslant 1)$.

第四节　随机变量的分布函数

前面我们用分布列描述离散型随机变量的统计规律，用密度函数刻画连续性随机变量. 本节将从另外一个角度描述随机变量的概率分布，下面引入分布函数的概念.

一、分布函数

分布列和密度函数分别刻画了离散型随机变量和连续型随机变量概率分布的规律性. 实际上，还存在一个描述两类随机变量的概率分布的统一方式——分布函数.

定义 6.3　设 X 是随机变量，函数

$$F(x)=P(X\leqslant x)\ (-\infty<x<+\infty) \tag{6-14}$$

称为随机变量 X 的**分布函数**.

> **小贴士** 由定义 6.3 可知,分布函数是一个普通函数,其定义域是实数集 **R**. $F(x)$的值不是 X 取值于 x 时的概率,而是 X 在区间$(-\infty,x]$上取值的"累积概率"的值.

显然,分布函数具有如下性质:

(1) $0\leqslant F(x)\leqslant 1$;

(2) $F(x)$为 x 的单调不减函数,即对任意 $x_1<x_2$,有 $F(x_1)\leqslant F(x_2)$;

(3) $F(-\infty)=\lim\limits_{x\to-\infty}F(x)=0$, $F(+\infty)=\lim\limits_{x\to+\infty}F(x)=1$;

(4) $P(a<X\leqslant b)=P(X\leqslant b)-P(X\leqslant a)=F(b)-F(a)$. (6-15)

特别地,$P(X>a)=1-P(X\leqslant a)=1-F(a)$. (6-16)

由性质(4)可知,如果随机变量 X 的分布函数已知,则 X 落入区间$(a,b]$的概率可求,分布函数不仅能充分刻画随机变量的分布,而且能将许多概率问题转化为函数问题,使相关计算得以简化.

二、离散型随机变量的分布函数

设 X 为离散型随机变量,其概率分布为 $P(X=x_k)=p_k(k=1,2,\cdots)$,则 X 的分布函数为

$$F(x)=P(X\leqslant x)=\sum_{x_k\leqslant x}p_k. \tag{6-17}$$

例 6.4.1 设 X 的分布列为

X	0	1	2
P	0.5	0.3	0.2

(1) 求 X 的分布函数 $F(x)$;

(2) 作出分布函数 $F(x)$的图形;

(3) 求 $P(0<X\leqslant 1)$,$P(0<X<1)$及 $P(0\leqslant X\leqslant 1)$.

解 (1) 因为 $F(x)=P(X\leqslant x)\ (X=0,1,2)$,所以

当 $x<0$ 时,$X\leqslant x$ 是不可能事件,所以 $F(x)=P(X\leqslant x)=P(\varnothing)=0$;

当 $0\leqslant x<1$ 时,$F(x)=P(X\leqslant x)=P(X=0)=0.5$;

当 $1\leqslant x<2$ 时,$F(x)=P(X\leqslant x)=P(X=0)+P(X=1)=0.5+0.3=0.8$;

当 $x\geqslant 2$ 时, $X\leqslant x$ 是必然事件,所以 $F(x)=P(X\leqslant x)=P(\Omega)=1$.

从而,随机变量 X 的分布函数为

$$F(x)=\begin{cases}0 & x<0\\ 0.5 & 0\leqslant x<1\\ 0.8 & 1\leqslant x<2\\ 1 & x\geqslant 2\end{cases}.$$

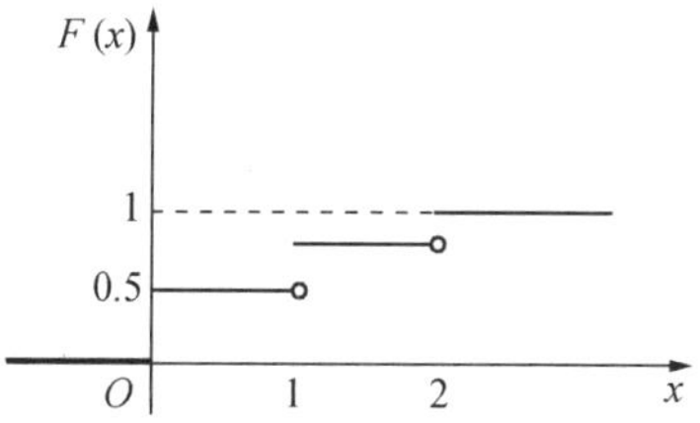

图 6-4

(2) 分布函数 $F(x)$的图形如图 6-4 所示.

(3) $P(0<X\leqslant 1)=F(1)-F(0)=0.8-0.5=0.3$;

$P(0<X<1)=P(0<X\leqslant 1)-P(X=1)=0.3-0.3=0$;

$P(0\leqslant X\leqslant 1)=P(X=0)+P(0<X\leqslant 1)=0.5+0.3=0.8$.

小贴士

离散型随机变量的分布函数一定是分段函数.必须注意的是,上述分段函数中的有限区间一定是左闭右开区间.

三、连续型随机变量的分布函数

设 X 为连续型随机变量,其概率密度函数为 $f(x)$,则 X 的分布函数为

$$F(x)=P(X\leqslant x)=\int_{-\infty}^{x}f(t)\mathrm{d}t. \tag{6-18}$$

小贴士

分布函数 $F(x)$ 是一个变上限的无穷积分,由微积分知识可知,在 $f(x)$ 的连续点 x 处,有

$$F'(x)=f(x). \tag{6-19}$$

也就是说,如果密度函数连续,则密度函数是分布函数的导数.

例 6.4.2 设随机变量 X 在区间 $[a,b]$ 上服从均匀分布.

(1) 求 X 的分布函数 $F(x)$;

(2) 作出密度函数 $f(x)$ 和分布函数 $F(x)$ 的图形;

(3) 求 $P(a<X\leqslant 2)$ $(a<2<b)$.

解 (1) X 的密度函数为

$$f(x)=\begin{cases}\dfrac{1}{b-a} & a\leqslant x\leqslant b\\ 0 & 其他\end{cases}.$$

当 $x<a$ 时,$F(x)=\int_{-\infty}^{x}f(t)\mathrm{d}t=\int_{-\infty}^{x}0\mathrm{d}t=0$;

当 $a\leqslant x<b$ 时,$F(x)=\int_{-\infty}^{x}f(t)\mathrm{d}t=\int_{-\infty}^{a}0\mathrm{d}t+\int_{a}^{x}\dfrac{1}{b-a}\mathrm{d}t=\dfrac{x-a}{b-a}$;

当 $x\geqslant b$ 时,$F(x)=\int_{-\infty}^{x}f(t)\mathrm{d}t=\int_{-\infty}^{a}0\mathrm{d}t+\int_{a}^{b}\dfrac{1}{b-a}\mathrm{d}t+\int_{b}^{x}0\mathrm{d}t=1$.

(2) $f(x)$ 和 $F(x)$ 的图形如图 6-5 所示.

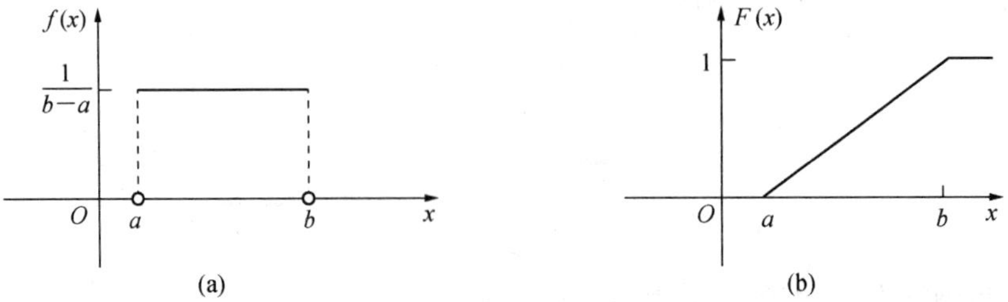

图 6-5

(3) $P(a<X\leqslant 2)=F(2)-F(a)=\dfrac{2-a}{b-a}-\dfrac{a-a}{b-a}=\dfrac{2-a}{b-a}$

或
$$P(a<X\leqslant 2)=\int_a^2\frac{1}{b-a}\mathrm{d}x=\frac{2-a}{b-a}.$$

例 6.4.3 随机变量 X 的分布函数是 $F(x)=A+B\arctan x$，求：

(1) 常数 A,B；(2) $P(-1<X<1)$；(3) X 的密度函数.

解 (1) 因为 $F(x)$ 是 X 的分布函数，所以
$$\lim_{x\to-\infty}F(x)=0,\ \lim_{x\to+\infty}F(x)=1.$$
即
$$\lim_{x\to-\infty}(A+B\arctan x)=A-\frac{\pi}{2}B=0,$$
$$\lim_{x\to+\infty}(A+B\arctan x)=A+\frac{\pi}{2}B=1.$$
解得 $A=\dfrac{1}{2}$，$B=\dfrac{1}{\pi}$，所以分布函数
$$F(x)=\frac{1}{2}+\frac{1}{\pi}\arctan x.$$

(2) $P(-1<X<1)=F(1)-F(-1)=\left(\dfrac{1}{2}+\dfrac{1}{\pi}\arctan 1\right)-\left(\dfrac{1}{2}-\dfrac{1}{\pi}\arctan 1\right)=\dfrac{1}{2}.$

(3) 对任意 $x\in(-\infty,+\infty)$，因为分布函数 $F(x)$ 可导，所以根据式(6-19)，X 的密度函数为
$$f(x)=F'(x)=\left(\frac{1}{2}+\frac{1}{\pi}\arctan x\right)'=\frac{1}{\pi(1+x^2)}.$$

四、正态分布的概率计算

1. 标准正态分布的概率计算

当 X 服从标准正态分布时，记其分布函数为 $\Phi(x)$，即
$$\Phi(x)=P(X\leqslant x)=\int_{-\infty}^{x}\varphi(t)\mathrm{d}t=\int_{-\infty}^{x}\frac{1}{\sqrt{2\pi}}\mathrm{e}^{-\frac{1}{2}t^2}\mathrm{d}t.$$

根据式(6-15)，有
$$P(a<X\leqslant b)=\Phi(b)-\Phi(a). \tag{6-20}$$

由于 $\varphi(x)$ 是偶函数(如图 6-6(a))，故有
$$\Phi(-x)=1-\Phi(x). \tag{6-21}$$

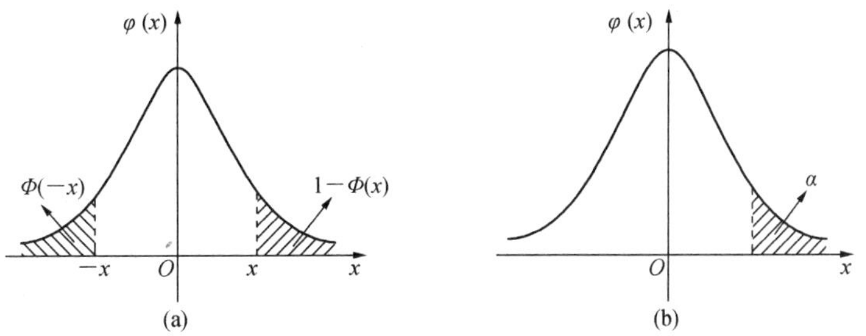

图 6-6

小点睛

数形结合思想在数学中有着广泛应用,将抽象的数学语言与直观的图形相结合,通过数与形的联系与转化来研究和解决数学问题.

数学工作者编制了 $\Phi(x)$ 的近似数值表,称为标准正态分布函数数值表.因此,标准正态分布的概率计算只要查表即可.

例 6.4.4 设 $X\sim N(0,1)$,求 $P(1<X<2)$,$P(-1<X<1)$,$P(X\geqslant 1)$.

解 $P(1<X<2)=\Phi(2)-\Phi(1)=0.9772-0.8413=0.1359$;

$P(-1<X<1)=\Phi(1)-\Phi(-1)=2\Phi(1)-1=2\times 0.8413-1=0.6826$;

$P(X\geqslant 1)=1-P(X<1)=1-0.8413=0.1587$.

当随机变量 $X\sim N(0,1)$,对给定的 $\alpha(0<\alpha<1)$,称满足

$$P(X>U_\alpha)=\alpha$$

的 U_α 为**标准正态分布的上 α 分位数**,它的值可以通过反查 $\Phi(x)$ 的近似数值表得到,如图 6-6(b)所示.例如 $\alpha=0.05$ 时,$U_{0.05}=1.645$.

2. 一般正态分布的概率计算

请思考

一般正态分布与标准正态分布之间有什么关系?为什么?

一般正态分布的概率计算可以转化为标准正态的概率计算.若 $X\sim N(\mu,\sigma^2)$,设 $Y=\dfrac{X-\mu}{\sigma}$,可以证明 $Y\sim N(0,1)$,Y 称为 X 的标准化随机变量,即任何正态分布均可标准化为标准正态分布 $N(0,1)$.

小贴士

令 $t=\dfrac{x-\mu}{\sigma}$,从而有

$$P(a<X\leqslant b)=\int_a^b \frac{1}{\sqrt{2\pi}\sigma}\mathrm{e}^{-\frac{(x-\mu)^2}{2\sigma^2}}\mathrm{d}x=\int_{\frac{a-\mu}{\sigma}}^{\frac{b-\mu}{\sigma}} \frac{1}{\sqrt{2\pi}}\mathrm{e}^{-\frac{1}{2}t^2}\mathrm{d}t=\Phi\left(\frac{b-\mu}{\sigma}\right)-\Phi\left(\frac{a-\mu}{\sigma}\right),$$

则 $F(x)=\Phi\left(\dfrac{x-\mu}{\sigma}\right)$,$F(b)=\Phi\left(\dfrac{b-\mu}{\sigma}\right)$,$F(a)=\Phi\left(\dfrac{a-\mu}{\sigma}\right)$.

例 6.4.5 设 $X\sim N(1.5,2^2)$,求 $P(-4<X<3.5)$.

解
$$\begin{aligned}P(-4<X<3.5)&=\Phi\left(\frac{3.5-1.5}{2}\right)-\Phi\left(\frac{-4-1.5}{2}\right)\\&=\Phi(1)-\Phi(-2.75)=0.8413-[1-\Phi(2.75)]\\&=0.8413-(1-0.9970)=0.8383.\end{aligned}$$

例 6.4.6 已知某单位职工的月奖金 $X\sim N(400,40^2)$(单位:元),求该单位职工某月获得奖金不低于 300 元的概率.

解 由于 $X\sim N(400,40^2)$，所以

$$P(X\geqslant 300)=1-P(X<300)=1-\Phi\left(\frac{300-400}{40}\right)$$
$$=1-\Phi(-2.5)=\Phi(2.5)=0.993\ 8.$$

例 6.4.7 设随机变量 $X\sim N(\mu,\sigma^2)$，求 $P(|X-\mu|<k\sigma)$ $(k=1,2,3)$.

解 $$P(|X-\mu|<\sigma)=P(\mu-\sigma<X<\mu+\sigma)=\Phi\left(\frac{\mu+\sigma-\mu}{\sigma}\right)-\Phi\left(\frac{\mu-\sigma-\mu}{\sigma}\right)$$
$$=\Phi(1)-\Phi(-1)=2\Phi(1)-1=0.682\ 6.$$

类似地，有

$$P(|X-\mu|<2\sigma)=2\Phi(2)-1=0.954\ 4.$$
$$P(|X-\mu|<3\sigma)=2\Phi(3)-1=0.997\ 4.$$

上式说明，服从正态分布 $N(\mu,\sigma^2)$ 的随机变量的取值约有 99.7% 的概率落入区间 $(\mu-3\sigma,\mu+3\sigma)$ 内，仅有 0.3% 左右的概率落入区间 $(\mu-3\sigma,\mu+3\sigma)$ 外. 这就是统计中经常使用的所谓"3σ"原则(如图 6－7).

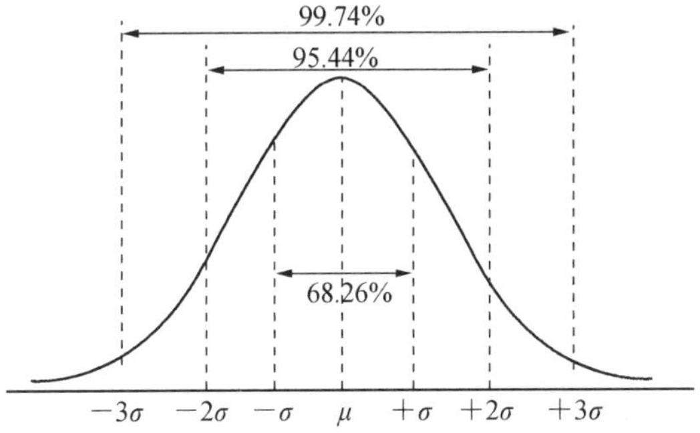

图 6－7

习题 6.4

1. 已知随机变量 X 的分布列为

X	-1	0	1
P	0.3	0.4	0.3

(1) 求 X 的分布函数 $F(x)$，并作出 $F(x)$ 的图形；

(2) 求 $P(-1<X\leqslant 1)$ 和 $P(X\geqslant 1)$.

2. 某型号电子管的寿命 X(单位：h)为一随机变量，其密度函数为

$$f(x)=\begin{cases}\dfrac{100}{x^2} & x\geqslant 100\\ 0 & \text{其他}\end{cases}.$$

(1) 求 X 的分布函数 $F(x)$，并作出 $F(x)$ 的图形；

(2) 若一无线电器材上配有三个这样的电子管，试计算该无线电器材使用 150 h 内不

需要更换电子管的概率.

3. 随机变量 X 的概率密度函数为

$$f(x)=\begin{cases}\dfrac{\cos x}{2} & |x|\leqslant\dfrac{\pi}{2}\\ 0 & 其他\end{cases}.$$

求:(1) X 的分布函数;(2) X 落在 $(0,\dfrac{\pi}{4})$内的概率.

4. 设随机变量 $X\sim U(2,5)$. 求:(1)X 的分布函数;(2)$P(2\leqslant X\leqslant 4)$.

5. 设 $F_1(x)$,$F_2(x)$分别为随机变量 X_1 和 X_2 的分布函数,且 $F(x)=aF_1(x)-bF_2(x)$ 也是某一随机变量的分布函数,证明 $a-b=1$.

6. 设 $X\sim N(3,2^2)$.

(1) 求 $P(2<X\leqslant 5)$,$P(|X|\leqslant 2)$,$P(X>3)$;

(2) 确定常数 C,使得 $P(X>C)=P(X\leqslant C)$.

7. 某机器生产的螺栓长度 X(单位:厘米)服从正态分布 $N(10.05,0.06^2)$,规定长度在范围 10.05 ± 0.12 内为合格,求任取一螺栓不合格的概率.

8. 测量距离时产生的随机误差 X(单位:厘米)服从正态分布 $N(20,40^2)$. 现在进行 3 次独立测量,求:

(1) 至少有一次误差绝对值不超过 30 厘米的概率;

(2) 只有一次误差绝对值不超过 30 厘米的概率.

第五节　随机变量的数字特征

随机变量的分布能够完整地描述随机变量的统计规律性. 事实上,有时候只需要知道随机变量的某些数字特征即可. 本节将介绍其中两个基本的数字特征——数学期望和方差.

【分赌本问题】

1654 年,职业赌徒德・梅累向法国数学家帕斯卡(B. Pascal,1623—1662)提出一个使他苦恼很久的分赌本问题:甲、乙两赌徒赌技相同,各出赌注 50 法郎,每局中无平局. 他们约定,谁先赢三局则得到全部 100 法郎的赌本. 当甲赢了两局,乙赢了一局时,因故要中止赌博. 现问这 100 法郎如何分才算公平?

帕斯卡与另一位法国数学家费马(Fermat, 1601—1665)在一系列通信中就这一问题展开了讨论. 事实上,很容易设想出以下两种分法:(1) 甲得 $100\cdot\dfrac{1}{2}$法郎,乙得 $100\cdot\dfrac{1}{2}$法郎;(2) 甲得 $100\cdot\dfrac{2}{3}$法郎,乙得 $100\cdot\dfrac{1}{3}$法郎.

第一种分法考虑到甲、乙两人赌技相同,就平均分配,没有照顾到甲已经比乙多赢一局这一个现实,对甲显然是不公平的. 第二种分法不但照顾到了“甲、乙赌技相同”这一前提,还尊重了已经进行的三局比赛结果,当然更公平一些. 但是,第二种分法还是没有考虑到如果继续比下去的话会出现什么情形,即没有照顾两人在现有基础上对比赛结果的一种期待.

那么,这更合理的第三种分法又该怎样分呢?

试想,假如能继续比下去的话,至多再有两局必可结束.若接下来的第四局甲胜(概率为$\frac{1}{2}$),则甲赢得所有赌注;若乙胜,还要再比第五局,当且仅当甲胜这一局时,甲赢得所有赌注(这两局出现此种情形的概率为$\frac{1}{2}\cdot\frac{1}{2}=\frac{1}{4}$).若设甲的最终所得为 X,则

$$P(X=100)=\frac{1}{2}+\frac{1}{4}=\frac{3}{4}.$$

于是,X 的分布律为

X	0	100
P	$\frac{1}{4}$	$\frac{3}{4}$

从而甲的"期望"所得应为 $0\cdot\frac{1}{4}+100\cdot\frac{3}{4}=75$ 法郎,乙的"期望"所得应为 $100-75=25$ 法郎.这种方法照顾到了已赌结果,又包括了再赌下去的一种"期望",它自然比前两种方法都更为合理,使甲、乙双方都乐于接受.

这就是"数学期望"这个名称的由来,其实这个名称改为"均值"会更形象易懂一些,对上例而言,也就是再赌下去的话,甲"平均"可以赢 75 法郎.

后来,帕斯卡和费马的通信引起了荷兰数学家惠更斯(C. Huygens,1629—1695)的兴趣,后者在 1657 年发表的《论赌博中的计算》是最早的概率论著作.这些数学家的著述中所出现的第一批概率论概念(如数学期望)与定理(如概率加法、乘法定理)标志着概率论的诞生.

一、数学期望

1. 离散型随机变量的数学期望

例 6.5.1 为了测试一批种子发芽所需的平均天数,随机抽取 100 粒种子进行发芽试验,其中发芽的有 98 粒,有关种子发芽的情况见下表,求种子发芽所需的平均天数.

发芽的天数	1	2	3	4	5	6
发芽种子数	11	21	35	20	9	2

解 98 粒种子发芽所需的平均天数为

$$\begin{aligned}\bar{x}&=\frac{1}{98}(1\times11+2\times21+3\times35+4\times20+5\times9+6\times2)\\&=1\times\frac{11}{98}+2\times\frac{21}{98}+3\times\frac{35}{98}+4\times\frac{20}{98}+5\times\frac{9}{98}+6\times\frac{2}{98}\\&\approx3(\text{天}).\end{aligned}$$

必须指出:虽然 98 粒种子发芽分别用了 1~6 天,由于每天发芽的种子数并不相同,所以 98 粒种子发芽所需的平均天数并不是$\frac{1+2+3+4+5+6}{6}=3.5$(天).

这是因为如果以 X 表示种子发芽的天数，则 1,2,3,4,5,6 表示 X 的可能取值，而$\frac{11}{98}$，$\frac{21}{98}$，$\frac{35}{98}$，$\frac{20}{98}$，$\frac{9}{98}$，$\frac{2}{98}$可视为 X 取相应值的概率. 也就是说，上例中的平均值(天数)是随机变量 X 的一切可能取值与其相应的概率乘积的总和，即以概率为权重的加权平均值. 这便是概率论的一个重要概念——数学期望.

定义 6.4 设离散型随机变量 X 的概率分布为 $P(X=x_k)=p_k(k=1,2,\cdots)$，如果级数 $\sum_{k=1}^{\infty}|x_k|p_k$ 收敛，则称级数 $\sum_{k=1}^{\infty}x_kp_k$ 为 X 的**数学期望**，简称**期望**或**均值**，记为 $E(X)$，即

$$E(X)=\sum_{k=1}^{\infty}x_kp_k. \tag{6-22}$$

若离散型随机变量 X 的函数 $Y=g(X)$ 的数学期望存在，则有

$$E[g(X)]=\sum_{k=1}^{\infty}g(x_k)p_k, \tag{6-23}$$

其中，$P(X=x_k)=p_k(k=1,2,\cdots)$ 是 X 的概率分布.

例 6.5.2 下面解决本章开始的第二个案例.

解 设商场该日在商场外搞促销活动预期获得的经济收益为 X，则

X	12	-5
P	0.6	0.4

$$E(X)=12\times0.6+(-5)\times0.4=5.2.$$

即在商场外搞促销活动预期获得的平均经济收益为 5.2 万元，超过在商场内搞促销活动的经济收益，故应选择在商场外搞促销活动.

例 6.5.3 设随机变量的分布列为

X	-1	0	1	2
P	0.1	0.3	0.4	0.2

且 $Y_1=2X+1$，$Y_2=X^2$，求 $E(Y_1)$ 和 $E(Y_2)$.

解
$$\begin{aligned}E(Y_1)&=E(2X+1)\\&=[2\times(-1)+1]\times0.1+(2\times0+1)\times0.3+(2\times1+1)\times0.4+(2\times2+1)\times0.2\\&=2.4.\end{aligned}$$

$$E(Y_2)=E(X^2)=(-1)^2\times0.1+0^2\times0.3+1^2\times0.4+2^2\times0.2=1.3.$$

2. 连续型随机变量的数学期望

定义 6.5 设连续型随机变量 X 的密度函数为 $f(x)$，如果积分$\int_{-\infty}^{+\infty}|x|f(x)\mathrm{d}x$ 收敛，则称积分$\int_{-\infty}^{+\infty}xf(x)\mathrm{d}x$ 为随机变量 X 的**数学期望**，简称**期望**或**均值**，记为 $E(X)$，即

$$E(X)=\int_{-\infty}^{+\infty} xf(x)\mathrm{d}x. \tag{6-24}$$

若连续型随机变量 X 的函数 $Y=g(X)$的数学期望存在,则有

$$E[g(X)]=\int_{-\infty}^{+\infty} g(x)f(x)\mathrm{d}x. \tag{6-25}$$

其中, $f(x)$是 X 的密度函数.

例 6.5.4 设随机变量 X 的密度函数为 $f(x)=\begin{cases}\dfrac{1}{a} & 0<x<a \\ 0 & 其他\end{cases}$. 求 X 和 $Y=X^2$ 的数学期望.

解 $E(X)=\int_{-\infty}^{+\infty} xf(x)\mathrm{d}x=\int_0^a \dfrac{1}{a}x\mathrm{d}x=\dfrac{1}{2a}x^2\Big|_0^a=\dfrac{a}{2}.$

$E(Y)=E(X^2)=\int_{-\infty}^{+\infty} x^2f(x)\mathrm{d}x=\int_0^a \dfrac{1}{a}x^2\mathrm{d}x=\dfrac{1}{3a}x^3\Big|_0^a=\dfrac{a^2}{3}.$

例 6.5.5 已知某种电子元件的使用寿命(单位:h)服从指数分布,其密度函数为

$$f(x)=\begin{cases}\dfrac{1}{2\,500}\mathrm{e}^{-\frac{1}{2\,500}x} & x>0 \\ 0 & x\leqslant 0\end{cases}.$$

求该种电子元件的平均使用寿命.

解 设该种电子元件的使用寿命为随机变量 X,则

$$E(X)=\int_{-\infty}^{+\infty} xf(x)\mathrm{d}x=\int_0^{+\infty} x\cdot\frac{1}{2\,500}\mathrm{e}^{-\frac{1}{2\,500}x}\mathrm{d}x=-\int_0^{+\infty} x\mathrm{d}(\mathrm{e}^{-\frac{1}{2\,500}x})$$

$$=-(x\mathrm{e}^{-\frac{1}{2\,500}x}+2\,500\mathrm{e}^{-\frac{1}{2\,500}x})\Big|_0^{+\infty}=2\,500(\mathrm{h}),$$

即该种电子元件的平均使用寿命为 2 500 h.

3. 数学期望的性质

性质 6.1 若 C 为常数, 则 $E(C)=C$.

性质 6.2 若 C 为常数, 则 $E(CX)=CE(X)$.

性质 6.3 对任意随机变量 X,Y,有 $E(X+Y)=E(X)+E(Y)$.

性质 6.4 若随机变量 X 与 Y 相互独立,则 $E(XY)=E(X)E(Y)$.

例 6.5.6 设随机变量 X,Y 的数学期望分别为 $E(X)=2,E(Y)=3$,求 $E(2X-3Y)$.

解 根据数学期望的性质,

$$E(2X-3Y)=2E(X)-3E(Y)=-5.$$

二、方差

1. 方差的概念

例 6.5.7 两台生产同一种产品的车床,某天所生产的产品中次品数的概率分布分

别为

X	0	1	2	3
P	0.4	0.2	0.3	0.1

Y	0	1	2	3
P	0.4	0.3	0.1	0.2

假设两台车床的产量相同,试比较两者的性能.

解 比较两台车床所生产次品数的数学期望:

$$E(X)=0\times0.4+1\times0.2+2\times0.3+3\times0.1=1.1;$$
$$E(Y)=0\times0.4+1\times0.3+2\times0.1+3\times0.2=1.1.$$

请思考

两者所生产的平均次品数相同,分不出性能高低. 怎么办?

随机变量 X 的数学期望体现了 X 取值的平均,它是随机变量的一个重要的数字特征,然而在许多实际问题中,还需要知道随机变量 X 取值与其均值的偏离程度. 为此,有以下定义.

定义 6.6 设 X 为随机变量,若 $[X-E(X)]^2$ 的数学期望存在,则称其为随机变量 X 的**方差**,记为 $D(X)$,即

$$D(X)=E\{[X-E(X)]^2\}, \tag{6-26}$$

称 $\sqrt{D(X)}$ 为 X 的**标准差**或**均方差**.

若 X 为离散型随机变量,则

$$D(X)=\sum_{k=1}^{\infty}[x_k-E(X)]^2 p_k, \tag{6-27}$$

其中, $P(X=x_k)=p_k(k=1,2,\cdots)$是 X 的概率分布.

若 X 为连续型随机变量,则

$$D(X)=\int_{-\infty}^{+\infty}[x-E(X)]^2 f(x)\mathrm{d}x, \tag{6-28}$$

其中, $f(x)$是 X 的密度函数.

方差的计算除直接采用定义外,还有公式

$$D(X)=E(X^2)-[E(X)]^2. \tag{6-29}$$

小贴士

根据数学期望的性质有

$$\begin{aligned}D(X)&=E\{[X-E(X)]^2\}=E\{X^2-2XE(X)+[E(X)]^2\}\\&=E(X^2)-2E(X)E(X)+[E(X)]^2=E(X^2)-[E(X)]^2.\end{aligned}$$

例 6.5.8 继续例 6.5.7,再计算次品数的方差.

解 $E(X^2)=0^2\times0.4+1^2\times0.2+2^2\times0.3+3^2\times0.1=2.3;$

$E(Y^2)=0^2\times0.4+1^2\times0.3+2^2\times0.1+3^2\times0.2=2.5.$

$D(X)=E(X^2)-[E(X)]^2=2.3-1.1^2=1.09$;

$D(Y)=E(Y^2)-[E(Y)]^2=2.5-1.1^2=1.29.$

由于第一台车床的方差较小,所以它的性能比较好.

例 6.5.9 设随机变量 X 服从参数为 λ 的指数分布,求 $D(X)$.

解 随机变量 X 的密度函数为

$$f(x)=\begin{cases}\lambda e^{-\lambda x} & x>0\\ 0 & x\leqslant 0\end{cases}.$$

因为

$$E(X)=\int_{-\infty}^{+\infty}xf(x)dx=\int_0^{+\infty}x\cdot\lambda e^{-\lambda x}dx=-\int_0^{+\infty}x de^{-\lambda x}$$

$$=-xe^{-\lambda x}\Big|_0^{+\infty}+\int_0^{+\infty}e^{-\lambda x}dx=-\frac{1}{\lambda}e^{-\lambda x}\Big|_0^{+\infty}=\frac{1}{\lambda},$$

$$E(X^2)=\int_{-\infty}^{+\infty}x^2f(x)dx=\int_0^{+\infty}x^2\cdot\lambda e^{-\lambda x}dx=-\int_0^{+\infty}x^2 de^{-\lambda x}$$

$$=-x^2e^{-\lambda x}\Big|_0^{+\infty}+2\int_0^{+\infty}xe^{-\lambda x}dx=\frac{2}{\lambda}\int_0^{+\infty}x\cdot\lambda e^{-\lambda x}dx=\frac{2}{\lambda^2},$$

所以方差为

$$D(X)=E(X^2)-[E(X)]^2=\frac{2}{\lambda^2}-\frac{1}{\lambda^2}=\frac{1}{\lambda^2}.$$

2. 方差的性质

性质 6.5 若 C 为常数, 则 $D(C)=0$.

性质 6.6 若 C 为常数, 则 $D(CX)=C^2D(X)$.

性质 6.7 若随机变量 X,Y 相互独立,则有 $D(X+Y)=D(X)+D(Y)$.

数学期望和方差在概率统计中经常用到,为便于应用,将几个常用分布的数学期望和方差汇集于表 6-3.

表 6-3 常用分布的数字特征

名称	概率分布或密度函数	参数范围	期望	方差
二点分布 $X\sim(0-1)$	$P(X=1)=p,P(X=0)=q$	$0<p<1,p+q=1$	p	pq
二项分布 $X\sim B(n,p)$	$P(X=k)=C_n^kp^k(1-p)^{n-k}$ $(k=0,1,\cdots,n)$	$0<p<1,p+q=1,n\in\mathbf{N}$	np	npq
泊松分布 $X\sim P(\lambda)$	$P(X=k)=\frac{\lambda^k}{k!}e^{-\lambda}$ $(k=0,1,2,\cdots)$	$\lambda>0$	λ	λ
均匀分布 $X\sim U(a,b)$	$f(x)=\begin{cases}\frac{1}{b-a} & a\leqslant x\leqslant b\\ 0 & 其他\end{cases}$	$a<b$	$\frac{a+b}{2}$	$\frac{(b-a)^2}{12}$
指数分布 $X\sim E(\lambda)$	$f(x)=\begin{cases}\lambda e^{-\lambda x} & x>0\\ 0 & x\leqslant0\end{cases}$	$\lambda>0$	$\frac{1}{\lambda}$	$\frac{1}{\lambda^2}$
正态分布 $X\sim N(\mu,\sigma^2)$	$f(x)=\frac{1}{\sqrt{2\pi}\sigma}e^{-\frac{(x-\mu)^2}{2\sigma^2}}$	$-\infty<\mu<+\infty$ $\sigma>0$	μ	σ^2

习题 6.5

1. 设随机变量 X 的概率分布为

X	-1	0	0.5	1	2
P	$\frac{1}{3}$	$\frac{1}{6}$	$\frac{1}{6}$	$\frac{1}{12}$	$\frac{1}{4}$

求 $E(-X+1)$ 和 $E(X^2)$.

2. 一批零件中有 9 个合格品与 3 个次品. 安装机器时,从这批零件中任取一个,如果取出的废品不再放回,求在取得合格品以前已取出的废品数 X 的均值和方差.

3. 某公共汽车站每隔 5 分钟有一辆汽车通过,乘客在任意时刻到达车站,求等车时间的数学期望(设汽车到站后乘客都能上车).

4. 设随机变量 X 的密度函数为

$$f(x)=\begin{cases}2x & 0\leqslant x\leqslant 1\\ 0 & \text{其他}\end{cases},$$

求 $E(X)$ 和 $D(X)$.

5. 已知 $X\sim N(1,2)$,$Y\sim N(2,1)$,且 X 与 Y 相互独立,求 $E(2XY)$,$D(X-Y)$.

6. 假设一部机器在一天内发生故障的概率是 0.2,机器发生故障则全天停止工作. 若一周 5 个工作日里无故障,可获利润 10 万元;发生 1 次故障仍可获利润 5 万元;发生 2 次故障可获利润 0 元;发生 3 次或 3 次以上故障就要亏损 2 万元,求一周内期望利润是多少元?

第六节　数学思想方法(六)—— 数形结合思想

一、数形结合的思想

"数与形,本是相倚依,焉能分作两边飞. 数缺形时少直觉,形少数时难入微. 数形结合百般好,隔裂分家万事非. 切莫忘,几何代数统一体,永远联系,切莫分离."这是我国著名数学家华罗庚先生在《谈谈与蜂房结构有关的数学问题》这一科普著作中写下的小诗词,也是"数形结合"这一说法第一次正式出现.

数学是研究现实世界的数量关系与空间形式的一门科学. 数量关系和空间形式这两个基本概念常常结合在一起,在内容上互相联系,在方法上互相渗透,在一定条件下互相转化. 笛卡尔创立的解析几何正是数形结合的典范.

数形结合,主要指的是数与形之间的一一对应关系. 数形结合就是把抽象的数学语言、数量关系与直观的几何图形、位置关系结合起来,通过"以形助数"或"以数解形",即通过抽象思维与形象思维的结合,可以使复杂问题简单化,抽象问题具体化,从而起到优化解题途径的目的.

数形结合的基本原则:(1) 等价性原则:"数"的代数性质与"形"的几何性质的转化等价;(2) 双向性原则:既进行几何直观的分析,又进行代数抽象的探索;(3) 简单性原则:数形转换时尽可能使构图简单合理.

二、数形结合在随机变量及其分布问题中的应用

【应用实例 1——离散型随机变量的分布函数】

说明: 随机变量分布函数的公式简单,但是对于初学者求解困难,如何确定随机变量 X 在区间 $(-\infty,x]$ 的取值是问题的难点,如果通过数轴直观展示区间 $(-\infty,x]$,则有助于准确判定该区间取值点,进而求得分布函数.

例 6.6.1 由 X 的分布列

X	0	1	2
P	0.5	0.3	0.2

求 X 的分布函数 $F(x)$.

解 因为 $F(x)=P(X\leqslant x)$ $(X=0,1,2)$,所以用该随机变量的取值点 0,1,2 将整个数轴分为四个区间:$(-\infty,0)$,$[0,1)$,$[1,2)$,$[2,+\infty)$.

当 $x<0$ 时,如图 6-8(a)所示,区间 $(-\infty,x]$ 不包含随机变量 X 的取值点,即为不可能事件,所以 $F(x)=P(X\leqslant x)=0$.

图 6-8(a)

当 $0\leqslant x<1$ 时,如图 6-8(b)所示,区间 $(-\infty,x]$ 包含随机变量 X 的取值点 0,所以 $F(x)=P(X\leqslant x)=P(X=0)=0.5$.

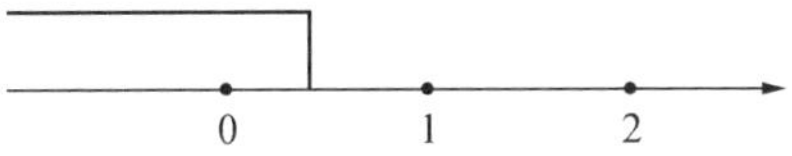

图 6-8(b)

当 $1\leqslant x<2$ 时,如图 6-8(c)所示,区间 $(-\infty,x]$ 包含随机变量 X 的两个取值点 0 和 1,所以 $F(x)=P(X\leqslant x)=P(X=0)+P(X=1)=0.5+0.3=0.8$.

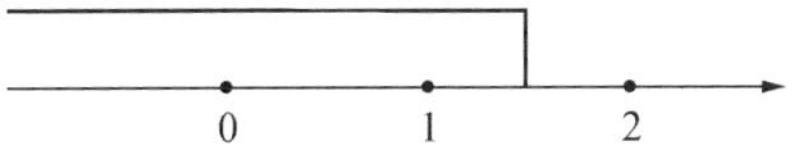

图 6-8(c)

当 $x\geqslant 2$ 时,如图 6-8(d)所示,区间 $(-\infty,x]$ 包含随机变量 X 的三个取值点 0,1 和 2,所以 $F(x)=P(X\leqslant x)=P(X=0)+P(X=1)+P(X=2)=1$.

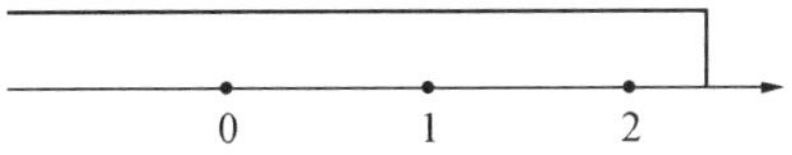

图 6-8(d)

从而，随机变量 X 的分布函数为

$$F(x)=\begin{cases}0 & x<0\\ 0.5 & 0\leqslant x<1\\ 0.8 & 1\leqslant x<2\\ 1 & x\geqslant 2\end{cases}.$$

【应用实例 2——正态分布问题】

说明：连续型随机变量的概率密度函数是一个描述这个随机变量的输出值在某一个确定的取值点附近的可能性的函数．而随机变量的取值落在某个区域之内的概率则是概率密度函数在这个区域上的积分．所以通过讨论随机变量的概率密度函数的图像，可以了解随机变量取值的规律及特点．在解决一些连续型随机变量求概率的问题时，如果能利用它们的概率密度函数曲线，进行数形结合，那么看似复杂的问题将变得非常简单．

例 6.6.2 设两个随机变量 X,Y 相互独立，且 $X\sim N(0,1)$，$Y\sim N(1,1)$，求 $P(X+Y\leqslant 1)$．

分析 由于 X,Y 相互独立，且都服从正态分布，故 $X+Y$ 仍服从正态分布，但是如果用积分来计算比较复杂，利用概率密度曲线的归一性以及正态分布的概率密度曲线的轴对称性质，则问题便迎刃而解．

解 设 $Z=X+Y$，则 $E(Z)=E(X+Y)=E(X)+E(Y)=1$，

$$D(Z)=D(X+Y)=D(X)+D(Y)=2.$$

所以 $Z\sim N(1,2)$，其密度曲线如图 6－9 所示，关于 $x=1$ 对称．

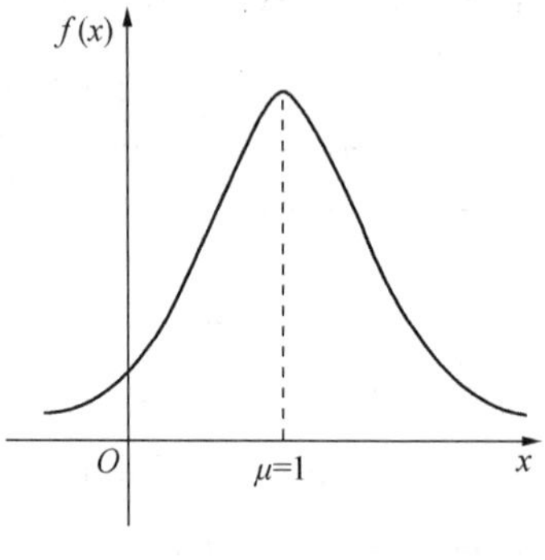

图 6－9

故 $P(X+Y\leqslant 1)=P(Z\leqslant 1)=\dfrac{1}{2}$．

复习题六

一、填空题

1. 从发芽率为 0.9 的一批种子里，随机地取 100 粒，用 ξ 表示 100 粒中不发芽的种子粒数，则 $\xi\sim$________．

2. 设随机变量 X 的分布列为

X	0	1	2	3
P	0.1	0.3	c	0.25

则 $c=$________.

3. 设 $X\sim U(1,5)$，则 $P(-1<X<2)=$________.

4. 随机变量 X 的分布函数为 $F(x)=\begin{cases}0 & x<-1\\ 0.4 & -1\leqslant x<1\\ 0.8 & 1\leqslant x<3\\ 1 & 3\leqslant x<+\infty\end{cases}$，则随机变量 X 的分布列为________.

5. 设随机变量 X 的分布列为 $P(X=k)=\dfrac{c}{k(k+1)}$，$k=1,2,3$，c 为常数，则 $P(0.5<X<2.5)=$________.

6. 设随机变量 $X\sim B(2,p)$，$Y\sim B(4,p)$，若 $P(X>1)=\dfrac{5}{9}$，则 $P(Y\geqslant 1)=$________.

7. 随机变量 X 服从参数为 λ 的泊松分布，$D(-2X+1)=$________.

8. 设随机变量 X 的概率密度为 $f(x)=\begin{cases}4x^2 & 0<x<1\\ 0 & \text{其他}\end{cases}$，则使 $P(X>a)=P(X<a)$ 成立的常数 $a=$________.

9. 设 $E(X)=-2$，$E(X^2)=5$，则 $D(1-3X)=$________.

二、单项选择题

1. 袋中有 2 个黑球 6 个红球，从中任取两个，可以作为随机变量的是(　　).

A. 取到的黑球的个数　　B. 取到的红球的个数

C. 至少取到一个红球　　D. 至少取到一个红球的概率

2. 抛掷两颗骰子，所得点数之和记为 X，那么 $X=4$ 表示的随机试验结果是(　　).

A. 一颗是 3 点，一颗是 1 点　　B. 两颗都是 2 点

C. 两颗都是 4 点　　D. 一颗是 3 点，一颗是 1 点或两颗都是 2 点

3. 下列表中能成为随机变量 X 的分布列的是(　　).

A.

X	-1	0	1
P	0.3	0.3	0.3

B.

X	1	2	3
P	0.4	0.7	-0.1

C.

X	-1	0	1
P	0.3	0.4	0.3

D.

X	1	2	3
P	0.2	0.4	0.5

4. 设 $X\sim N(0,1)$，又常数 c 满足 $P(X\geqslant c)=P(X<c)$，则 c 等于(　　).

A. 1　　B. 0　　C. $\frac{1}{2}$　　D. -1

5. 已知 $E(X)=-1, D(X)=3$，则 $E[3(X^2-2)]=$(　　).

A. 6　　B. 9　　C. 30　　D. 36

6. 当 X 服从(　　)分布时，$E(X)=D(X)$.

A. 指数　　B. 均匀　　C. 正态　　D. 泊松

7. 设 $X\sim N(\mu,\sigma^2)$，若已知 $P(X<\mu-2)=0.2$，则 $F(\mu+3)=$(　　).

A. 0.8　　B. 0.9　　C. 0.7　　D. 0.6

8. 设离散型随机变量 $X\sim P(\lambda)(\lambda>0)$，且 $P(X=0)=\frac{1}{e}$，则 $\lambda=$(　　).

A. 0.5　　B. 2　　C. 1　　D. 3

三、计算题

1. 设随机变量 X 的概率分布列为：

X	-2	-1	0	1	3
P	$\frac{1}{5}$	$\frac{1}{6}$	$\frac{1}{5}$	$\frac{1}{15}$	$\frac{11}{30}$

求 $Y=X^2$ 的概率分布列.

2. 已知离散性随机变量 X 服从参数为 λ 的泊松分布，若 $P(X=1)=P(X=2)$，试求参数 λ 的值.

3. 当随机变量 X 服从区间 $[0,2]$ 上的均匀分布，试求 $\frac{D(X)}{[E(X)]^2}$ 的值.

4. 设随机变量 $X\sim U(-\frac{1}{2},\frac{1}{2})$，求 $Y=\sin\pi x$ 的数学期望.

5. 设连续型随机变量 X 的概率密度为

$$f(x)=\begin{cases} ax^2+bx+c & 0<x<1 \\ 0 & \text{其他} \end{cases}.$$

已知 $E(X)=0.5, D(X)=0.15$. 求系数 a,b,c.

6. 已知 $X\sim N(1,2), Y\sim N(2,1)$，且 X 与 Y 相互独立，求 $E(3X-Y+4), D(X-Y)$.

四、综合题

1. 口袋中有红、白、黄色球各 5 只，现从中任取 4 只，用 X 表示取到的白球数量，求 X 的概率分布.

2. 从一批含有 10 件正品与 3 件次品的产品中抽取产品，每次取一件，连续抽取若干次. 在下列两种情况下，求直到取出正品为止所需次数 X 的概率分布：

(1) 按不放回方式抽取；

(2) 每次取出一件产品后，总将一件正品放回这批产品中.

3. 教学楼装有 5 个同类型的自动煮水器，调查表明在某时刻 t 每个煮水器被使用的概率为 0.1，求在同一时刻：

（1）恰有 2 个煮水器被使用的概率；

（2）至少有 1 个煮水器被使用的概率.

4. 某网吧有一批计算机，假设机器间的工作状况是相互独立的，且发生故障的概率都是 0.01. 若(1)由一人负责维修 40 台机器；(2)由三人负责维修 140 台机器. 试分别计算计算机发生故障而需要等待维修的概率，假定一台计算机的故障可由一人独自修理，比较两种方案的优劣.

5. 某射手连续向同一目标进行射击，直到第一次射中为止. 若该射手射中目标的概率为 p，求射击次数的概率分布.

6. 某车间生产一种零件，其长度 $X \sim N(10.05, 0.06^2)$，按图纸规定，长度在 10.05 ± 0.12 范围内为合格品，求该车间所生产的零件的合格率.

7. 某班一次数学考试成绩 X(百分制)$\sim N(70, 10^2)$，若规定低于 60 分为“不及格”，高于 85 分为“优秀”，求：

（1）成绩“优秀”的学生占该班总人数的百分之几？

（2）成绩“不及格”的学生占该班总人数的百分之几？

8. 在射击比赛中，规定每人射击四次，每次射一发子弹. 若四发都不中则得 0 分，只中一发得 15 分，中两发得 30 分，中三发得 55 分，四发全中得 100 分. 假设某人每发命中率为 0.6，问他期望得多少分？

第七章　数理统计学基础

学习目标

- 理解数理统计的基本概念.
- 理解并掌握常用统计量及其分布规律.
- 理解参数估计的思想方法并掌握正态分布总体参数置信区间的求法.
- 理解并掌握对正态分布总体的参数进行假设检验的方法.
- 了解伯努利试验的概念,掌握伯努利概型中概率的计算方法.

通过前面两章的学习我们知道,概率论是从数量上研究随机现象的统计规律性,而我们即将学习的数理统计学,则从应用角度研究处理随机性数据,通过有效的统计方法进行统计推断.数理统计在许多领域,尤其是经济管理领域中得到了广泛的应用.下面我们先看一个体现数理统计思想的案例.

【极大似然估计】

设有外形完全相同的两个箱子,甲箱中有 99 个白球和 1 个黑球,乙箱中有 99 个黑球和 1 个白球.现随机地抽取一个箱子,并从中随机地抽取 1 个球,已知抽出的是白球,问这个白球最有可能是从哪一个箱子中取出的?

显然,不管是哪一个箱子,从中任取 1 个球,都有两个可能的结果:取出白球(设为事件 A),取出黑球(设为事件 B).假如抽取的是甲箱,则 A 发生的概率为 0.99;如果抽取的是乙箱,则 A 发生的概率为 0.01.现在在一次试验中事件 A 就发生了,人们的第一印象就是:这个白球最有可能是从甲箱中取出的.这里的“最有可能”就是“极大似然”之意.

第一节　样本与统计量

先看这样的问题:若随机变量 X 服从标准正态分布,那么 X^2 服从何种分布?再比如说,已知总体 $X\sim N(0,4)$,样本 $(X_1,X_2,\cdots,X_4)$ 来自总体 X,那么 $Y=\frac{1}{8}(X_1+X_2)^2+\frac{1}{12}(X_2+X_3+X_4)^2$ 又服从怎样的分布?这些问题都涉及样本的函数的分布,有一些分布常见而且很重要,这就是下面要讲到的抽样分布.

一、总体与个体

我们把所研究的对象的全体称为总体，而把组成总体的每个元素称为个体. 例如，我们要研究某城市成年男子身高的分布规律，则该城市所有成年男子的身高即为总体，而其中每个成年男子的身高是个体. 总体的情况多种多样，有的数量很大，对所有个体进行检验，或者时间太长，或者成本较高，比如说我国的人口普查；而有的总体客观上就不可能一一检验，比如说海水中的各种微生物的情况；还有一些总体，若一一检验，势必造成对所有研究对象的破坏，比如说对灯泡寿命的检验. 正因为这些原因，我们经常采用随机抽样的方法，即从总体中抽取少部分个体，通过对这部分个体的有关数据指标进行分析，得出总体的一些分布规律.

例 7.1.1 考察某厂的产品质量，将其产品只分为合格品与不合格品，并以 0 记合格品，以 1 记不合格品，则

总体={该厂生产的全部合格品与不合格品}={由 0 或 1 组成的一堆数}.

若以 p 记这堆数中 1 的比例(不合格品率)，则该总体可以由一个二点分布表示：

X	0	1
P	$1-p$	p

不同的 p 反映了总体间的差异. 例如，两个生产同类产品的工厂的产品总体分布为

X	0	1
P	0.98	0.02

Y	0	1
P	0.97	0.03

可以看到，第一个工厂的产品质量要优于第二个工厂的产品. 实际中，分布中的不合格率是未知的，如何对其进行估计是统计学要研究的问题.

二、样本

我们把从总体中抽取的每一个个体称为样品，所有样品的全体称为一个样本. 用 X 表示总体中所要研究的任一个体的某个指标，则 X 为随机变量，以后就用随机变量 X 代表所要研究的总体. 假定样本中样品的数量为 n，记它们的指标值为 $x_1,x_2,\cdots,x_n$，则 $x_1,x_2,\cdots,x_n$ 就是总体的一个样本，n 称为样本容量.

我们有必要指出，样本具有所谓的二重性：一方面，由于样本是从总体中随机抽取的，抽取前无法预知它们的数值，因此，样本是随机变量，用大写字母 $X_1,X_2,\cdots,X_n$ 表示；另一方面，样本在抽取以后就有确定的观测值，因此，样本又是一组数值，此时用小写字母 $x_1,x_2,\cdots,x_n$ 表示.

从总体中抽取样本时，为了使样本具有代表性，抽样必须是随机抽样，通常可以用随机数表来实现. 另外还要求抽样必须是独立的，即每次抽样的结果互不影响. 概率论中，在有限总体中进行有放回抽样，是独立的随机抽样，然而，若是不放回抽样，则是不独立的抽样. 但

当样本容量与总体容量的比值很小（不超过 10%）时，不放回抽样可以近似地看成有放回抽样. 下面，我们总假定抽样方式满足独立随机抽样的条件.

从总体中抽取样本可以有不同的方法，为了能由样本对总体做出较为可靠的推断，就希望样本能很好地代表总体. 这就需要对抽样方法提出一些要求，最常用的“简单随机抽样”有如下两个要求：

(1) 样本具有随机性，即要求总体中每一个个体都有同等机会被选入样本，这就意味着每一个样品 X_i 与总体 X 有相同的分布；

(2) 样本要有独立性，也就是说，每一个样品的取值不影响其他样品的取值，所以 $X_1, X_2, \cdots, X_n$ 相互独立.

用简单随机抽样方法得到的样本称为简单随机样本，也简称样本. 除非特别指明，本书中的样本都是简单随机样本，有时也称为独立同分布样本.

小贴士

因为样本是与总体 X 同分布的简单随机样本，所以对样本 $X_1, X_2, \cdots, X_n$ 来说，有 $E(x_k)=E(X), D(x_k)=D(X), k=1,2,\cdots,n$.

设总体具有分布函数 $F(x)$，$X_1, X_2, \cdots, X_n$ 为取自该总体的样本，则样本的（联合）分布函数为

$$F(X_1, X_2, \cdots, X_n) = \prod_{i=1}^{n} F(X_i).$$

对无限总体，随机性与独立性容易实现，困难在于排除有意或无意的人为干扰. 对有限总体，只要总体所含个体数很大，特别是与样本容量相比很大，则独立性也可以基本得到满足.

三、统计量

样本来自总体，样本的观测值中含有总体各方面的信息，但这些信息较为分散，有时显得杂乱无章. 为了将这些分散在样本中的有关总体的信息集中起来以反映总体的各种特征，需要对样本进行加工. 当人们需要从样本获得对总体各种参数的认识时，最常用的加工方法是构造样本的函数，不同的样本的函数反映总体的不同特征.

定义 7.1 设 $X_1, X_2, \cdots, X_n$ 为取自某总体的样本，若样本的函数 $T=T(X_1, X_2, \cdots, X_n)$ 中不含任何未知参数，则称 T 为统计量. 统计量的分布称为抽样分布.

按照这一定义，$\frac{1}{n}\sum_{i=1}^{n} X_i$，$\sum_{i=1}^{n} X_i^2$ 都是统计量，而当 μ, σ^2 未知时，$\frac{1}{n}\sum_{i=1}^{n}(X_i-\mu)^2$，$\sum_{i=1}^{n}\frac{X_i}{\sigma}$ 则不是统计量.

请你举一些统计量的例子.

习题 7.1

1. 指出下列问题中的总体与个体：

(1) 调查某工厂一年生产的某种品牌的空调 24 小时的耗电量；

(2) 对江苏省中学生每天学习所用时间的调查；

(3) 对一批袋装食品所含防腐剂种类的调查；
(4) 对某班级中考数学成绩的调查.
2. 指出下列抽样调查问题中的样本：
(1) 为了解生产的一批炮弹的杀伤半径，从中抽取十发进行试验；
(2) 为了解全市 1.6 万名考生的数学成绩，从中抽取 2 000 名学生的数学成绩进行统计；
(3) 为了解全国中学生的心理健康状况，随机抽取 5 000 名学生进行了调查；
(4) 为了解华为手机在一个月中的销售情况，随机抽取某五天进行了调查.
3. 下列调查中，调查方式选择正确的有哪些？
(1) 对某班学生进行 6 月 5 日是“世界环境日”知晓情况的调查，选择普查；
(2) 对北京市初中生课外阅读量的调查，选择普查；
(3) 为了解 1 000 个灯泡的使用寿命，选择抽样调查；
(4) 为了解某公园全年的游客流量，选择抽样调查；
(5) 为了解海洋中某种微生物的数量，选择普查.

第二节　统计量的分布

统计量的概率分布规律称为统计量的分布，又称为抽样分布. 本节主要介绍在参数估计、假设检验中常用的统计量及其分布.

一、样本均值、样本方差及其抽样分布

1. 样本均值及其抽样分布

定义 7.2　设 $X_1, X_2, \cdots, X_n$ 为取自某总体的样本，其算术平均值称为样本均值，一般用 $\overline{X}$ 表示，即

$$\overline{X} = \frac{1}{n}\sum_{i=1}^{n} X_i.$$

对样本均值，我们不加证明地给出以下两个性质：

性质 7.1　若把样本中的数据与样本均值之差称为偏差，则样本所有偏差之和为零，即

$$\sum_{i=1}^{n}(x_i - \bar{x}) = 0.$$

性质 7.2　样本中的数据与均值的偏差的平方和最小，即在形如 $\sum\limits_{i=1}^{n}(x_i - c)^2$ 的函数中 $\sum\limits_{i=1}^{n}(x_i - \bar{x})^2$ 最小，其中 c 为任意给定常数.

请思考

上述性质 7.2 如何证明？

对于样本均值 $\overline{X}$ 的抽样分布，我们有下面的定理.

定理 7.1　设 $X_1, X_2, \cdots, X_n$ 是来自某个总体的样本，$\overline{X}$ 为样本均值.

(1) 若总体分布为 $N(\mu, \sigma^2)$，则 $\overline{X}$ 的精确分布为 $N(\mu, \frac{\sigma^2}{n})$；

(2) 若总体 X 分布未知(或不是正态分布)，且 $E(X)=\mu, D(X)=\sigma^2$，则当样本容量 n 较大时，$\overline{X}$ 的近似分布为 $N(\mu,\frac{\sigma^2}{n})$.

由此定理可以看到，正态分布在统计学中具有特别重要的作用. 由正态分布的知识知，在上述定理的假设下，$U=\frac{\overline{X}-\mu}{\frac{\sigma}{\sqrt{n}}}\sim N(0,1)$.

小点睛

极限思想方法是指用极限概念分析问题和解决问题的一种数学思想方法. 定理 7.1 中的结论(2)所提到的近似分布，实际上是一个极限分布，它适用于样本容量 n 很大的情况下.

2. 样本方差与样本标准差

定义 7.3 设 $X_1, X_2, \cdots, X_n$ 为取自某个总体的样本，则它关于样本均值 $\overline{X}$ 的平均偏差平方和

$$S^2=\frac{1}{n-1}\sum_{i=1}^{n}(X_i-\overline{X})^2$$

称为样本方差，其算术平方根 $S=\sqrt{S^2}$ 称为样本标准差. 相对于样本方差，样本标准差通常更有实际意义，因为它与样本均值具有相同的度量单位.

请思考

此处样本方差的表达式与高中所学的有所不同，这是什么原因呢？在下一节我们将解答这个问题.

例 7.2.1 设 $X_1, X_2, \cdots, X_6$ 为来自总体 X 的一个样本，它的一组观测值为 22，18，23，20，23，20. 计算其样本均值和样本方差.

解 样本均值 $\bar{x}=\frac{1}{6}\sum_{i=1}^{6}x_i=\frac{1}{6}(22+18+23+20+23+20)=21$；

样本方差 $s^2=\frac{1}{5}\sum_{i=1}^{6}(x_i-\bar{x})^2=\frac{1}{5}[(22-21)^2+(18-21)^2+2\times(23-21)^2+2\times(20-21)^2]=4$.

二、正态总体的抽样分布

有很多统计推断是基于正态总体的假设的，以标准正态变量为基石构造的三个著名统计量在实践中有着广泛的应用. 这是因为这三个统计量不仅有明确的背景，而且其抽样分布的密度函数有明确的表达式，它们被称为统计学中的“三大抽样分布”.

1. χ^2 分布

定义 7.4 设 $X_1, X_2, \cdots, X_n$ 独立同分布于标准正态分布 $N(0,1)$，则 $\chi^2=X_1^2+\cdots+X_n^2$ 的分布称为自由度为 n 的 χ^2 分布，记作 $\chi^2\sim\chi^2(n)$. 鉴于其概率密度函数的表达式比较复杂，

这里就不介绍了，其图像是一种只取非负值的偏态分布，如图 7－1 所示.

小点睛

数形结合思想在数学中有着广泛应用，数形结合将抽象的数学语言与直观的图形相结合，通过数与形的联系与转化来研究和解决数学问题.

请思考

在χ^2分布的定义中，有几个地方出现χ^2这个符号？其实有些地方不必使用，请你分析一下，是哪些地方？

当随机变量$\chi^2 \sim \chi^2(n)$，对给定的$\alpha(0<\alpha<1)$，称满足

$$P(\chi^2>\chi^2_{\alpha}(n))=\alpha$$

的$\chi^2_{\alpha}(n)$为χ^2分布的α分位数，它的值可以通过附表查得，如图 7－2 所示. 例如$n=12$，$\alpha=0.10$时，$\chi^2_{0.10}(12)=18.549$.

小贴士 由图 7－2 可以看到，当分布确定时，分位数$\chi^2_{\alpha}(n)$是α的减函数.

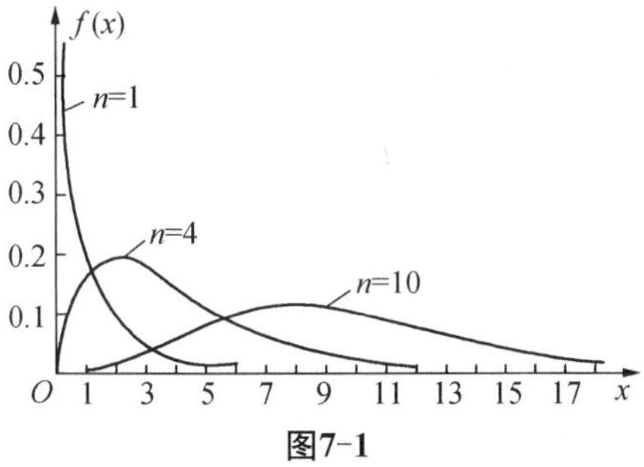

图7-1

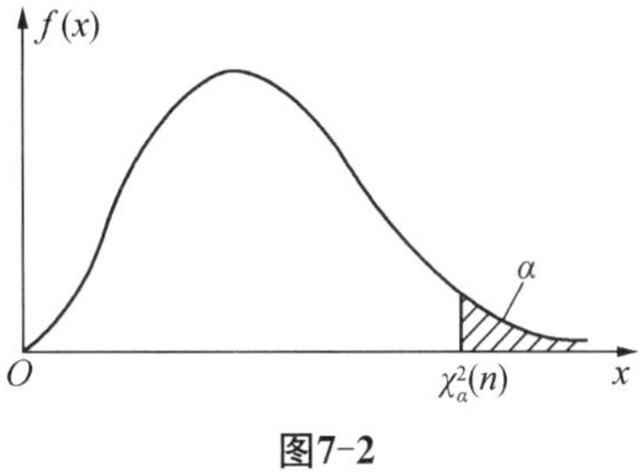

图7-2

2. t 分布

定义 7.5 设随机变量X_1与X_2独立，且$X_1 \sim N(0,1)$，$X_2 \sim \chi^2(n)$，则称$t=\dfrac{X_1}{\sqrt{X_2/n}}$服从自由度为$n$的$t$分布，记为$t \sim t(n)$. 其概率密度函数的表达式同样比较复杂，这里就不介绍了，其图像如图 7－3 所示，它关于纵轴对称，与标准正态分布很相像，只是峰值比后者小一些，而尾部概率要大一些. t 分布是由英国统计学家哥塞特于 1908 年以笔名“学生”发表的研究成果，故后人也称它为学生分布.

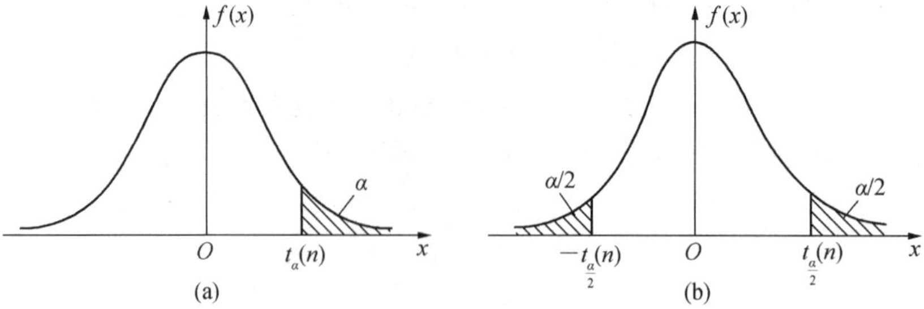

图 7 - 3

当随机变量 $t\sim t(n)$，对给定的 $\alpha(0<\alpha<1)$，称满足

$$P(t>t_\alpha(n))=\alpha$$

的 $t_\alpha(n)$ 为 t 分布的 α 分位数，它的值可以通过附表查得. 例如 $n=14$，$\alpha=0.05$ 时，$t_{0.05}(14)=1.761$.

3. F 分布

定义 7.6 设 $X_1\sim\chi^2(m)$，$X_2\sim\chi^2(n)$，且 X_1 与 X_2 相互独立，则称 $F=\dfrac{\frac{X_1}{m}}{\frac{X_2}{n}}$ 服从自由度是 m 和 n 的 F 分布，记作 $F\sim F(m,n)$，其中 m 称为分子自由度，n 称为分母自由度. 本书省略其概率密度的函数表达式，图 7 - 4 是它的图像，也是一种只取非负值的偏态分布.

当随机变量 $F\sim F(m,n)$ 时，对给定的 $\alpha(0<\alpha<1)$，称满足

$$P(F>F_\alpha(m,n))=\alpha$$

的 $F_\alpha(m,n)$ 为 F 分布的 α 分位数，如图 7 - 5 所示，它的值可以通过附表查得. 例如 $m=20$，$n=8$，$\alpha=0.05$ 时，$F_{0.05}(20,8)=3.15$.

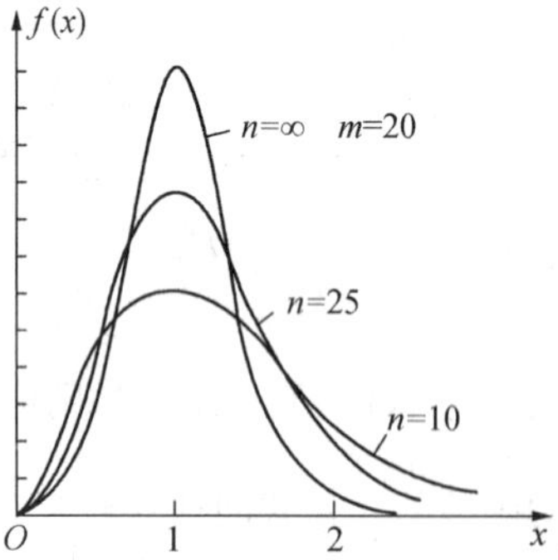

图7-4

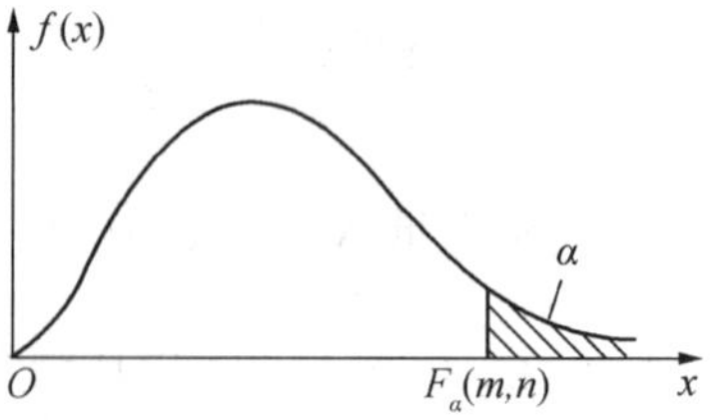

图7-5

定理 7.2 设 $X_1,X_2,\cdots,X_n$ 是来自正态总体 $N(\mu,\sigma^2)$ 的样本，其样本均值和样本方差分别为

$$\overline{X}=\frac{1}{n}\sum_{i=1}^{n}X_i \quad 和 \quad S^2=\frac{1}{n-1}\sum_{i=1}^{n}(X_i-\overline{X})^2,$$

则有

(1) $\frac{(n-1)S^2}{\sigma^2} \sim \chi^2(n-1)$;

(2) $t=\frac{\sqrt{n}(\overline{X}-\mu)}{S} \sim t(n-1)$.

此定理的结论在后面的内容中经常会用到.

习题 7.2

1. 从某厂生产的一批灯泡中随机抽取 10 个进行寿命测试,得到的数据如下(单位:小时):1 458,1 395,1 562,1 614,1 351,1 490,1 478,1 382,1 536,1 496. 求样本均值和样本方差.

2. 设样本的频数分布为

X	0	1	2	3	4
频数	1	3	2	1	2

求样本方差 S^2.

3. 设总体 $X \sim N(52, 6.3^2)$,随机抽取容量为 36 的样本,求样本均值落在 50.8~53.8 的概率.

4. 设 $X_1, X_2, \cdots, X_n$ 是来自均匀分布 $U(-1,1)$的样本,试求 $E(\overline{X})$和 $D(\overline{X})$.

5. 设总体 $X \sim N(40, 5^2)$.

(1) 抽取容量为 36 的样本,求 $P(38 \leqslant \overline{X} \leqslant 43)$;

(2) 抽取容量为 64 的样本,求 $P(|\overline{X}-40|<1)$;

(3) 取样本容量 n 多大时,才能使 $P(|\overline{X}-40|<1)=0.95$?

6. 查表求下列各题中 C 的值.

(1)设 $X \sim \chi^2(30)$,$P(X<C)=0.95$;(2)设 $X \sim t(25)$,$P(X>C)=0.05$.

7. 设总体 $X \sim N(\mu, \sigma^2)$,抽取容量为 20 的样本 $X_1, X_2, \cdots, X_{20}$,求 $P\left(1.9 \leqslant \frac{1}{\sigma^2}\sum_{i=1}^{20}(X_i-\mu)^2 \leqslant 37.6\right)$.

第三节　参数估计

参数估计是统计推断的基本类型之一,分点估计和区间估计两种方法. 人们在实际工作中碰到的总体,往往分布类型大致已知,但具体形式并不知道,也就是总体的一些参数未知. 参数估计就是根据样本观测值来估计总体分布中的未知参数或数字特征值.

先看一个例子:

假设某种果树单株年产量 X 服从正态分布,方差为 64. 现随机抽取 6 株统计当年的产量为:120,161,182,208,176,234,要求以 90%的可靠度来估计该种果树的年平均产量.

这个问题显然不能简单地以样本的平均值作为总体均值的估计. 问题的关键是如何保

证 90%的可靠度,这是我们后面要介绍的区间估计问题.我们先看点估计.

一、参数的点估计

假设总体的分布已知,但其中的一个或几个参数未知,如何根据抽取的样本来估计未知参数的值,这就是参数的点估计问题.

1. 点估计的概念

定义 7.7 设 θ 是总体 X 的一个待估参数,$(X_1,X_2,\cdots,X_n)$是总体的一个样本,$(x_1,x_2,\cdots,x_n)$是样本的一组观测值.用样本的一个不含未知参数的函数 $\hat{\theta}=\hat{\theta}(X_1,X_2,\cdots,X_n)$来估计 θ,称 $\hat{\theta}$ 为参数 θ 的点估计量.将样本的一组观测值$(x_1,x_2,\cdots,x_n)$代入估计量所得相应的值 $\hat{\theta}(x_1,x_2,\cdots,x_n)$,称为参数 θ 的点估计值,也简记为 $\hat{\theta}$.点估计量或点估计值统称为点估计.

2. 点估计的数字特征法

简单来说,就是用样本均值来估计总体均值,即总体均值 μ 的点估计值为

$$\hat{\mu}=\bar{x}=\frac{1}{n}\sum_{k=1}^{n}x_k.$$

用样本方差来估计总体方差,即总体方差 σ^2 的点估计值为

$$\hat{\sigma}^2=s^2=\frac{1}{n-1}\sum_{k=1}^{n}(x_k-\bar{x})^2.$$

这种用样本的数字特征去估计总体的数字特征的方法,称为点估计的数字特征法.

例 7.3.1 从一批产品中随机抽取 5 个,测得它们的长度(单位:cm)为 25,24,26,24,25.试用数字特征法估计这批产品的总体均值和方差.

解 $\hat{\mu}=\bar{x}=\frac{1}{n}\sum_{k=1}^{n}x_k=\frac{1}{5}(25+24+26+24+25)=24.8;$

$$\hat{\sigma}^2=s^2=\frac{1}{n-1}\sum_{k=1}^{n}(x_k-\bar{x})^2=\frac{1}{4}[(25-24.8)^2+(24-24.8)^2+(26-24.8)^2+(24-24.8)^2+(25-24.8)^2]=0.7.$$

例 7.3.2 已知某种电子产品的寿命服从指数分布 $E(\lambda)$.现从这种产品中任意抽取 6 只,测得寿命(小时)为:45,46,43,47,44,46.试用数字特征法估计参数 λ 的值.

解 总体 X 的概率密度和总体的均值分别为

$$f(x)=\begin{cases}\lambda e^{-\lambda x} & x>0\\ 0 & \text{其他}\end{cases},\ \mu=\frac{1}{\lambda}.$$

根据数字特征法,$\hat{\mu}=\bar{x}$,所以 $\frac{1}{\lambda}=\bar{x}$,

$$\hat{\lambda}=\frac{1}{\bar{x}}=\frac{6}{45+46+43+47+44+46}\approx 0.022.$$

3. 极大似然估计

极大似然估计法是求点估计用得最多的方法,它最早是高斯在 1821 年提出的,而费希

尔在 1922 年再次提出了这种想法并证明了它的一些性质，从而使得这种方法得到了广泛的应用.

先看一个例子：

例 7.3.3 设一批产品中有合格品与不合格品两类，我们用随机变量 X 表示一个产品是否合格，"$X=0$"表示产品合格，"$X=1$"表示产品不合格，则 X 服从两点分布 $B(1,p)$，其中 p 是未知的不合格率，我们通过抽样来估算 p 的大小. 现抽取 n 个样品观察其是否合格，得到样本 $x_1,x_2,\cdots,x_n$，这个样本发生的概率为

$$P(X_1=x_1,\cdots,X_n=x_n;p)=\prod_{i=1}^{n} p^{x_i}(1-p)^{1-x_i},$$

根据极大似然原理，在一次抽样中这个样本就出现了，意味着这个样本发生的概率最大，因此，p 的值应该使上述概率函数的值最大，将上述概率函数看作未知参数 p 的函数，记作 $L(p)$，称为似然函数. 根据微积分的知识，对似然函数求导数，使导数为零的 p 的值即为所求. 当然，为了简化计算，在求导数前可以在似然函数的两边先取对数函数 $\ln L(\theta)$，再对此对数函数求导数. 因为自然对数是单调增函数，所以这样所求出的结果是一样的.

从上面的例子我们可以看到求极大似然估计的基本思路. 对离散型总体，写出样本观测值出现的概率，它一般依赖于某个参数，设参数为 θ，将该概率看成 θ 的函数，称为似然函数. 求极大似然估计，就是找 θ 的估计值使似然函数取最大值.

对连续型总体，我们用联合概率密度函数表示随机变量在观测值附近出现的可能性大小，它也称为似然函数，即

$$L(\theta)=f(x_1;\theta)f(x_2;\theta)\cdots f(x_n;\theta),$$

其中 $f(x;\theta)$ 为总体的概率密度函数，$x_1,x_2,\cdots,x_n$ 为总体的一个样本，则 θ 的极大似然估计即为使上述似然函数取最大值时的量.

例 7.3.4 设一个试验有三种可能的结果，它们发生的概率分别为

$$p_1=\theta^2,p_2=2\theta(1-\theta),p_3=(1-\theta)^2.$$

现做了 n 次试验，观测到三种结果发生的次数分别为 n_1,n_2,n_3，且 $n_1+n_2+n_3=n$，试求 θ 的极大似然估计.

解 似然函数为

$$L(\theta)=(\theta^2)^{n_1}[2\theta(1-\theta)]^{n_2}[(1-\theta)^2]^{n_3}=2^{n_2}\theta^{2n_1+n_2}(1-\theta)^{2n_3+n_2},$$

上式两边取自然对数得

$$\ln L(\theta)=(2n_1+n_2)\ln\theta+(2n_3+n_2)\ln(1-\theta)+n_2\ln 2,$$

将上式右端关于 θ 求导并令导数为零可得

$$\frac{2n_1+n_2}{\theta}-\frac{2n_3+n_2}{1-\theta}=0,$$

解之得

$$\hat{\theta}=\frac{2n_1+n_2}{2(n_1+n_2+n_3)}=\frac{2n_1+n_2}{2n}$$

即为所求.

例 7.3.5 设总体 X 服从指数分布 $E(\lambda)$，λ 为未知参数，$x_1,x_2,\cdots,x_n$ 为总体的一个样本，试求 λ 的极大似然估计.

解 似然函数为

$$L(\lambda)=\lambda^n e^{-\lambda\sum_{i=1}^{n}x_i},$$

两边取对数，
$$\ln L(\lambda)=n\ln\lambda-\lambda\sum_{i=1}^{n}x_i,$$

关于 λ 求导，令导数为零，
$$\frac{\mathrm{d}\ln L(\lambda)}{\mathrm{d}\lambda}=\frac{n}{\lambda}-\sum_{i=1}^{n}x_i=0,$$

解得
$$\hat{\lambda}=\frac{n}{\sum_{i=1}^{n}x_i}=\frac{1}{\bar{x}}.$$

最后，我们指出极大似然估计的一个简单且有用的性质：如果 $\hat{\theta}$ 是 θ 的极大似然估计，则对于 θ 的任一函数 $g(\theta)$，其极大似然估计为 $g(\hat{\theta})$，该性质称为极大似然估计的不变性.

当然，除了以上介绍的方法之外，参数的点估计还有矩估计等其他方法，这些方法各有优劣，在此不一而足，有兴趣的读者可参阅有关资料.

二、估计量的评价标准

大家看到，点估计有各种不同的求法，为了对它们进行比较，就必须对各种方法的优劣给出评价标准. 我们先来看无偏性.

1. 无偏性

定义 7.8 设 $\hat{\theta}=\hat{\theta}(X_1,X_2,\cdots,X_n)$ 是待估计参数 θ 的一个估计，若有

$$E(\hat{\theta})=\theta,$$

则称 $\hat{\theta}$ 是 θ 的无偏估计，否则称为有偏估计.

无偏性要求可以改写为 $E(\hat{\theta}-\theta)=0$，这表明无偏估计没有系统偏差. 当我们使用 $\hat{\theta}$ 估计 θ 时，由于样本的随机性，$\hat{\theta}$ 与 θ 总是有偏差的，这种偏差有时正，有时负，有时大，有时小. 无偏性表示把这些偏差平均起来其值为 0，这就是无偏估计的含义.

关于无偏估计，我们有下面的结论：对任一总体而言，样本均值是总体均值的无偏估计，但是，$S_n^2=\frac{1}{n}\sum_{k=1}^{n}(X_k-\bar{X})^2$ 不是总体方差 σ^2 的无偏估计. 事实上，$E(S_n^2)=\frac{n-1}{n}\sigma^2$，因此，只要将 S_n^2 作如下修正：令 $S^2=\frac{1}{n-1}\sum_{k=1}^{n}(X_k-\bar{X})^2$，即样本方差，则 S^2 是总体方差的无偏估计.

小贴士 大家在高中学习样本方差时用的是$S_n^2=\frac{1}{n}\sum_{k=1}^{n}(X_k-\overline{X})^2$，但是通过现在的学习我们知道$S^2=\frac{1}{n-1}\sum_{k=1}^{n}(X_k-\overline{X})^2$才是总体方差的无偏估计.

请思考

$E(S_n^2)=\frac{n-1}{n}\sigma^2$是怎么计算出来的?

2. 有效性

参数的无偏估计可以有很多，那么如何在无偏估计中进行选择？我们希望该估计围绕参数真值的波动越小越好，波动的大小可以用方差来衡量，因此，常用无偏估计的方差的大小作为度量无偏估计优劣的标准，这就是有效性.

定义 7.9 设$\hat{\theta}_1$与$\hat{\theta}_2$是θ的两个无偏估计，若有

$$D(\hat{\theta}_1)\leqslant D(\hat{\theta}_2),$$

且至少有一个样本的值使上述不等号严格成立，则称$\hat{\theta}_1$比$\hat{\theta}_2$有效.

例 7.3.6 设$X_1,X_2,\cdots,X_n$是取自某个总体的样本，显然，$\hat{\mu}_1=X_1$，$\hat{\mu}_2=\overline{X}$都是总体均值μ的无偏估计，但

$$D(\hat{\mu}_1)=\sigma^2,D(\hat{\mu}_2)=\frac{\sigma^2}{n},$$

可见，只要$n>1$，$\hat{\mu}_2$就比$\hat{\mu}_1$有效. 这表明用全部数据的平均值估计总体均值要比只使用部分数据更有效.

三、参数的区间估计

参数的点估计给出了一个具体的数值作为参数的估计值，即使它无偏有效，但仍然是一个近似值，我们无法知道它的可靠性与精确度；而区间估计则可控制真实值落在某区间内的概率，可靠性明显增强.

1. 置信区间

定义 7.10 设θ是总体X的一个待估参数，$(X_1,X_2,\cdots,X_n)$是总体X的一个样本. 对给定的常数$\alpha(0<\alpha<1)$，由样本确定出两个统计量$\hat{\theta}_1=\hat{\theta}_1(X_1,X_2,\cdots,X_n)$和$\hat{\theta}_2=\hat{\theta}_2(X_1,X_2,\cdots,X_n)$(设$\hat{\theta}_1<\hat{\theta}_2$)，使得

$$P(\hat{\theta}_1\leqslant\theta\leqslant\hat{\theta}_2)=1-\alpha,$$

则称随机区间$[\hat{\theta}_1,\hat{\theta}_2]$为参数$\theta$的$1-\alpha$置信区间，$1-\alpha$称为置信度或置信水平，$\hat{\theta}_1$与$\hat{\theta}_2$分别称为置信下限与置信上限.

置信水平反映了区间估计的可靠性，若α越小，则$1-\alpha$越大，从而求出的置信区间中包含参数θ的可能性越大. 例如，$\alpha=0.05$时，$1-\alpha=0.95$，意味着在100次抽样中，大致有95次θ包含在置信区间中，其余5次可能不在该区间中.

置信区间的长度可视为区间估计的精度，显然，该长度越小，则精度越高. 当样本容量固定时，若置信水平增大，则置信区间的长度增大，从而精度降低；反之，则精度提高.

2. 正态分布总体参数的区间估计

(1) 方差 σ^2 已知时总体均值的区间估计.

设$(X_1,X_2,\cdots,X_n)$是总体 $X\sim N(\mu,\sigma^2)$的一个样本，其中 σ^2 已知，则参数 μ 的置信度为 $1-\alpha$ 的置信区间为

$$\left[\bar{x}-\frac{\sigma}{\sqrt{n}}U_{\frac{\alpha}{2}},\bar{x}+\frac{\sigma}{\sqrt{n}}U_{\frac{\alpha}{2}}\right],$$

其中 $U_{\frac{\alpha}{2}}$ 查标准正态分布表求得.

例 7.3.7 某工厂生产的滚珠，从长期经验知道，滚珠的直径 X 服从正态分布 $N(\mu,0.04^2)$，从某天的产品中随机抽取 6 个，测得它们的直径如下(单位：毫米)：14.5，14.7，15.0，15.2，14.9，14.6. 求滚珠直径的置信度为 0.95 的置信区间.

解 6 个滚珠的直径的平均值为$\bar{x}=14.82$，又 $1-\alpha=0.95$ 时，$\alpha=0.05$. 查表得 $U_{\frac{\alpha}{2}}=1.96$. 于是所求置信区间为[14.788，14.852].

现在我们回头看看本节开始的引例，它也属于这种情况，6 株果树年产量的平均值为$\bar{x}=180$，又 $1-\alpha=0.90$ 时，$\alpha=0.10$. 查表得 $U_{\frac{\alpha}{2}}=1.65$. 于是所求置信区间为[174.61，185.39].

(2) 方差 σ^2 未知时总体均值的区间估计.

设$(X_1,X_2,\cdots,X_n)$是总体 $X\sim N(\mu,\sigma^2)$的一个样本，其中 σ^2 未知，则参数 μ 的置信度为 $1-\alpha$ 的置信区间为

$$\left[\bar{x}-\frac{s}{\sqrt{n}}t_{\frac{\alpha}{2}}(n-1),\bar{x}+\frac{s}{\sqrt{n}}t_{\frac{\alpha}{2}}(n-1)\right],$$

其中 $t_{\frac{\alpha}{2}}(n-1)$可查 t 分布表求得.

例 7.3.8 假设轮胎的寿命服从正态分布. 为估计某种轮胎的平均寿命，随机抽取 9 只轮胎试用，测得它们的寿命如下(单位：万米)：4.75，4.60，4.82，5.10，5.24，4.55，5.03，4.92，4.85. 求这种轮胎平均寿命的置信度为 0.95 的置信区间.

解 计算可得，样本均值为$\bar{x}=4.873$，样本标准差为 $s=0.2265$. 又 $1-\alpha=0.95$，$\alpha=0.05$，$n=9$，查 t 分布表得 $t_{\frac{\alpha}{2}}(8)=2.306$. 于是可得这种轮胎的平均寿命置信度为 0.95 的置信区间为[4.699，5.047].

(3) 方差 σ^2 的置信度为 $1-\alpha$ 的置信区间.

设$(X_1,X_2,\cdots,X_n)$是总体 $X\sim N(\mu,\sigma^2)$的一个样本，其中 μ 未知，则参数 σ^2 的置信度为 $1-\alpha$ 的置信区间为

$$\left[\frac{(n-1)s^2}{\chi^2_{\frac{\alpha}{2}}(n-1)},\frac{(n-1)s^2}{\chi^2_{1-\frac{\alpha}{2}}(n-1)}\right],$$

其中$\chi^2_{\frac{\alpha}{2}}(n-1)$，$\chi^2_{1-\frac{\alpha}{2}}(n-1)$可查表求得.

例 7.3.9 假设自动车床生产的某种零件的长度 X 服从正态分布. 现随机抽取 10 件，测得长度如下(单位:毫米)：12.1，12.7，12.2，12.1，12.0，12.0，12.3，12.2，12.5，12.4. 求该零件长度的方差 σ^2 的置信度为 0.95 的置信区间.

解 计算可得，$(n-1)s^2=0.465$. 又 $1-\alpha=0.95$，$\alpha=0.05$，$n=10$. 查表得

$$\chi^2_{1-\frac{\alpha}{2}}(9)=2.700,\chi^2_{\frac{\alpha}{2}}(9)=19.023.$$

于是可得方差 σ^2 的置信度为 0.95 的置信区间为$[0.024,0.172]$.

习题 7.3

1. 设总体 $X\sim N(\mu,1)$，$\mu\in\mathbf{R}$，X_1，X_2，X_3 为样本，试验证下列三个估计量：

(1) $\hat{\mu}_1=\frac{1}{5}X_1+\frac{3}{10}X_2+\frac{1}{2}X_3$；

(2) $\hat{\mu}_2=\frac{1}{3}X_1+\frac{1}{4}X_2+\frac{5}{12}X_3$；

(3) $\hat{\mu}_3=\frac{1}{3}X_1+\frac{1}{6}X_2+\frac{1}{2}X_3$

都是 μ 的无偏估计，并求出每个估计量的方差，问哪一个的方差最小？

2. 总体 $X\sim U(\theta,2\theta)$，其中 $\theta>0$ 是未知参数，又$(X_1,X_2,\cdots,X_n)$为取自该总体的样本，$\bar{x}$为样本均值. 求 θ 的极大似然估计.

3. 某仪器的工作温度服从正态分布，测得五次温度(摄氏度)为：1 250，1 275，1 265，1 245，1 260. 求温度真值的置信区间($\alpha=0.10$).

4. 某种电子管的使用寿命服从正态分布. 从中随机地抽取 15 个进行检验，计算后得到平均寿命为 1 950 小时，标准差为 300 小时. 试以 95%的置信度估计整批电子管平均寿命的置信区间.

5. 人的身高服从正态分布. 从初一女生中随机抽取 6 名，测得身高(单位:厘米)为 149，158.5，152.5，165，142，157. 求初一女生平均身高的置信度为 95%的置信区间.

6. 已知岩石密度的测量误差服从正态分布，随机抽取 12 个样品，测得标准差 $s=0.2$. 求 σ^2 的置信区间($\alpha=0.05$).

7. 某工厂从某日生产的滚珠中随机抽取 9 个，测得直径(单位:毫米)如下：14.6，14.7，15.1，14.9，14.8，15.0，15.1，15.2，14.8.

设滚珠的直径服从正态分布，若

(1) 已知滚珠直径的标准差 $\sigma=0.15$ 毫米；

(2) 未知标准差 σ.

求直径均值 μ 的置信度为 0.95 的置信区间.

第四节 假设检验

假设检验是统计推断中的另一类重要问题. 在管理实践中，除了要对总体的参数做出估计外，我们还会碰到这样的问题，要判断总体是否具有某个性质，或者判断两个独立样本的

总体是否具有相同的均值或方差等等.

先看两个例子：

问题 1 某厂用自动包装机装箱，额定标准为 50 kg. 设每箱重量 $X\sim N(\mu,0.5^2)$. 某日开工后，随机抽取 8 箱，称得重量（单位：kg）为：49.6，50.2，50.5，49.8，49.9，50.1，50.3，49.9. 问这天包装机工作是否正常？

问题 2 为了研究一种新化肥对小麦种植的效果，选用 13 块土质相同面积相等的土地进行试验，产量如下（单位：kg）：

施肥的：44，45，40，43，44，42，43；

未施肥的：39，37，42，38，41，41.

问这种化肥对小麦产量是否有显著影响？

要对上述两个问题做出回答，其共同的处理方法是：先根据提出的问题对总体提出某种假设，然后根据样本资料对假设进行检验，判断此假设是否成立. 这种类型的问题一般称为假设检验问题. 下面我们通过解上面的问题 1 来探索假设检验问题的求解方法与思路.

解 已知包装机所装的每一箱的重量 $X\sim N(\mu,0.5^2)$，假如工作正常，则相当于提出如下的假设

$$H_0:\mu=\mu_0=50 \text{ 和 } H_1:\mu\neq\mu_0,$$

这是两个对立的假设，下面要做的事情就是根据样本对上述假设之一做出是否拒绝的判断.

由于样本均值$\bar{x}$是 μ 的一个很好的估计，所以当 H_0 为真时，$|\bar{x}-50|$应该很小. 当$|\bar{x}-50|$的值很大时，我们就有理由怀疑 H_0 不正确，从而拒绝它. 那么认定$|\bar{x}-50|$的值是大还是小的具体界限值 c_0 如何确定呢？

当 H_0 为真时，由于$U=\dfrac{\bar{x}-\mu_0}{\frac{\sigma}{\sqrt{n}}}\sim N(0,1)$，对于给定的很小的常数 $\alpha(0<\alpha<1)$，例如 $\alpha=0.05$，考虑下面的式子

$$P(|U|>U_{\frac{\alpha}{2}})=\alpha,$$

其中$U_{\frac{\alpha}{2}}$是标准正态分布的 α 分位数，而事件

$$\{|U|>U_{\frac{\alpha}{2}}\}$$

是一个小概率事件，它在一次试验中几乎不可能发生.

我们通过查表可得 $U_{\frac{\alpha}{2}}$的值，根据样本观测值可以计算出$|U|$的值，比较两者的大小，若$|U|>U_{\frac{\alpha}{2}}$成立，则表示小概率事件居然发生了，与推断原理相矛盾，于是我们拒绝 H_0，而认为包装机工作不正常. 反之，则接受 H_0，认为机器工作正常. 由上面问题的解答过程我们可以总结出假设检验的基本概念如下.

一、假设检验的基本概念

1. 原假设、备择假设

假设检验中需要检验的内容称为原假设，用 H_0 表示；否定原假设即为备择假设，用 H_1 表示. 例如，检验总体均值 μ 是否为常数 μ_0 的原假设与备择假设分别记为

$$H_0: \mu=\mu_0 \text{ 和 } H_1: \mu\neq\mu_0.$$

2. 检验统计量

为了检验假设是否成立,我们需要构造一个包含参数且已知分布的样本的函数,该样本的函数称为检验统计量.

3. 接受域、拒绝域

接受原假设 H_0 时统计量的取值范围称为接受域,拒绝原假设 H_0 时统计量的取值范围称为拒绝域. 接受域与拒绝域的分界点称为临界值.

小贴士 当统计量的值落入拒绝域时,我们的结论是拒绝原假设,而不是接受原假设,大家不要搞反了.

4. 显著性水平

前文问题 1 中的 α 是小概率事件发生的概率,由它可以确定分位数的值,用于检验原假设 H_0 中的待检验参数与所给的常数之间的差异是否显著,所以称为显著性水平.

二、假设检验的一般步骤

第一步　根据实际问题提出原假设 H_0 和备择假设 H_1;

第二步　选取适当的统计量,并在原假设成立的条件下确定该统计量的分布;

第三步　按问题的具体要求,选取适当的显著性水平 α,根据统计量的分布查表,确定对应于 α 的临界值,进而得到拒绝 H_0 的拒绝域;

第四步　根据样本观测值计算统计量的值,若落入拒绝域内,则拒绝原假设,否则接受原假设.

三、假设检验中的两类错误

通过上面的分析我们知道,一个假设检验问题,是要先给定一个原假设和一个备择假设,然后选出一个合适的检验统计量,根据显著性水平的值,得出拒绝域,再根据样本值是否落入拒绝域而做出结论.

可以看出,这样的假设检验是有可能犯错误的,因为我们是根据一次抽样的结果来做判断的,而且可能犯两种类型的错误.

一种错误是:在原假设 H_0 成立的情况下,因为样本的值落入拒绝域而拒绝了 H_0,这种错误我们把它称为**第一类错误**,也称为**弃真**错误. 在本节开始的问题 1 中,犯第一类错误的概率可以表示成下面的条件概率形式:

$$P(|U|>U_{\frac{\alpha}{2}} \mid H_0 \text{ 成立}).$$

显然它的值就是我们所说的显著性水平 α.

另一种错误是:在 H_0 不成立的情况下,因为样本的值没有落入拒绝域而接受了 H_0,这种错误我们把它称为**第二类错误**,又称为存伪错误. 在本节开始的问题 1 中,犯第二类错误的概率可以表示成下面的条件概率形式:

$$P(|U| \leqslant U_{\frac{\alpha}{2}} \mid H_0 \text{ 不成立}),$$

我们把它的大小记作 β.

我们当然希望在假设检验中犯两类错误的概率 α 与 β 都尽可能小，但是，在样本容量一定的情况下这是做不到的. 人们发现：

（1）两类错误的概率是相互关联的，当样本容量一定时，一类错误的概率的减小将导致另一类错误的概率的增加.

（2）要同时降低两类错误的概率，需要增大样本容量.

在这样的背景下，只能采取折中的方案，英国的两位统计学家提出如下的假设检验理论的基本思想：先控制住 α 的值（即首先选定 α 的值），再尽可能减小 β 的值，并把这一假设检验方法称为显著性水平为 α 的显著性检验.

四、正态总体的假设检验

1. 方差 σ^2 已知时单正态总体均值的假设检验

设 $(X_1, X_2, \cdots, X_n)$ 是总体 $X \sim N(\mu, \sigma^2)$ 的一个样本，其中 σ^2 已知. 检验原假设 $H_0: \mu = \mu_0$. 此时，选取统计量

$$U = \frac{\overline{X} - \mu_0}{\frac{\sigma}{\sqrt{n}}},$$

在 H_0 成立的条件下，$U \sim N(0,1)$. 根据给定的显著性水平 α，查表得临界值 $U_{\frac{\alpha}{2}}$，从而得到拒绝域为 $|U| > U_{\frac{\alpha}{2}}$；根据样本观测值计算统计量 U 的值，做出判断. 这种方法称为 U—检验法.

例 7.4.1 某种产品的重量 $X \sim N(12, 1)$. 更新设备后，从新生产的产品中随机抽取 100 个，测得样本均值为 12.5 克. 如果方差没有变化，问设备更新后，产品的平均重量是否有显著变化（$\alpha = 0.1$）？

解 这是在方差已知的情况下检验假设 $H_0: \mu = \mu_0$ 是否成立. 根据题意

$$\mu_0 = 12, n = 100, \bar{x} = 12.5, \sigma = 1,$$

$$U = \frac{\bar{x} - \mu_0}{\frac{\sigma}{\sqrt{n}}} = 5.$$

对给定的显著性水平 $\alpha = 0.1$，查表得临界值为 $U_{\frac{\alpha}{2}} = 1.65$，从而拒绝域为 $|U| > 1.65$.

根据样本统计量的值和拒绝域，拒绝原假设. 因此，我们认为，设备更新后，产品的平均重量有显著变化.

现在我们回头看看本节开始提出的第一个问题，这个问题相当于要检验这样的假设：$H_0: \mu = 50$，而标准差 $\sigma = 0.5$，$n = 8$，由样本计算得样本均值为 $\bar{x} = 50.04$，代入检验统计量计算得

$$U = \frac{\bar{x} - \mu_0}{\frac{\sigma}{\sqrt{n}}} = 0.2262,$$

另外假设显著性水平 $\alpha=0.05$，查表可得临界值为 $U_{\frac{\alpha}{2}}=1.96$，从而拒绝域为 $|U|>1.96$，可见统计量的值不在拒绝域中，所以接受原假设，也就是说，这一天包装机工作正常.

2. 方差 σ^2 未知时单正态总体均值的假设检验

设 $(X_1,X_2,\cdots,X_n)$ 是总体 $X\sim N(\mu,\sigma^2)$ 的一个样本，其中 σ^2 未知. 检验原假设 $H_0:\mu=\mu_0$. 此时，选取统计量

$$T=\frac{\overline{X}-\mu_0}{\frac{S}{\sqrt{n}}},$$

在 H_0 成立的条件下，$T\sim t(n-1)$. 根据给定的显著性水平 α，查表得临界值 $t_{\frac{\alpha}{2}}(n-1)$，从而得到拒绝域为 $|T|>t_{\frac{\alpha}{2}}(n-1)$；根据样本观测值计算统计量 T 的值，做出判断. 这种方法称为 t—检验法.

例 7.4.2 某批矿砂的 5 个样品中的镍含量(%)经测定为 3.25，3.27，3.24，3.26，3.24. 设测定值服从正态分布. 问在 $\alpha=0.01$ 下能否认为这批矿砂的镍含量为 3.25?

解 这是在方差未知的情况下检验原假设 $H_0:\mu=3.25$ 是否成立. 根据题意

$$\mu_0=3.25, n=5, s\approx 0.013, \bar{x}=3.252,$$

$$T=\frac{\bar{x}-\mu_0}{\frac{s}{\sqrt{n}}}\approx 0.3440.$$

对给定的显著性水平 $\alpha=0.01$，查表得临界值为 $t_{\frac{\alpha}{2}}(4)=4.604$，从而拒绝域为 $|T|>4.604$.

根据样本统计量的值和拒绝域，接受原假设. 因此，我们认为，这批矿砂的镍含量为 3.25.

3. 双正态总体均值的假设检验

设两个正态总体 X 与 Y 相互独立，$(X_1,X_2,\cdots,X_n)$ 为来自总体 $X\sim N(\mu_1,\sigma_1^2)$ 的一个样本，$(Y_1,Y_2,\cdots,Y_m)$ 为来自总体 $Y\sim N(\mu_2,\sigma_2^2)$ 的一个样本，$\bar{x}$ 与 $\bar{y}$ 分别为两个样本的样本均值，s_1^2 与 s_2^2 分别为样本方差. 设两个总体的方差均已知，检验假设 $H_0:\mu_1=\mu_2$. 此时，选取统计量

$$U=\frac{\overline{X}-\overline{Y}}{\sqrt{\frac{\sigma_1^2}{n}+\frac{\sigma_2^2}{m}}},$$

在 H_0 成立的条件下，$U\sim N(0,1)$. 根据给定的显著性水平 α，查表得临界值 $U_{\frac{\alpha}{2}}$，从而得到拒绝域为 $|U|>U_{\frac{\alpha}{2}}$；根据样本观测值计算统计量 U 的值，做出判断.

例 7.4.3 假设动物的血清中无机磷的含量服从正态分布. 现检查马与羊两种动物，先检查 26 匹马，测得每 100 毫升的血清中，所含有的无机磷平均为 3.29 毫升，马的总体标准差为 0.27 毫升. 又检查了 18 头羊，每 100 毫升的血清中，无机磷含量平均为 3.96 毫升，羊的总体标准差为 0.40 毫升. 请检验马与羊的血清中无机磷的含量是否有显著差异. ($\alpha=0.05$)

解 设马的血清中无机磷的含量 $X\sim N(\mu_1,\sigma_1^2)$，羊的血清中无机磷的含量 $Y\sim N(\mu_2,\sigma_2^2)$. 提出原假设 $H_0:\mu_1=\mu_2$. 根据题意

$$\sigma_1^2=0.27^2, \sigma_2^2=0.40^2, \bar{x}=3.29, \bar{y}=3.96, n=26, m=18,$$

$$U=\frac{\bar{x}-\bar{y}}{\sqrt{\frac{\sigma_1^2}{n}+\frac{\sigma_2^2}{m}}}=\frac{3.29-3.96}{\sqrt{\frac{0.27^2}{26}+\frac{0.40^2}{18}}}\approx -6.1961.$$

对给定的显著性水平 $\alpha=0.05$，查表得临界值 $U_{\frac{\alpha}{2}}=1.96$，从而拒绝域为 $|U|>1.96$.

根据样本统计量的值和拒绝域，拒绝原假设，即马与羊的血清中无机磷的含量有显著性差异.

4. 单正态总体方差 σ^2 的假设检验

设 $(X_1, X_2, \cdots, X_n)$ 是总体 $X\sim N(\mu, \sigma^2)$ 的一个样本，其中 μ 与 σ^2 均未知. 检验原假设 $H_0: \sigma^2=\sigma_0^2$. 此时，选取统计量

$$\chi^2=\frac{(n-1)S^2}{\sigma^2},$$

在 H_0 成立的条件下，$\chi^2\sim\chi^2(n-1)$. 根据给定的显著性水平 α，查表得临界值 $\chi^2_{1-\frac{\alpha}{2}}$ 与 $\chi^2_{\frac{\alpha}{2}}$，从而得到拒绝域为 $\chi^2<\chi^2_{1-\frac{\alpha}{2}}$ 或 $\chi^2>\chi^2_{\frac{\alpha}{2}}$；根据样本观测值计算统计量 χ^2 的值，做出判断. 这种方法称为 χ^2—检验法.

例 7.4.4 设某厂生产的铜线的折断力 $X\sim N(\mu, 64)$. 现从一批产品中抽查 10 根，测得其折断力的均值为 $\bar{x}=575.2$，方差为 $s^2=68.16$. 能否认为这批铜线折断力的方差仍为 64 (取 $\alpha=0.01$)?

解 假设 $H_0: \sigma^2=64$. 对给定的显著性水平 $\alpha=0.01$，查表得临界值

$$\chi^2_{\frac{\alpha}{2}}(9)=23.589, \chi^2_{1-\frac{\alpha}{2}}(9)=1.735,$$

则拒绝域为

$$\chi^2>23.589 \text{ 或 } \chi^2<1.735.$$

根据样本观测值计算 $\chi^2\approx 9.585$ 在拒绝域外，接受原假设. 于是，可以认为，这批铜线折断力的方差仍为 64.

5. 双正态总体方差的假设检验

设有两正态总体 $X\sim N(\mu_1, \sigma_1^2)$，$Y\sim N(\mu_2, \sigma_2^2)$，$x_1, x_2, \cdots, x_m$ 和 $y_1, y_2, \cdots, y_n$ 分别是取自 X 和 Y 的样本且相互独立，欲检验统计假设

$$H_0: \sigma_1^2=\sigma_2^2, H_1: \sigma_1^2\neq\sigma_2^2.$$

由于 S_1^2 是 σ_1^2 的无偏估计，S_2^2 是 σ_2^2 的无偏估计，当 H_0 为真时，自然想到 S_1^2 与 S_2^2 应该差不多，它们的比值 $\frac{s_1^2}{s_2^2}$ 不会太大或太小，此时统计量

$$F=\frac{s_1^2}{s_2^2}\sim F(m-1, n-1).$$

对给定的显著性水平 α，查附表确定临界值

$$F_{\frac{\alpha}{2}}(m-1, n-1), F_{1-\frac{\alpha}{2}}(m-1, n-1),$$

拒绝域为

$$F>F_{\frac{\alpha}{2}}(m-1,n-1)\text{或 }0<F<F_{1-\frac{\alpha}{2}}(m-1,n-1).$$

习题 7.4

1. 设 α,β 分别为假设检验中犯第一、第二类错误的概率，且 H_0,H_1 分别为原假设和备择假设，则

(1) P(接受 H_0 | H_0 不真)＝________；

(2) P(拒绝 H_0 | H_0 真)＝________；

(3) P(拒绝 H_0 | H_0 不真)＝________；

(4) P(接受 H_0 | H_0 真)＝________.

2. 假设某厂生产的一种钢索的断裂强度 $X\sim N(\mu,1\,600)$(kg/cm^2)，从中取一个容量为 9 的样本，经计算得$\bar{x}=780$(kg/cm^2)，能否据此认为这批钢索的断裂强度为800(kg/cm^2)($\alpha=0.05$)？

3. 某公司从甲、乙两灯泡厂购买灯泡，从历史资料知道，灯泡寿命服从正态分布. 两工厂产品寿命的标准差：甲厂为 80 小时，乙厂为 94 小时. 现从两厂各抽取 50 个灯泡测得它们的平均寿命：甲厂为 1 282 小时，乙厂为 1 231 小时. 能否判断两厂灯泡的平均寿命存在显著差异($\alpha=0.05$)？

4. 在正常情况下，某工厂生产的灯泡的寿命 X 服从正态分布. 测得 10 个灯泡的寿命如下(单位：小时)：1 490，1 440，1 680，1 610，1 500，1 750，1 550，1 420，1 800，1 580. 能否认为该厂生产的灯泡的平均寿命为 1 600 小时($\alpha=0.05$)？

5. 糖厂用自动打包机打包，每包重量 $X\sim N(\mu,1)$，已知每包标准重量为 100 千克. 某日开工后测得 9 包重量(千克)如下：99.3，98.7，100.5，101.2，98.3，99.7，99.5，102.1，100.5. 问这天打包机工作是否正常？

6. 某炼铁厂的铁水含碳量 X 在正常情况下服从正态分布. 现对操作工艺进行了改进，从中抽取 5 炉铁水，测得含碳量如下：4.420，4.052，4.357，4.287，4.683. 是否可以认为新工艺炼出的铁水含碳量的方差仍为0.108^2($\alpha=0.05$)？

7. 正常人的脉搏平均为 72 次/分. 某医生测得 10 例慢性四乙基铅中毒患者的脉搏(次/分)如下：54，67，68，78，70，66，67，70，65，69. 已知这种患者的脉搏服从正态分布，问四乙基铅中毒患者的脉搏和正常人有无显著差异($\alpha=0.05$)？

8. 假定考生成绩服从正态分布，在某地的一次数学统考中，随机抽取了 36 位考生的成绩，算得平均成绩为$\bar{x}=66.5$ 分，标准差 $s=15$ 分，问在显著性水平 0.05 下，是否可以认为这次考试全体考生的平均成绩为 70 分？

9. 甲、乙两台机床加工某种零件，零件的直径服从正态分布，总体方差反映了加工精度. 为比较两台机床的加工精度有无差别，现从各自加工的零件中抽取 7 件产品和 8 件产品，测得其直径为

X(机床甲)	16.2	16.4	15.8	15.5	16.7	15.6	15.8	
Y(机床乙)	15.9	16.0	16.4	16.1	16.5	15.8	15.7	15.0

问这两台机床的加工精度是否一致？

第五节　数学思想方法(七)——统计学中的思想方法

一、统计学中的思想方法

1. 均值思想

均值是对所要研究对象的简明而重要的代表.均值概念几乎涉及所有统计学理论,是统计学的基本思想.比如样本均值,也称为算术平均值,是在假设每个数据重要性相同的基础上进行的一种平均;而随机变量的数学期望,则是在充分考虑各数据不同重要性的基础上进行的一种平均.它告诉我们统计认识问题是从其发展的一般规律来看,侧重点不在总规模或个体,体现了数量观和推断观.均值思想也要求从总体上看问题,但要求观察其一般发展趋势,避免个别偶然现象的干扰,故也体现了总体观.

2. 变异思想

统计研究同类现象的总体特征,它的前提则是总体各单位的特征存在着差异.如果各单位之间不存在差异,也就不需要做统计,如果各单位之间的差异是按已知条件事先可以推定,也就不需要用统计方法.统计方法就是要认识事物数量方面的差异.统计学反映变异情况较基本的概念是方差,是表示“变异”的“一般水平”的概念.可以说,均值与方差这两个概念分别起到“隐异显同”和“知同察异”的作用.平均与变异都是对同类事物特征的抽象和宏观度量.

3. 估计思想

估计是以样本推测总体,是对同类事物的由此及彼式的认识方法.如在参数估计中,我们用样本均值去估计总体的均值,用样本方差去估计总体的方差;又如在线性回归分析中,我们可以用回归方程来做预测.使用估计方法有一个预设:样本与总体具有相同的性质,样本才能代表总体,但样本的代表性受偶然因素影响,在估计理论中对置信程度的测量就是保持逻辑严谨的必要步骤.

4. 相关思想

马克思主义哲学认为,事物是普遍联系的,在不断变化中,经常出现一些事物相随共变或相随共现的情况,总体又是由许多个别事物所组成,这些个别事物是相互关联的,总体中的个体之间、这一总体与另一总体之间是相互关联的.相关概念表现的就是事物之间的关系.

5. 检验思想

统计方法总是归纳性的,其结论永远带有一定的或然性,基于局部特征和规律所推广出来的判断不可能完全可信,检验过程就是利用样本的实际资料来检验事先对总体某些数量特征的假设是否可信.

二、统计学中的估计思想方法的应用

【应用实例 1——一元线性回归分析】

说明:已知 n 个样本点 $(x_k, y_k)(k=1,2,\cdots,n)$,如果这些点大致分布在一条直线的附近，我们就估计变量 x 与 y 之间具有线性相关关系，也就可以用一条直线来近似表示 x 与 y 之间的关系. 设此直线的方程为 $\hat{y}=a+bx$，称之为 y 对 x 的一元线性回归方程，a，b 称为回归系数，确定回归系数 a，b 的方法称为最小二乘法. 利用微积分的知识，我们容易求出 a，b 的值：

$$\begin{cases} b=\dfrac{\sum\limits_{k=1}^{n}(x_k-\bar{x})(y_k-\bar{y})}{\sum\limits_{k=1}^{n}(x_k-\bar{x})^2} \\ a=\bar{y}-b\bar{x} \end{cases}.$$

考虑到上述回归系数 a，b 的值是根据 n 对样本的值估计出来的，一般记作 $\hat{a}$，$\hat{b}$，相应的回归方程记作 $\hat{y}=\hat{a}+\hat{b}x$.

例 7.5.1 某铁路货运站统计了一段时间的零担货运量如下表：

天数 x	180	200	235	270	285	290	300
百吨数 y	36	47	64	78	85	87	90

求 y 对 x 的一元线性回归方程.

解 利用上述计算回归系数的方法可得

$$\hat{a}=-43.322, \hat{b}=0.449,$$

故所求 y 对 x 的一元线性回归方程为 $\hat{y}=-43.322+0.449x$.

【应用实例 2——参数估计】

说明：点估计的数字特征法，就是用样本均值来估计总体均值，即总体均值 μ 的点估计值为

$$\hat{\mu}=\bar{x}=\frac{1}{n}\sum_{k=1}^{n}x_k.$$

用样本方差来估计总体方差，即总体方差 σ^2 的点估计值为

$$\hat{\sigma}^2=s^2=\frac{1}{n-1}\sum_{k=1}^{n}(x_k-\bar{x})^2.$$

例 7.5.2 从一批产品中随机抽取 8 个，测得它们的长度(单位：cm)为 85，84，86，84，85，87，86，85. 试用数字特征法估计这批产品的总体均值和方差.

解 $\hat{\mu}=\bar{x}=\dfrac{1}{n}\sum\limits_{k=1}^{n}x_k=\dfrac{1}{8}(85+84+86+84+85+87+86+85)=85.25$；

$$\hat{\sigma}^2=s^2=\frac{1}{n-1}\sum_{k=1}^{n}(x_k-\bar{x})^2=\frac{1}{7}[(85-85.25)^2+(84-85.25)^2+$$
$$(86-85.25)^2+(84-85.25)^2+(85-85.25)^2+(87-85.25)^2+$$
$$(86-85.25)^2+(85-85.25)^2]\approx 1.07.$$

复习题七

一、填空题

1. 方差未知时，检验假设 $H_0:\mu=\mu_0$，应选取统计量________，在________条件下，该统计量服从自由度为 $n-1$ 的________分布.

2. 设 0,1,0,1,1 为来自两点分布总体 $B(1,p)$ 的一组样本值，则 p 的数字特征估计值为________.

3. 设某个假设检验问题的拒绝域为 W，且当原假设成立时，样本值 $x_1,x_2,\cdots,x_n$ 落入 W 的概率为 0.15，则犯第一类错误的概率为________.

4. 设样本 $X_1,X_2,\cdots,X_n$ 来自正态总体 $N(\mu,1)$，假设检验问题为 $H_0:\mu=0,H_1:\mu\neq0$，则在 H_0 成立的情况下，对显著性水平 α，拒绝域为________.

5. 设总体 $X\sim N(\mu,\sigma^2)$，X_1,X_2,X_3 是来自该总体的样本，则当常数 $a=$________时 $\hat{\mu}=\frac{1}{3}X_1+aX_2+\frac{1}{6}X_3$ 是未知参数 μ 的无偏估计.

6. 设总体 $X\sim N(0,0.25)$，$X_1,X_2,\cdots,X_7$ 为来自总体的一个样本，要使 $a\sum\limits_{i=1}^{7}X_i^2\sim\chi^2(7)$，则应取常数 $a=$________.

7. 设总体 $X\sim N(\mu,\sigma^2)$，$X_1,X_2,\cdots,X_n$ 是来自总体的样本，$\overline{X}$ 是样本均值，则 $D(\overline{X})=$________.

二、解答题

1. 证明：容量为 2 的样本 x_1,x_2 的样本方差为 $s^2=\frac{1}{2}(x_1-x_2)^2$.

2. $X_1,X_2,\cdots,X_8$ 是从正态总体 $N(10,9)$ 中抽取的样本，试求样本均值 $\overline{X}$ 的标准差.

3. 设总体 $X\sim N(\mu,\sigma^2)$. 已知样本容量 $n=16$，样本均值 $\bar{x}=12.5$，样本方差 $s^2=5.3333$.

(1) 若已知 $\sigma=2$，求 $P(|\bar{x}-\mu|<0.5)$；

(2) 若 σ 未知，求 $P(|\bar{x}-\mu|<0.5)$.

4. 已知每株梨树的产量 X 服从正态分布，从一片梨树中随机抽取 6 株，测算产量分别为 221,191,202,205,256,245.

(1) 求每株梨树平均产量的置信水平为 0.95 的置信区间；

(2) 求每株梨树产量的方差的置信水平为 0.95 的置信区间.

5. 设总体 X 服从指数分布

$$f(x;\lambda)=\begin{cases}\lambda\,\mathrm{e}^{-\lambda x}\\ 0\end{cases},\lambda>0\text{ 为参数.}$$

试求 λ 的极大似然估计. 若某电子元件的使用寿命服从该指数分布，现随机抽取 18 个电子元件，测得寿命数据如下(单位:小时)

16, 19, 50, 68, 100, 130, 140, 270, 280,
340, 410, 450, 520, 620, 190, 210, 800, 1 100.

求 λ 的估计值.

6. 某种元件,要求其使用寿命不低于 1 000 小时,现随机抽取 25 件,测得其平均寿命为 950 小时.已知这种元件的寿命服从标准差为 100 小时的正态分布,试在显著性水平为 0.05 的条件下确定这批元件是否合格?

7. 一台自动车床加工的零件长度 $X\sim N(\mu,\sigma^2)$.从该车床加工的零件中随机抽取 4 个,测得长度分别为:12.6,13.4,12.8,13.2.

试求:(1) 样本方差 s^2;(2) 总体方差 σ^2 的置信度为 95%的置信区间.

8. 某种产品的质量指标 $X\sim N(12,1)$(单位:克).更新设备后,从新生产的产品中随机抽取 100 个,测得样本均值为$\bar{x}=12.5$(克).如果方差没有变化,问设备更新后,产品的平均重量是否有显著变化($\alpha=0.1$)?

附表 1　泊松分布数值表

$$P(X=k)=\frac{\lambda^k}{k!}e^{-\lambda}\quad(k=0,1,2,\cdots)$$

k \ λ	0.1	0.2	0.3	0.4	0.5	0.6	0.7	0.8	0.9	1.0	1.5	2.0	2.5	3.0
0	0.940 8	0.818 7	0.740 8	0.670 3	0.606 5	0.548 8	0.496 0	0.449 3	0.406 6	0.367 9	0.223 1	0.135 3	0.082 1	0.049 8
1	0.090 5	0.163 7	0.222 3	0.268 1	0.303 3	0.329 3	0.347 6	0.359 5	0.365 9	0.367 9	0.334 7	0.270 7	0.205 2	0.149 4
2	0.004 5	0.016 4	0.033 3	0.053 6	0.075 8	0.098 8	0.121 6	0.143 8	0.164 7	0.183 9	0.251 0	0.270 7	0.256 5	0.224 0
3	0.000 2	0.001 1	0.003 3	0.007 2	0.012 6	0.019 8	0.028 4	0.038 3	0.049 4	0.061 3	0.125 5	0.180 5	0.213 8	0.224 0
4		0.000 1	0.000 3	0.000 7	0.001 6	0.003 0	0.005 0	0.007 7	0.011 1	0.015 3	0.047 1	0.090 2	0.133 6	0.168 1
5				0.000 1	0.000 2	0.000 3	0.000 7	0.001 2	0.002 0	0.003 1	0.014 1	0.036 1	0.066 8	0.100 8
6							0.000 1	0.000 2	0.000 3	0.000 5	0.003 5	0.012 0	0.027 8	0.050 4
7										0.000 1	0.000 8	0.003 4	0.009 9	0.021 6
8											0.000 2	0.000 9	0.003 1	0.008 1
9												0.000 2	0.000 9	0.002 7
10													0.000 2	0.000 8
11													0.000 1	0.000 2
12														0.000 1

k \ λ	3.5	4.0	4.5	5.0	6	7	8	9	10	11	12	13	14	15
0	0.030 2	0.018 3	0.011 1	0.006 7	0.002 5	0.000 9	0.000 3	0.000 1						
1	0.105 7	0.073 3	0.050 0	0.033 7	0.014 9	0.006 4	0.002 7	0.001 1	0.000 4	0.000 2	0.000 1			
2	0.185 0	0.146 5	0.112 5	0.084 2	0.044 6	0.022 3	0.010 7	0.005 0	0.002 3	0.001 0	0.000 4	0.000 2	0.000 1	
3	0.215 8	0.195 4	0.168 7	0.140 4	0.089 2	0.052 1	0.028 6	0.015 0	0.007 6	0.003 7	0.001 8	0.000 8	0.000 4	0.000 2
4	0.188 8	0.195 4	0.189 8	0.175 5	0.133 9	0.091 2	0.057 3	0.033 7	0.018 9	0.010 2	0.005 3	0.002 7	0.001 3	0.000 6
5	0.132 2	0.156 3	0.170 8	0.175 5	0.160 6	0.127 7	0.091 6	0.060 7	0.037 8	0.022 4	0.012 7	0.007 1	0.003 7	0.001 9
6	0.077 1	0.104 2	0.128 1	0.146 2	0.160 6	0.149 0	0.122 1	0.091 1	0.063 1	0.041 1	0.025 5	0.015 1	0.008 7	0.004 8
7	0.038 5	0.059 5	0.082 4	0.104 4	0.137 7	0.149 0	0.139 6	0.117 1	0.090 1	0.064 6	0.043 7	0.028 1	0.017 4	0.010 4
8	0.016 9	0.029 8	0.046 3	0.065 3	0.103 3	0.130 4	0.139 6	0.131 8	0.112 6	0.088 8	0.065 5	0.045 7	0.030 4	0.019 5
9	0.006 5	0.013 2	0.023 2	0.036 3	0.068 8	0.101 4	0.124 1	0.131 8	0.125 1	0.108 5	0.087 4	0.066 0	0.047 3	0.032 4
10	0.002 3	0.005 3	0.010 4	0.018 1	0.041 3	0.071 0	0.099 3	0.118 6	0.125 1	0.119 4	0.104 8	0.085 9	0.066 3	0.048 6
11	0.000 7	0.001 9	0.004 3	0.008 2	0.022 5	0.045 2	0.072 2	0.097 0	0.113 7	0.119 4	0.114 4	0.101 5	0.084 3	0.066 3
12	0.000 2	0.000 6	0.001 5	0.003 4	0.011 3	0.026 4	0.048 1	0.072 8	0.094 8	0.109 4	0.114 4	0.109 9	0.098 4	0.082 8
13	0.000 1	0.000 2	0.000 6	0.001 3	0.005 2	0.014 2	0.029 6	0.050 4	0.072 9	0.092 6	0.105 6	0.109 9	0.106 1	0.095 6
14		0.000 1	0.000 2	0.000 5	0.002 3	0.007 1	0.016 9	0.032 4	0.052 1	0.072 8	0.090 5	0.102 1	0.106 1	0.102 5
15			0.000 1	0.000 2	0.000 9	0.003 3	0.009 0	0.019 4	0.034 7	0.053 3	0.072 4	0.088 5	0.098 9	0.102 5
16				0.000 1	0.000 3	0.001 5	0.004 5	0.010 9	0.021 7	0.036 7	0.054 3	0.071 9	0.086 5	0.096 0
17					0.001 1	0.000 6	0.002 1	0.005 8	0.012 8	0.023 7	0.038 3	0.055 1	0.071 3	0.084 7
18						0.000 2	0.001 0	0.002 9	0.007 1	0.014 5	0.025 5	0.039 7	0.055 4	0.070 6
19						0.000 1	0.000 4	0.001 4	0.003 7	0.008 4	0.016 1	0.027 2	0.040 8	0.055 7
20							0.000 2	0.000 6	0.001 9	0.004 6	0.009 7	0.017 7	0.028 6	0.041 8
21							0.000 1	0.000 3	0.000 9	0.002 4	0.005 5	0.010 9	0.019 1	0.029 9
22								0.000 1	0.000 4	0.001 3	0.003 0	0.006 5	0.012 2	0.020 4
23									0.000 2	0.000 6	0.001 6	0.003 6	0.007 4	0.013 3
24									0.000 1	0.000 3	0.000 8	0.002 0	0.004 3	0.008 3
25										0.000 1	0.000 4	0.001 1	0.002 4	0.005 0
26											0.000 2	0.000 5	0.001 3	0.002 9
27											0.000 1	0.000 2	0.000 7	0.001 7
28												0.000 1	0.000 3	0.000 9
29													0.000 2	0.000 4
30													0.000 1	0.000 2
31														0.000 1

续表

λ=20						λ=30					
k	p	k	p	k	p	k	p	k	p	k	p
5	0.000 1	20	0.088 9	35	0.000 7	10		25	0.051 1	40	0.013 9
6	0.000 2	21	0.084 6	36	0.000 4	11		26	0.059 1	41	0.010 2
7	0.000 6	22	0.076 9	37	0.000 2	12	0.000 1	27	0.065 5	42	0.007 3
8	0.001 3	23	0.066 9	38	0.000 1	13	0.000 2	28	0.070 2	43	0.005 1
9	0.002 9	24	0.055 7	39	0.000 1	14	0.000 5	29	0.072 7	44	0.003 5
10	0.005 8	25	0.064 6			15	0.001 0	30	0.072 7	45	0.002 3
11	0.010 6	26	0.034 3			16	0.001 9	31	0.070 3	46	0.001 5
12	0.017 6	27	0.025 4			17	0.003 4	32	0.065 9	47	0.001 0
13	0.027 1	28	0.018 3			18	0.005 7	33	0.059 9	48	0.000 6
14	0.038 2	29	0.012 5			19	0.008 9	34	0.052 9	49	0.000 4
15	0.051 7	30	0.008 3			20	0.013 4	35	0.045 3	50	0.000 2
16	0.064 6	31	0.005 4			21	0.019 2	36	0.037 8	51	0.000 1
17	0.076 0	32	0.003 4			22	0.026 1	37	0.030 6	52	0.000 1
18	0.084 4	33	0.002 1			23	0.034 1	38	0.024 2		
19	0.088 9	34	0.001 2			24	0.042 6	39	0.018 6		

λ=40						λ=50					
k	p	k	p	k	p	k	p	k	p	k	p
15		35	0.048 5	55	0.004 3	25		45	0.045 8	65	0.006 3
16		36	0.053 9	56	0.003 1	26	0.000 1	46	0.049 8	66	0.004 8
17		37	0.058 3	57	0.002 2	27	0.000 1	47	0.053 0	67	0.003 6
18	0.000 1	38	0.061 4	58	0.001 5	28	0.000 2	48	0.055 2	68	0.002 6
19	0.000 1	39	0.062 9	59	0.001 0	29	0.000 4	49	0.056 4	69	0.001 9
20	0.000 2	40	0.062 9	60	0.000 7	30	0.000 7	50	0.056 4	70	0.001 4
21	0.000 4	41	0.061 4	61	0.000 5	31	0.001 1	51	0.055 2	71	0.001 0
22	0.000 7	42	0.058 5	62	0.000 3	32	0.001 7	52	0.053 1	72	0.000 7
23	0.001 2	43	0.054 4	63	0.000 2	33	0.002 6	53	0.050 1	73	0.000 5
24	0.001 9	44	0.049 5	64	0.000 1	34	0.003 8	54	0.046 4	74	0.000 3
25	0.003 1	45	0.044 0	65	0.000 1	35	0.005 4	55	0.042 2	75	0.000 2
26	0.004 7	46	0.038 2			36	0.007 5	56	0.037 7	76	0.000 1
27	0.007 0	47	0.032 5			37	0.010 2	57	0.033 0	77	0.000 1
28	0.010 0	48	0.027 1			38	0.013 4	58	0.028 5	78	0.000 1
29	0.013 9	49	0.022 1			39	0.017 2	59	0.024 1		
30	0.018 5	50	0.017 7			40	0.021 5	60	0.020 1		
31	0.023 8	51	0.013 9			41	0.026 2	61	0.016 5		
32	0.029 8	52	0.010 7			42	0.031 2	62	0.013 3		
33	0.036 1	53	0.008 5			43	0.036 3	63	0.010 6		
34	0.042 5	54	0.006 0			44	0.041 2	64	0.008 2		

附表 2　标准正态分布函数数值表

$$\Phi(u)=\frac{1}{\sqrt{2\pi}}\int_{-\infty}^{u}e^{-\frac{x^2}{2}}dx\,(u\geqslant 0)$$

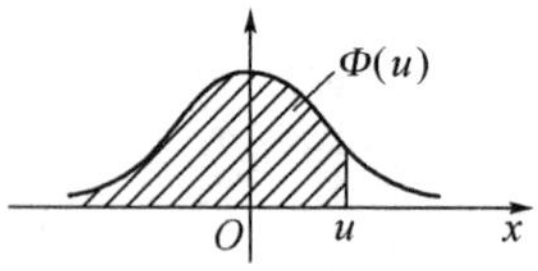

$\Phi(u)$ \ u	0.00	0.01	0.02	0.03	0.04	0.05	0.06	0.07	0.08	0.09
0.0	0.500 0	0.504 0	0.508 0	0.512 0	0.516 0	0.519 9	0.523 9	0.527 9	0.531 9	0.535 9
0.1	0.539 8	0.543 8	0.547 8	0.551 7	0.555 7	0.559 6	0.563 6	0.567 5	0.571 4	0.575 3
0.2	0.579 3	0.583 2	0.587 1	0.591 0	0.594 8	0.598 7	0.602 6	0.606 4	0.610 3	0.614 1
0.3	0.617 9	0.621 7	0.625 5	0.629 3	0.633 1	0.636 8	0.640 6	0.644 3	0.648 0	0.651 7
0.4	0.655 4	0.659 1	0.662 8	0.666 4	0.670 0	0.673 6	0.677 2	0.680 8	0.684 4	0.687 9
0.5	0.691 5	0.695 0	0.698 5	0.701 9	0.705 4	0.708 8	0.712 3	0.715 7	0.719 0	0.722 4
0.6	0.725 7	0.729 1	0.732 4	0.735 7	0.738 9	0.742 2	0.745 4	0.748 6	0.751 7	0.754 9
0.7	0.758 0	0.761 1	0.764 2	0.767 3	0.770 3	0.773 4	0.776 4	0.779 4	0.782 3	0.785 2
0.8	0.788 1	0.791 0	0.793 9	0.796 7	0.799 5	0.802 3	0.805 1	0.807 8	0.810 6	0.813 3
0.9	0.815 9	0.818 6	0.821 2	0.823 8	0.826 4	0.828 9	0.831 5	0.834 0	0.836 5	0.838 9
1.0	0.841 3	0.843 8	0.846 1	0.848 5	0.850 8	0.853 1	0.855 4	0.857 7	0.859 9	0.862 1
1.1	0.864 3	0.866 5	0.868 6	0.870 8	0.872 9	0.874 9	0.877 0	0.879 0	0.881 0	0.883 0
1.2	0.884 9	0.886 9	0.888 8	0.890 7	0.892 5	0.894 4	0.896 2	0.898 0	0.899 7	0.901 5
1.3	0.903 2	0.904 9	0.906 6	0.908 2	0.909 9	0.911 5	0.913 1	0.914 7	0.916 2	0.917 7
1.4	0.919 2	0.920 7	0.922 2	0.923 6	0.925 1	0.926 5	0.927 8	0.929 2	0.930 6	0.931 9
1.5	0.933 2	0.934 5	0.935 7	0.937 0	0.938 2	0.939 4	0.940 6	0.941 8	0.943 0	0.944 1
1.6	0.945 2	0.946 3	0.947 4	0.948 4	0.949 5	0.950 5	0.951 5	0.952 5	0.953 5	0.954 5
1.7	0.955 4	0.956 4	0.957 3	0.958 2	0.959 1	0.959 9	0.960 8	0.961 6	0.962 5	0.963 3
1.8	0.964 1	0.964 8	0.965 6	0.966 4	0.967 1	0.967 8	0.968 6	0.969 3	0.970 0	0.970 6
1.9	0.971 3	0.971 9	0.972 6	0.973 2	0.973 8	0.974 4	0.975 0	0.975 6	0.976 2	0.976 7
2.0	0.977 2	0.977 8	0.978 3	0.978 8	0.978 3	0.979 8	0.980 3	0.980 8	0.981 2	0.981 7
2.1	0.982 1	0.982 6	0.983 0	0.983 4	0.983 8	0.984 2	0.984 6	0.985 0	0.985 4	0.985 7
2.2	0.986 1	0.986 4	0.986 8	0.987 1	0.987 4	0.987 8	0.988 1	0.988 4	0.988 7	0.989 0
2.3	0.989 3	0.989 6	0.989 8	0.990 1	0.990 4	0.990 6	0.990 9	0.991 1	0.991 3	0.991 6
2.4	0.991 8	0.992 0	0.992 2	0.992 5	0.992 7	0.992 9	0.993 1	0.993 2	0.993 4	0.993 6
2.5	0.993 8	0.994 0	0.994 1	0.994 3	0.994 5	0.994 6	0.994 8	0.994 9	0.995 1	0.995 2
2.6	0.995 3	0.995 5	0.995 6	0.995 7	0.995 9	0.996 0	0.996 1	0.996 2	0.996 3	0.996 4
2.7	0.996 5	0.996 6	0.996 7	0.996 8	0.996 9	0.997 0	0.997 1	0.997 2	0.997 3	0.997 4
2.8	0.997 4	0.997 5	0.997 6	0.997 7	0.997 7	0.997 8	0.997 9	0.997 9	0.998 0	0.998 1
2.9	0.998 1	0.998 2	0.998 2	0.998 3	0.998 4	0.998 4	0.998 5	0.998 5	0.998 6	0.998 6
3.0	0.998 7	0.999 0	0.999 3	0.999 5	0.999 7	0.999 8	0.999 8	0.999 9	0.999 9	1.000 0

注：本表最后一行自左至右依次是 $\Phi(3.0),\cdots,\Phi(3.9)$ 的值。

附表 3 χ^2 分布临界值表

$$P(\chi^2(n) > \chi^2_\alpha(n)) = \alpha$$

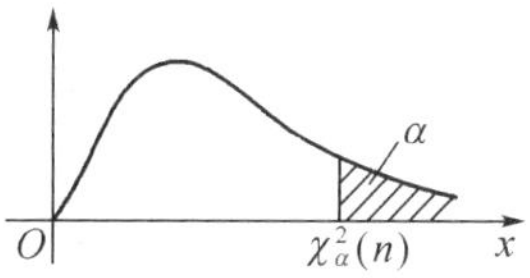

自由度 \ α	0.995	0.99	0.975	0.95	0.90	0.75	0.25	0.10	0.05	0.025	0.01	0.005
1			0.001	0.004	0.016	0.102	1.323	2.706	3.841	5.024	6.635	7.879
2	0.010	0.020	0.051	0.103	0.211	0.575	2.773	4.605	5.991	7.378	9.210	10.597
3	0.072	0.115	0.216	0.352	0.584	1.213	4.108	6.251	7.815	9.348	11.345	12.838
4	0.207	0.297	0.484	0.711	1.064	1.923	5.385	7.779	9.488	11.143	13.277	14.860
5	0.412	0.554	0.831	1.145	1.610	2.675	6.626	9.236	11.071	12.833	15.086	16.750
6	0.676	0.872	1.237	1.635	2.204	3.455	7.841	10.645	12.592	14.449	16.812	18.548
7	0.989	1.239	1.690	2.167	2.833	4.255	9.037	12.017	14.067	16.013	18.475	20.278
8	1.344	1.646	2.180	2.733	3.490	5.071	10.219	13.362	15.507	17.535	20.090	21.955
9	1.735	2.088	2.700	3.325	4.168	5.899	11.389	14.684	16.919	19.023	21.666	23.589
10	2.156	2.558	3.247	3.940	4.865	6.737	12.549	15.987	18.307	20.483	23.209	25.188
11	2.603	3.053	3.816	4.575	5.578	7.584	13.701	17.275	19.675	21.920	24.725	26.757
12	3.074	3.571	4.404	5.226	6.304	8.438	14.845	18.549	21.026	23.337	26.217	28.299
13	3.565	4.107	5.009	5.892	7.042	9.299	15.984	19.812	22.362	24.736	27.688	29.819
14	4.075	4.660	5.629	6.571	7.790	10.165	17.117	21.064	23.685	26.119	29.141	31.319
15	4.601	5.229	6.262	7.261	8.547	11.037	18.245	22.307	24.996	27.488	30.578	32.801
16	5.142	5.812	6.908	7.962	9.312	11.912	19.369	23.542	26.296	28.845	32.000	34.267
17	5.697	6.408	7.564	8.672	10.085	12.792	20.489	24.769	27.587	30.191	33.409	35.718
18	6.265	7.015	8.213	9.390	10.865	13.675	21.605	25.989	28.869	31.526	34.805	37.156
19	6.844	7.633	8.907	10.117	11.651	14.562	22.718	27.204	30.144	32.852	36.191	38.582
20	7.434	8.260	9.591	10.851	12.443	15.452	23.828	28.412	31.410	34.170	37.566	39.997
21	8.034	8.897	10.283	11.591	13.240	16.344	24.935	29.615	32.671	35.479	38.932	41.401
22	8.643	9.542	10.982	12.338	14.042	17.240	26.039	30.813	33.924	36.781	40.289	42.796
23	9.260	10.196	11.689	13.091	14.848	18.137	27.141	32.007	35.172	38.076	41.638	44.181
24	9.886	10.856	12.401	13.848	15.659	19.037	28.241	33.196	36.415	39.364	42.980	45.559
25	10.520	11.524	13.120	14.611	16.473	19.939	29.339	34.382	37.652	40.646	44.314	46.928
26	11.160	12.198	13.844	15.379	17.292	20.843	30.435	35.563	38.885	41.923	45.642	48.290
27	11.808	12.879	14.573	16.151	18.114	21.749	31.528	36.741	40.113	43.194	46.963	49.645
28	12.461	13.565	15.308	16.928	18.939	22.657	32.620	37.916	41.337	44.461	48.278	50.993
29	13.121	14.257	16.047	17.708	19.768	23.567	33.711	39.087	42.557	45.722	49.588	52.336
30	13.787	14.954	16.791	18.493	20.599	24.478	34.800	40.256	43.773	46.979	50.892	53.672
31	14.458	15.655	17.539	19.281	21.434	25.390	35.887	41.422	44.985	48.232	52.191	55.003
32	15.134	16.362	18.291	20.072	22.271	26.304	36.973	42.585	46.194	49.480	53.486	56.328
33	15.815	17.074	19.047	20.867	23.110	27.219	38.058	43.745	47.400	50.725	54.776	57.648
34	16.501	17.789	19.806	21.664	23.952	28.136	39.141	44.903	48.602	51.966	56.061	58.964
35	17.192	18.509	20.569	22.465	24.797	29.054	40.223	46.059	49.802	53.203	57.342	60.275
36	17.887	19.233	21.336	23.269	25.643	29.973	41.304	47.212	50.998	54.437	58.619	61.581
37	18.586	19.960	22.106	24.075	26.492	30.893	42.383	48.363	52.192	55.668	59.892	62.883
38	19.289	20.691	22.878	24.884	27.343	31.815	43.462	49.513	53.384	56.896	61.162	64.181
39	19.996	21.426	23.654	25.695	28.196	32.737	44.539	50.660	54.572	58.120	62.428	65.476
40	20.707	22.164	24.433	26.509	29.051	33.660	45.616	51.805	55.758	59.342	63.691	66.766

附表 4　t 分布临界值表

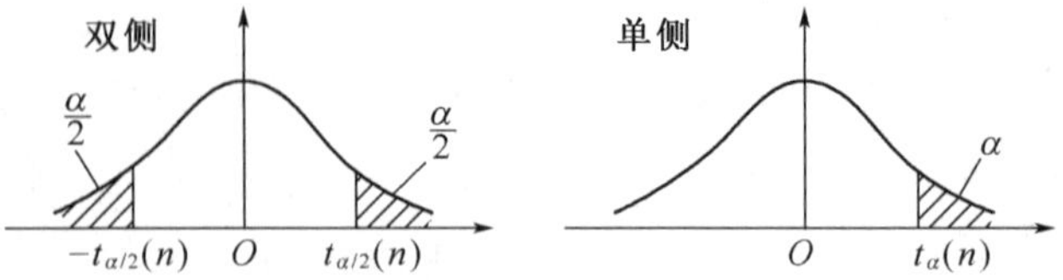

α	双　侧	0.5	0.2	0.1	0.05	0.02	0.01
	单　侧	0.25	0.1	0.05	0.025	0.01	0.005
自由度	1	1.000	3.078	6.314	12.708	31.821	63.657
	2	0.816	1.886	2.920	4.303	6.965	9.925
	3	0.765	1.638	2.353	3.182	4.541	5.841
	4	0.741	1.533	2.132	2.776	3.747	4.604
	5	0.727	1.476	2.015	2.571	3.365	4.032
	6	0.718	1.440	1.943	2.447	8.143	3.707
	7	0.711	1.415	1.895	2.365	2.998	3.499
	8	0.706	1.397	1.860	2.306	2.896	3.355
	9	0.703	1.383	1.833	2.262	2.821	3.250
	10	0.700	1.372	1.812	2.228	2.764	3.169
	11	0.697	1.363	1.796	2.201	2.718	3.106
	12	0.695	1.358	1.782	2.179	2.681	3.056
	13	0.694	1.350	1.771	2.160	2.650	3.012
	14	0.692	1.345	1.761	2.145	2.624	2.977
	15	0.691	1.341	1.753	2.131	2.602	2.947
	16	0.690	1.337	1.748	2.120	2.583	2.921
	17	0.689	1.333	1.740	2.110	2.567	2.898
	18	0.688	1.330	1.734	2.101	2.552	2.878
	19	0.688	1.328	1.729	2.093	2.589	2.861
	20	0.687	1.325	1.725	2.086	2.528	2.845
	21	0.686	1.323	1.721	2.080	2.518	2.831
	22	0.686	1.321	1.717	2.074	2.508	2.819
	23	0.685	1.319	1.714	2.069	2.500	2.807
	24	0.685	1.318	1.711	2.064	2.492	2.797
	25	0.684	1.316	1.708	2.060	2.485	2.787
	26	0.684	1.315	1.706	2.056	2.479	2.779
	27	0.684	1.314	1.703	2.052	2.473	2.771
	28	0.683	1.313	1.701	2.048	2.467	2.763
	29	0.683	1.311	1.699	2.045	2.462	2.756
	30	0.683	1.310	1.697	2.042	2.457	2.750
	40	0.681	1.303	1.684	2.021	2.423	2.704
	60	0.679	1.296	1.671	2.000	2.390	2.660
	120	0.677	1.289	1.658	1.980	2.358	2.617
	∞	0.674	1.282	1.645	1.960	2.326	2.576

附表 5　F 分布临界值表

$$P(F(n_1, n_2) > F_\alpha(n_1, n_2)) = \alpha$$

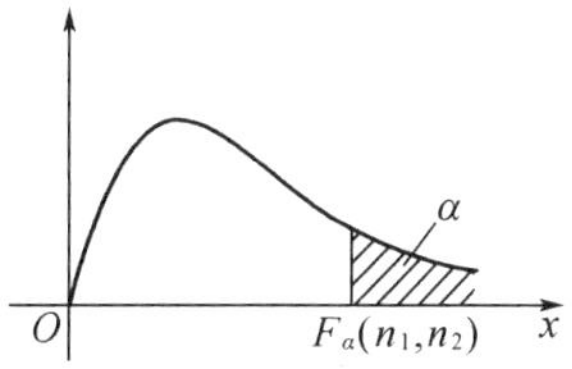

$\alpha = 0.10$

n_2 \ n_1	1	2	3	4	5	6	7	8	9	10	12	15	20	24	30	40	60	120	∞
1	39.86	49.50	53.59	55.83	57.24	58.20	58.91	59.44	59.86	60.19	60.71	61.22	61.74	62.00	62.26	62.53	62.79	63.06	63.33
2	8.53	9.00	9.16	9.24	9.26	9.33	9.35	9.37	9.38	9.39	9.41	9.42	9.44	9.45	9.46	9.47	9.47	9.48	9.49
3	5.54	5.46	5.39	5.34	5.31	5.28	5.27	5.25	5.24	5.23	5.22	5.20	5.18	5.18	5.17	5.16	5.15	5.14	5.13
4	4.54	4.32	4.19	4.11	4.05	4.01	3.98	3.95	3.94	3.92	3.96	3.87	3.84	3.83	3.82	3.80	3.79	3.78	3.76
5	4.06	3.78	3.62	3.52	3.45	3.40	3.37	3.34	3.32	3.30	3.27	3.24	3.21	3.19	3.17	3.16	3.14	3.12	3.10
6	3.78	3.46	3.29	3.18	3.11	3.05	3.01	2.98	2.96	2.94	2.90	2.87	2.84	2.82	2.80	2.78	2.76	2.74	2.72
7	4.59	3.26	3.07	2.96	2.88	2.83	2.78	2.75	2.72	2.70	2.67	2.63	2.59	2.58	2.56	2.54	2.51	2.49	2.47
8	3.46	3.11	2.92	2.81	2.78	2.67	2.62	2.59	2.56	2.54	2.50	2.46	2.42	2.40	2.38	2.36	2.34	2.32	2.29
9	3.36	3.01	2.81	2.69	2.61	2.55	2.51	2.47	2.44	2.42	2.38	2.34	2.30	2.28	2.25	2.23	2.21	2.18	2.16
10	3.28	2.92	2.73	2.61	2.52	2.46	2.41	2.38	2.35	2.32	2.28	2.24	2.20	2.18	2.16	2.13	2.11	2.08	2.06
11	3.23	2.86	2.66	2.54	2.45	2.39	2.34	2.30	2.27	2.25	2.21	2.17	2.12	2.10	2.08	2.05	2.03	2.00	1.97
12	3.18	2.81	2.61	2.48	2.39	2.33	2.28	2.24	2.21	2.19	2.15	2.10	2.06	2.04	2.01	1.99	1.96	1.93	1.90
13	3.14	2.76	2.56	2.43	2.35	2.28	2.23	2.20	2.16	2.14	2.10	2.05	2.01	1.98	1.96	1.93	1.90	1.88	1.85
14	3.10	2.73	2.52	2.39	2.31	2.24	2.19	2.15	2.12	2.10	2.05	2.01	1.96	1.94	1.91	1.89	1.86	1.83	1.80
15	3.07	2.70	2.49	2.36	2.27	2.21	2.16	2.12	2.09	2.06	2.02	1.97	1.92	1.90	1.87	1.85	1.82	1.79	1.76
16	3.05	2.67	2.46	2.33	2.24	2.18	2.13	2.09	2.06	2.03	1.99	1.94	1.89	1.87	1.84	1.81	1.78	1.75	1.72
17	3.03	2.64	2.44	2.31	2.22	2.15	2.10	2.06	2.03	2.00	1.96	1.91	1.86	1.84	1.81	1.78	1.75	1.72	1.69
18	3.01	2.62	2.42	2.29	2.20	2.13	2.08	2.04	2.00	1.98	1.93	1.89	1.84	1.81	1.78	1.75	1.72	1.69	1.66
19	2.99	2.61	2.40	2.27	2.18	2.11	2.06	2.02	1.98	1.96	1.91	1.86	1.81	1.79	1.76	1.73	1.70	1.67	1.63
20	2.97	2.59	2.38	2.25	2.16	2.09	2.04	2.00	1.96	1.94	1.89	1.84	1.79	1.77	1.74	1.71	1.68	1.64	1.61
21	2.96	2.57	2.36	2.23	2.14	2.08	2.02	1.98	1.95	1.92	1.87	1.83	1.78	1.75	1.72	1.69	1.66	1.62	1.59
22	2.95	2.56	2.35	2.22	2.13	2.06	2.01	1.97	1.93	1.90	1.86	1.81	1.76	1.73	1.70	1.67	1.64	1.60	1.57
23	2.94	2.55	2.34	2.21	2.11	2.05	1.99	1.95	1.92	1.89	1.84	1.80	1.74	1.72	1.69	1.66	1.62	1.59	1.55
24	2.93	2.54	2.33	2.19	2.10	2.04	1.98	1.94	1.91	1.88	1.83	1.78	1.73	1.70	1.67	1.64	1.61	1.57	1.53
25	2.92	2.53	2.32	2.18	2.09	2.02	1.97	1.93	1.89	1.87	1.82	1.77	1.72	1.69	1.66	1.63	1.59	1.56	1.52
26	2.91	2.52	2.31	2.17	2.08	2.01	1.96	1.92	1.88	1.86	1.81	1.76	1.71	1.68	1.65	1.61	1.58	1.54	1.50
27	2.90	2.51	2.30	2.17	2.07	2.00	1.95	1.91	1.87	1.85	1.80	1.75	1.70	1.67	1.64	1.60	1.57	1.53	1.49
28	2.89	2.50	2.29	2.16	2.06	2.00	1.94	1.90	1.87	1.84	1.79	1.74	1.69	1.66	1.63	1.59	1.56	1.52	1.48
29	2.89	2.50	2.28	2.15	2.06	1.99	1.93	1.89	1.86	1.83	1.78	1.73	1.68	1.65	1.62	1.58	1.55	1.51	1.47
30	2.88	2.49	2.28	2.14	2.05	1.98	1.93	1.88	1.85	1.82	1.77	1.72	1.67	1.64	1.61	1.57	1.54	1.50	1.46
40	2.84	2.44	2.23	2.09	2.00	1.93	1.87	1.83	1.79	1.76	1.71	1.66	1.61	1.57	1.54	1.51	1.47	1.42	1.38
60	2.79	2.39	2.18	2.04	1.95	1.87	1.82	1.77	1.74	1.71	1.66	1.60	1.54	1.51	1.48	1.44	1.40	1.35	1.29
120	2.75	2.35	2.13	1.99	1.90	1.82	1.77	1.72	1.68	1.65	1.60	1.55	1.48	1.45	1.41	1.37	1.32	1.26	1.19
∞	2.71	2.30	2.08	1.94	1.85	1.77	1.72	1.67	1.63	1.60	1.55	1.49	1.42	1.38	1.34	1.30	1.24	1.17	1.00

续表

$\alpha = 0.05$

n_2 \ n_1	1	2	3	4	5	6	7	8	9	10	12	15	20	24	30	40	60	120	∞
1	161.4	199.5	215.7	224.6	230.2	234.0	236.8	238.9	240.5	241.9	243.9	245.9	248.0	249.1	250.1	251.1	252.2	253.3	254.3
2	18.51	19.00	19.16	19.25	19.30	19.33	19.35	19.37	19.38	19.40	19.41	19.43	19.45	19.45	19.46	19.47	19.48	19.49	19.50
3	10.13	9.55	9.28	9.12	9.01	8.94	8.89	8.85	8.81	8.79	8.74	8.70	8.66	8.64	8.62	8.59	8.57	8.55	8.53
4	7.71	6.94	6.59	6.39	6.26	6.16	6.09	6.04	6.00	5.96	5.91	5.86	5.80	5.77	5.75	5.72	5.69	5.66	5.63
5	6.61	5.79	5.41	5.19	5.05	4.95	4.88	4.82	4.77	4.74	4.68	4.62	4.56	4.53	4.50	4.46	4.43	4.40	4.36
6	5.99	5.14	4.76	4.53	4.39	4.28	4.21	4.15	4.10	4.06	4.00	3.94	3.87	3.84	3.81	3.77	3.74	3.70	3.67
7	5.59	4.74	4.35	4.12	3.97	3.87	3.79	3.73	3.68	3.64	3.57	3.51	3.44	3.41	3.38	3.34	3.30	3.27	3.23
8	5.32	4.46	4.07	3.84	3.69	3.58	3.50	3.44	3.39	3.35	3.28	3.22	3.15	3.12	3.08	3.04	3.01	2.97	2.93
9	5.12	4.26	3.86	3.63	3.48	3.37	3.29	3.23	3.18	3.14	3.07	3.01	2.94	2.90	2.86	2.83	2.79	2.75	2.71
10	4.96	4.10	3.71	3.48	3.33	3.22	3.14	3.07	3.02	2.98	2.91	2.85	2.77	2.74	2.70	2.66	2.62	2.58	2.54
11	4.84	3.98	3.59	3.36	3.20	3.09	3.01	2.95	2.90	2.85	2.79	2.72	2.65	2.61	2.57	2.53	2.49	2.45	2.40
12	4.75	3.89	3.49	3.26	3.11	3.00	2.91	2.85	2.80	2.75	2.69	2.62	2.54	2.51	2.47	2.43	2.38	2.34	2.30
13	4.67	3.81	3.41	3.18	3.03	2.92	2.83	2.77	2.71	2.67	2.60	2.53	2.46	2.42	2.38	2.34	2.30	2.25	2.21
14	4.60	3.74	3.34	3.11	2.96	2.85	2.76	2.70	2.65	2.60	2.53	2.46	2.39	2.35	2.31	2.27	2.22	2.18	2.13
15	4.54	3.68	3.29	3.06	2.90	2.79	2.71	2.64	2.59	2.54	2.48	2.40	2.33	2.29	2.25	2.20	2.16	2.11	2.07
16	4.49	3.63	3.24	3.01	2.85	2.74	2.66	2.59	2.54	2.49	2.42	2.35	2.28	2.24	2.19	2.15	2.11	2.06	2.01
17	4.45	3.59	3.20	2.96	2.81	2.70	2.61	2.55	2.49	2.45	2.38	2.31	2.23	2.19	2.15	2.10	2.06	2.01	1.96
18	4.41	3.55	3.16	2.93	2.77	2.66	2.58	2.51	2.46	2.41	2.34	2.27	2.19	2.15	2.11	2.06	2.02	1.97	1.92
19	4.38	3.52	3.13	2.90	2.74	2.63	2.54	2.48	2.42	2.38	2.31	2.23	2.16	2.11	2.07	2.03	1.98	1.93	1.88
20	4.35	3.49	3.10	2.87	2.71	2.60	2.51	2.45	2.39	2.35	2.28	2.20	2.12	2.08	2.04	1.99	1.95	1.90	1.84
21	4.32	3.47	3.07	2.84	2.68	2.57	2.49	2.42	2.37	2.32	2.25	2.18	2.10	2.05	2.01	1.96	1.92	1.87	1.81
22	4.30	3.44	3.05	2.82	2.66	2.55	2.46	2.40	2.34	2.30	2.23	2.15	2.07	2.03	1.98	1.94	1.89	1.84	1.78
23	4.28	3.42	3.03	2.80	2.64	2.53	2.44	2.37	2.32	2.27	2.20	2.13	2.05	2.01	1.96	1.91	1.86	1.81	1.76
24	4.26	3.40	3.01	2.78	2.62	2.51	2.42	2.36	2.30	2.25	2.18	2.11	2.03	1.98	1.94	1.89	1.84	1.79	1.73
25	4.24	3.39	2.99	2.76	2.60	2.49	2.40	2.34	2.28	2.24	2.16	2.09	2.01	1.96	1.92	1.87	1.82	1.77	1.71
26	4.23	3.37	2.98	2.74	2.59	2.47	2.39	2.32	2.27	2.22	2.15	2.07	1.99	1.95	1.90	1.85	1.80	1.75	1.69
27	4.21	3.35	2.96	2.73	2.57	2.46	2.37	2.31	2.25	2.20	2.13	2.06	1.97	1.93	1.88	1.84	1.79	1.73	1.67
28	4.20	3.34	2.95	2.71	2.56	2.45	2.36	2.29	2.24	2.19	2.12	2.04	1.96	1.91	1.87	1.82	1.77	1.71	1.65
29	4.18	3.33	2.93	2.70	2.55	2.43	2.35	2.28	2.22	2.18	2.10	2.03	1.94	1.90	1.85	1.81	1.75	1.70	1.64
30	4.17	3.32	2.92	2.69	2.53	2.42	2.33	2.27	2.21	2.16	2.09	2.01	1.93	1.89	1.84	1.79	1.74	1.68	1.62
40	4.08	3.23	2.84	2.61	2.45	2.34	2.25	2.18	2.12	2.08	2.00	1.92	1.84	1.79	1.74	1.69	1.64	1.58	1.51
60	4.00	3.15	2.76	2.53	2.37	2.25	2.17	2.10	2.04	1.99	1.92	1.84	1.75	1.70	1.65	1.59	1.53	1.47	1.39
120	3.92	3.07	2.68	2.45	2.29	2.17	2.09	2.02	1.96	1.91	1.83	1.75	1.66	1.61	1.55	1.50	1.43	1.35	1.25
∞	3.84	3.00	2.60	2.37	2.21	2.10	2.01	1.94	1.88	1.83	1.75	1.67	1.57	1.52	1.46	1.39	1.32	1.22	1.00

续表

$\alpha = 0.025$

n_2 \ n_1	1	2	3	4	5	6	7	8	9	10	12	15	20	24	30	40	60	120	∞
1	647.8	799.5	864.2	899.6	921.8	937.1	948.2	956.7	963.3	968.6	976.7	984.9	993.1	997.2	1 001	1 006	1 010	1 014	1 018
2	38.51	39.00	39.17	39.25	39.30	39.33	39.36	39.37	39.39	39.40	39.41	39.43	39.45	39.46	39.46	39.47	39.48	39.49	39.50
3	17.44	16.04	15.44	15.10	14.88	14.73	14.62	14.54	14.47	14.42	14.34	14.25	14.17	14.12	14.08	14.04	13.99	13.95	13.90
4	12.22	10.65	9.98	9.60	9.36	9.20	9.07	8.98	8.90	8.84	8.75	8.66	8.56	8.51	8.64	8.41	8.36	8.31	8.26
5	10.01	8.43	7.76	7.39	7.15	6.98	6.85	6.76	6.68	6.62	6.52	6.43	6.33	6.28	6.23	6.18	6.12	6.07	6.02
6	8.81	7.26	6.60	6.23	5.99	5.82	5.70	5.60	5.52	5.46	5.37	5.27	5.17	5.12	5.07	5.01	4.96	4.90	4.85
7	8.07	6.54	5.89	5.52	5.29	5.12	4.99	4.90	4.82	4.76	4.67	4.57	4.47	4.42	4.36	4.31	4.25	4.20	4.14
8	7.57	6.06	5.42	5.05	4.82	4.65	4.53	4.43	4.36	4.30	4.20	4.10	4.00	3.95	3.89	3.84	3.78	3.73	3.67
9	7.21	5.71	5.08	4.72	4.48	4.32	4.20	4.10	4.03	3.96	3.87	3.77	3.67	3.61	3.56	3.51	3.45	3.39	3.33
10	6.94	5.46	4.83	4.47	4.24	4.07	3.95	3.85	3.78	3.72	3.62	3.52	3.42	3.37	3.31	3.26	3.20	3.14	3.08
11	6.72	5.26	4.63	4.28	4.04	3.88	3.76	3.66	3.59	3.53	3.43	3.33	3.23	3.17	3.12	3.06	3.00	2.94	2.88
12	6.55	5.10	4.47	4.12	3.89	3.73	3.61	3.51	3.44	3.37	3.28	3.18	3.07	3.02	2.96	2.91	2.85	2.79	2.72
13	6.41	4.97	4.35	4.00	3.77	3.60	3.48	3.39	3.31	3.25	3.15	3.05	2.95	2.89	2.84	2.78	2.72	2.66	2.60
14	6.30	4.86	4.24	3.89	3.66	3.50	3.38	3.29	3.21	3.15	3.05	2.95	2.84	2.79	2.73	2.67	2.61	2.55	2.49
15	6.20	4.77	4.15	3.80	3.58	3.41	3.29	3.20	3.12	3.06	2.96	2.86	2.76	2.70	2.64	2.59	2.52	2.46	2.40
16	6.12	4.69	4.08	3.73	3.50	3.34	3.22	3.12	3.05	2.99	2.89	2.79	2.68	2.63	2.57	2.51	2.45	2.38	2.32
17	6.04	4.62	4.01	3.66	3.44	3.28	3.16	3.06	2.98	2.92	2.82	2.72	2.62	2.56	2.50	2.44	2.38	2.32	2.25
18	5.98	4.56	3.95	3.61	3.38	3.22	3.10	3.01	2.93	2.87	2.77	2.67	2.56	2.50	2.44	2.38	2.32	2.26	2.19
19	5.92	4.51	3.90	3.56	3.33	3.17	3.05	2.96	2.88	2.82	2.72	2.62	2.51	2.45	2.39	2.33	2.27	2.20	2.13
20	5.87	4.46	3.86	3.51	3.29	3.13	3.01	2.91	2.84	2.77	2.68	2.57	2.46	2.41	2.35	2.29	2.22	2.16	2.09
21	5.83	4.42	3.82	3.48	3.25	3.09	2.97	2.87	2.80	2.73	2.64	2.53	2.42	2.37	2.31	2.25	2.18	2.11	2.04
22	5.79	4.38	3.78	3.44	3.22	3.05	2.93	2.84	2.76	2.70	2.60	2.50	2.39	2.33	2.27	2.21	2.14	2.08	2.00
23	5.75	4.35	3.75	3.41	3.18	3.02	2.90	2.81	2.73	2.67	2.57	2.47	2.36	2.30	2.24	2.18	2.11	2.04	1.97
24	5.72	4.32	3.72	3.38	3.15	2.99	2.87	2.78	2.70	2.64	2.54	2.44	2.33	2.27	2.21	2.15	2.08	2.01	1.94
25	5.69	4.29	3.69	3.35	3.13	2.97	2.85	2.75	2.68	2.61	2.51	2.41	2.30	2.24	2.18	2.12	2.05	1.98	1.91
26	5.66	4.27	3.67	3.33	3.10	2.94	2.82	2.73	2.65	2.59	2.49	2.39	2.28	2.22	2.16	2.09	2.03	1.95	1.88
27	5.63	4.24	3.65	3.31	3.08	2.92	2.80	2.71	2.63	2.57	2.47	2.36	2.25	2.19	2.13	2.07	2.00	1.93	1.85
28	5.61	4.22	3.63	3.29	3.06	2.90	2.78	2.69	2.61	2.55	2.45	2.34	2.23	2.17	2.11	2.05	1.98	1.91	1.83
29	5.59	4.20	3.61	3.27	3.04	2.88	2.76	2.67	2.59	2.53	2.43	2.32	2.21	2.15	2.09	2.03	1.96	1.89	1.81
30	5.57	4.18	3.59	3.25	3.03	2.87	2.75	2.65	2.57	2.51	2.41	2.31	2.20	2.14	2.07	2.01	1.94	1.87	1.79
40	5.42	4.05	3.46	3.13	2.90	2.74	2.62	2.53	2.45	2.39	2.29	2.18	2.07	2.01	1.94	1.88	1.80	1.72	1.64
60	5.29	3.93	3.34	3.01	2.79	2.63	2.51	2.41	2.33	2.27	2.17	2.06	1.94	1.88	1.82	1.74	1.67	1.58	1.48
120	5.15	3.80	3.23	2.89	2.67	2.52	2.39	2.30	2.22	2.16	2.05	1.94	1.82	1.76	1.69	1.61	1.53	1.43	1.31
∞	5.02	3.69	3.12	2.79	2.57	2.41	2.29	2.19	2.11	2.05	1.94	1.83	1.71	1.64	1.57	1.48	1.39	1.27	1.00

续表

$\alpha = 0.01$

n_2 \ n_1	1	2	3	4	5	6	7	8	9	10	12	15	20	24	30	40	60	120	∞
1	4 025	4 999.5	5 403	5 625	5 764	5 859	5 928	5 982	6 022	6 056	6 106	6 157	6 209	6 235	6 261	6 287	6 313	6 339	6 366
2	98.50	99.00	99.17	99.25	99.30	99.33	99.36	99.37	99.39	99.40	99.42	99.43	99.45	99.46	99.47	99.47	99.48	99.49	99.50
3	34.12	30.82	29.46	28.71	28.24	27.91	27.67	27.49	27.35	27.23	27.05	26.87	26.69	26.60	26.50	26.41	26.32	26.22	26.13
4	21.20	18.00	16.96	15.98	15.52	15.21	14.98	14.80	14.66	14.55	14.37	14.20	14.02	13.93	13.84	13.75	13.65	13.56	13.46
5	16.26	13.27	12.06	11.39	10.97	10.67	10.46	10.29	10.16	10.05	9.89	9.72	9.55	9.47	9.38	9.29	9.20	9.11	9.02
6	13.75	10.92	9.78	9.15	8.75	8.47	8.26	8.10	7.98	7.87	7.72	7.56	7.40	7.31	7.23	7.14	7.06	6.97	6.88
7	12.25	9.55	8.45	7.85	7.46	7.19	6.99	6.84	6.72	6.62	6.47	6.31	6.16	6.07	5.99	5.91	5.82	5.74	5.65
8	11.26	8.65	7.59	7.01	6.63	6.37	6.18	6.03	5.91	5.81	5.67	5.52	5.36	5.28	5.20	5.12	5.03	4.95	4.86
9	10.56	8.02	6.99	6.42	6.06	5.80	5.61	5.47	5.35	5.26	5.11	4.96	4.81	4.73	4.65	4.57	4.48	4.40	4.31
10	10.04	7.56	6.55	5.99	5.64	5.39	5.20	5.06	4.94	4.85	4.71	4.56	4.41	4.33	4.25	4.17	4.08	4.00	3.91
11	9.65	7.21	6.22	5.67	5.32	5.07	4.89	4.47	4.63	4.54	4.40	4.25	4.10	4.02	3.94	3.86	4.78	3.69	3.60
12	9.33	6.93	5.95	5.41	5.06	4.82	4.64	4.50	4.39	4.30	4.16	4.01	3.86	3.78	3.70	3.62	3.54	3.45	3.36
13	9.07	6.70	5.74	5.21	4.86	4.62	4.44	4.30	4.19	4.10	3.96	3.82	3.66	3.59	3.51	3.43	3.34	3.25	3.17
14	8.86	6.51	5.56	5.04	4.69	4.46	4.28	4.14	4.03	3.94	3.80	3.66	3.51	3.43	3.35	3.27	3.18	3.09	3.00
15	8.68	6.36	5.42	4.89	4.56	4.32	4.14	4.00	3.89	3.80	3.67	3.52	3.37	3.29	3.21	3.13	3.05	2.96	2.87
16	8.53	6.23	5.29	4.77	4.44	4.20	4.03	3.89	3.78	3.69	3.55	3.41	3.26	3.18	3.10	3.02	2.93	2.84	2.75
17	8.40	6.11	5.18	4.67	4.34	4.10	3.93	3.79	3.68	3.59	3.46	3.31	3.16	3.08	3.00	2.92	2.83	2.75	2.65
18	8.29	6.01	5.09	4.58	4.25	4.01	3.84	3.71	3.60	3.51	3.37	3.23	3.08	3.00	2.92	2.84	2.75	2.66	2.57
19	8.18	5.93	5.01	4.50	4.17	3.94	3.77	3.63	3.52	3.43	3.30	3.15	3.00	2.92	2.84	2.76	2.67	2.58	2.49
20	8.10	5.85	4.94	4.43	4.10	3.87	3.70	3.56	3.46	3.37	3.23	3.09	2.94	2.86	2.78	2.69	2.61	2.52	2.42
21	8.02	5.78	4.87	4.37	4.04	3.81	3.64	3.51	3.40	3.31	3.17	3.03	2.88	2.80	2.72	2.64	2.55	2.46	2.36
22	7.95	5.72	4.82	4.31	3.99	3.76	3.59	3.45	3.35	3.26	3.12	2.98	2.83	2.75	2.67	2.58	2.50	2.40	2.31
23	7.88	5.66	4.76	4.26	3.94	3.71	3.54	3.41	3.30	3.21	3.07	2.93	2.78	2.70	2.62	2.54	2.45	2.35	2.26
24	7.82	5.61	4.72	4.22	3.90	3.67	3.50	3.36	3.26	3.17	3.03	2.89	2.74	2.66	2.58	2.49	2.40	2.31	2.21
25	7.77	5.57	4.68	4.18	3.85	3.63	3.46	3.32	3.22	3.13	2.99	2.85	2.70	2.62	2.54	2.45	2.36	2.27	2.17
26	7.72	5.53	4.64	4.14	3.82	3.59	3.42	3.29	3.18	3.09	2.96	2.81	2.66	2.58	2.50	2.42	2.33	2.23	2.13
27	7.68	5.49	4.60	4.11	3.78	3.56	3.39	3.26	3.15	3.06	2.93	2.78	2.63	2.55	2.47	2.38	2.29	2.20	2.10
28	7.64	5.45	4.57	4.07	3.75	3.53	3.36	3.23	3.12	3.03	2.90	2.75	2.60	2.52	2.44	2.35	2.26	2.17	2.06
29	7.60	5.42	4.54	4.04	3.73	3.50	3.33	3.20	3.09	3.00	2.87	2.73	2.57	2.49	2.41	2.33	2.23	2.14	2.03
30	7.56	5.39	4.51	4.02	3.70	3.47	3.30	3.17	3.07	2.98	2.84	2.70	2.55	2.47	2.39	2.30	2.21	2.11	2.01
40	7.31	5.18	4.31	3.83	3.51	3.29	3.12	2.99	2.89	2.80	2.66	2.52	2.37	2.29	2.20	2.11	2.02	1.92	1.80
60	7.08	4.98	4.13	3.65	3.34	3.12	2.95	2.82	2.72	2.63	2.50	2.35	2.20	2.12	2.03	1.94	1.84	1.73	1.60
120	6.85	4.79	3.95	3.48	3.17	2.96	2.79	2.66	2.56	2.47	2.34	2.19	2.03	1.95	1.86	1.76	1.66	1.53	1.38
∞	6.63	4.61	3.78	3.32	3.02	2.80	2.64	2.51	2.41	2.32	2.18	2.04	1.88	1.79	1.70	1.59	1.47	1.32	1.00

续表

$\alpha=0.005$

n_2 \ n_1	1	2	3	4	5	6	7	8	9	10	12	15	20	24	30	40	60	120	∞
1	16 211	20 000	21 615	22 500	23 056	23 437	23 715	23 925	24 091	24 224	24 426	24 630	24 836	24 940	25 044	22 148	25 253	25 359	25 465
2	198.5	199.0	199.2	199.2	199.3	199.3	199.4	199.4	199.4	199.4	199.4	199.4	199.4	199.5	199.5	199.5	199.5	199.5	199.5
3	55.55	49.80	47.47	46.19	45.39	44.84	44.43	44.13	43.88	43.69	43.39	43.08	42.78	42.62	42.47	42.31	42.15	41.99	41.83
4	31.33	26.28	24.26	23.15	22.46	21.97	21.62	21.35	21.14	20.97	20.70	20.44	20.17	20.03	19.89	19.75	19.61	19.47	19.32
5	22.78	18.31	16.53	15.56	14.94	14.51	14.20	13.96	13.77	13.62	13.38	13.15	12.90	12.78	12.66	12.53	12.40	12.27	12.14
6	18.63	14.54	12.92	12.03	11.46	11.07	10.79	10.57	10.39	10.25	10.03	9.81	9.59	9.47	9.36	9.24	9.12	9.00	8.88
7	16.24	12.40	10.88	10.05	9.52	9.16	8.89	8.68	8.51	8.38	8.18	7.97	7.75	7.65	7.53	7.42	7.31	7.19	7.08
8	14.69	11.04	9.60	8.81	8.30	7.95	7.69	7.50	7.34	7.21	7.01	6.81	6.61	6.50	6.40	6.29	6.18	6.06	5.95
9	13.61	10.11	8.72	7.96	7.47	7.13	6.88	6.69	6.54	6.42	6.23	6.03	5.83	5.73	5.62	5.52	5.41	5.30	5.19
10	12.83	9.43	8.08	7.34	6.87	6.54	6.30	6.12	5.97	5.85	5.66	5.47	5.27	5.17	5.07	4.97	4.86	4.75	4.64
11	12.23	8.91	7.60	6.88	6.42	6.10	5.86	5.68	5.54	5.42	5.24	5.05	4.86	4.76	4.65	4.55	4.44	4.34	4.23
12	11.75	8.51	7.23	6.52	6.07	5.76	5.52	5.35	5.20	5.09	4.91	4.72	4.53	4.43	4.33	4.23	4.12	4.01	3.90
13	11.37	8.19	6.93	6.23	5.79	5.48	5.25	5.08	4.94	4.82	4.64	4.46	4.27	4.17	4.07	3.97	3.87	3.76	3.65
14	11.06	7.92	6.68	6.00	5.56	5.26	5.03	4.86	4.72	4.60	4.43	4.25	4.06	3.96	3.86	3.76	3.66	3.55	3.44
15	10.80	7.70	6.48	5.80	5.37	5.07	4.85	4.67	4.54	4.42	4.25	4.07	3.88	3.79	3.69	3.58	3.48	3.37	3.26
16	10.58	7.51	6.30	5.64	5.21	4.91	4.69	4.52	4.38	4.27	4.10	3.92	3.73	3.64	3.54	3.44	3.33	3.22	3.11
17	10.38	7.35	6.16	5.50	5.07	4.78	4.56	4.39	4.25	4.14	3.97	3.79	3.61	3.51	3.41	3.31	3.21	3.10	2.98
18	10.22	7.21	6.03	5.37	4.96	4.66	4.44	4.28	4.14	4.03	3.86	3.68	3.50	3.40	3.30	3.20	3.10	2.99	2.87
19	10.07	7.09	5.92	5.27	4.85	4.56	4.34	4.18	4.04	3.93	3.76	3.59	3.40	3.31	3.21	3.11	3.00	2.89	2.78
20	9.94	6.99	5.82	5.17	4.76	4.47	4.26	4.09	3.96	3.85	3.68	3.50	3.32	3.22	3.12	3.02	2.92	2.81	2.69
21	9.83	6.89	5.73	5.09	4.68	4.39	4.18	4.01	3.88	3.77	3.60	3.43	3.24	3.15	3.05	2.95	2.84	2.73	2.61
22	9.73	6.81	5.65	5.02	4.61	4.32	4.11	3.94	3.81	3.70	3.54	3.36	3.18	3.08	2.98	2.88	2.77	2.66	2.55
23	9.63	6.73	5.58	4.95	4.54	4.26	4.05	3.88	3.75	3.64	3.47	3.30	3.12	3.02	2.92	2.82	2.71	2.60	2.48
24	9.55	6.66	5.52	4.89	4.49	4.20	3.99	3.83	3.69	3.59	3.42	3.25	3.06	2.97	2.87	2.77	2.66	2.55	2.43
25	9.48	6.60	5.46	4.84	4.43	4.15	3.94	3.78	3.64	3.54	3.37	3.20	3.01	2.92	2.82	2.72	2.61	2.50	2.38
26	9.41	6.54	5.41	4.79	4.38	4.10	3.89	3.73	3.60	3.49	3.33	3.15	2.97	2.87	2.77	2.67	2.56	2.45	2.33
27	9.34	6.49	5.36	4.74	4.34	4.06	3.85	3.69	3.56	3.45	3.28	3.11	2.93	2.83	2.73	2.63	2.52	2.41	2.29
28	9.28	6.44	5.32	4.70	4.30	4.02	3.81	3.65	3.52	3.41	3.25	3.07	2.89	2.79	2.69	2.59	2.48	2.37	2.25
29	9.23	6.40	5.28	4.66	4.26	3.98	3.77	3.61	3.48	3.38	3.21	3.04	2.86	2.76	2.66	2.56	2.45	2.33	2.21
30	9.18	6.35	5.24	4.62	4.23	3.95	3.74	3.58	3.45	3.34	3.18	3.01	2.82	2.73	2.63	2.52	2.42	2.30	2.18
40	8.83	6.07	4.98	4.37	3.99	3.71	3.51	3.35	3.22	3.12	2.95	2.78	2.60	2.50	2.40	2.30	2.18	2.06	1.93
60	8.49	5.79	4.73	4.14	3.76	3.49	3.29	3.13	3.01	2.90	2.74	2.57	2.39	2.29	2.19	2.08	1.96	1.83	1.69
120	8.18	5.54	4.50	3.92	3.55	3.28	3.09	2.93	2.81	2.71	2.54	2.37	2.19	2.09	1.98	1.87	1.75	1.61	1.43
∞	7.88	5.30	4.28	3.72	3.35	3.09	2.90	2.74	2.62	2.52	2.36	2.29	2.00	1.90	1.79	1.67	1.53	1.36	1.00

参考答案

第一章

习题 1.1

1. (1) 15； (2) 1； (3) −7； (4) 24.

2. −14.

3. (1) $x_1=-2, x_2=3$； (2) $x_1=-1, x_2=5, x_3=7$.

习题 1.2

1. (1) 692； (2) 8； (3) 40； (4) −80； (5) $(a+b+c+d)(a-b+c-d)[-(a-c)^2-(b-d)^2]$；
(6) $x^n+y^n(-1)^{n+1}$； (7) $1+\sum_{i=1}^{n}a_i$； (8) $\left[x+\frac{n(n+1)}{2}\right](x-1)(x-2)\cdots(x-n)$.

2. $2m$.

3. 证明从略.

习题 1.3

1. (1) $x_1=1, x_2=2, x_3=3$； (2) $x_1=-2, x_2=1, x_3=3, x_4=-1$.

2. $\lambda=1$.

复习题一

一、**1.** C. **2.** C. **3.** C. **4.** D. **5.** D.

二、**1.** $k\neq3, k\neq-1$. **2.** 18. **3.** 0. **4.** 4. **5.** 1.

三、**1.** −28. **2.** −23. **3.** $6(n-3)!$. **4.** $(-1)^{n-1}(n+1)2^{n-2}$.

四、提示:用拆项方法证明.

第二章

习题 2.1

1. $\begin{pmatrix}1&-1&3\\2&0&14\\1&8&-9\end{pmatrix}$；$\begin{pmatrix}3&-17&2\\-1&7&7\\3&-4&-6\end{pmatrix}$；$\begin{pmatrix}-9&11&-23\\8&18&-4\\-3&-14&9\end{pmatrix}$；$\begin{pmatrix}-5&2&0\\12&14&-10\\-27&-2&10\end{pmatrix}$.

2. $\begin{pmatrix}-1&4\\-1&0\end{pmatrix}$.

3. (1) $\begin{pmatrix}1&-5\\-5&11\end{pmatrix}$； (2) $\begin{pmatrix}6&-5\\23&7\\-1&-1\end{pmatrix}$； (3) 7； (4) $\begin{pmatrix}2&-1&1\\4&-2&2\\6&-3&3\end{pmatrix}$； (5) $\begin{pmatrix}19\\2\\17\end{pmatrix}$；
(6) $\begin{pmatrix}6&-3&8\\8&-11&4\end{pmatrix}$.

4. $\begin{pmatrix} a^k & 0 & 0 \\ 0 & b^k & 0 \\ 0 & 0 & c^k \end{pmatrix}$.

5. (1)(86　353　183　109)； (2) 531 100 元.

习题 2.2

1. 24;1.

2. (1) $\begin{pmatrix} 7 & -5 \\ -4 & 3 \end{pmatrix}$； (2) $\begin{pmatrix} \cos x & -\sin x \\ \sin x & \cos x \end{pmatrix}$； (3) $\begin{pmatrix} 0 & 0 & 1 \\ 5 & -3 & 0 \\ -3 & 2 & 0 \end{pmatrix}$.

3. $\begin{pmatrix} 24 & -10 \\ -6 & 3 \end{pmatrix}$.

4. $\boldsymbol{A}^{-1}=\frac{1}{2}(\boldsymbol{A}-\boldsymbol{E})$.

习题 2.3

1. (1) $\begin{pmatrix} -2 & 1 & 0 \\ -\frac{13}{2} & 3 & -\frac{1}{2} \\ -16 & 7 & -1 \end{pmatrix}$； (2) 不可逆； (3) $\begin{pmatrix} \frac{1}{9} & \frac{5}{9} & \frac{7}{9} \\ \frac{5}{9} & -\frac{2}{9} & -\frac{1}{9} \\ -\frac{1}{9} & \frac{4}{9} & \frac{2}{9} \end{pmatrix}$；

(4) $\begin{pmatrix} -\frac{5}{2} & 1 & -\frac{1}{2} \\ 5 & -1 & 1 \\ \frac{7}{2} & -1 & \frac{1}{2} \end{pmatrix}$.

2. $\begin{pmatrix} -\frac{10}{3} & 1 & \frac{11}{3} \\ \frac{14}{3} & 0 & -\frac{19}{3} \end{pmatrix}$.

3. (1)2； (2)2.

4. $a=0,-1$.

5. $\begin{pmatrix} 1 & 0 & 0 & -\frac{1}{2} & -\frac{3}{2} & -\frac{5}{2} \\ 0 & 1 & 0 & \frac{1}{2} & \frac{1}{2} & \frac{1}{2} \\ 0 & 0 & 1 & 0 & 1 & 1 \end{pmatrix}$.

复习题二

一、1. C.　2. D.　3. D.　4. A.　5. B.

二、1. 12.　2. $\begin{pmatrix} 0 & \frac{1}{2} \\ 1 & 1 \end{pmatrix}$.　3. -8.　4. $-\frac{1}{3}\times 2^{2n-1}$.　5. $\begin{pmatrix} 0 & 0 & 0 \\ 0 & 0 & 0 \\ 0 & 0 & 0 \end{pmatrix}$.

三、1. $\boldsymbol{X}=(\boldsymbol{E}-\boldsymbol{A})^{-1}\boldsymbol{B}=\begin{pmatrix} 3 & 1 \\ 2 & 2 \\ 1 & 1 \end{pmatrix}$.

2. $X=\frac{1}{4}\begin{pmatrix}1&1&0\\0&1&1\\1&0&1\end{pmatrix}$(提示:因为 $AA^*=A^*A=|A|E$,方程两边左乘 A,$(|A|E-2A)X=E$,$X=(|A|E-2A)^{-1}$).

3. $(A^*)^{-1}=\begin{pmatrix}5&-2&-1\\-2&2&0\\-1&0&1\end{pmatrix}$(提示:$AA^*=A^*A=|A|E$,$(A^*)^{-1}=\frac{1}{|A|}A$,由于 $A^{-1}=\begin{pmatrix}1&1&1\\1&2&1\\1&1&3\end{pmatrix}$,用初等变换可求出 $A=\frac{1}{2}\begin{pmatrix}5&-2&-1\\-2&2&0\\-1&0&1\end{pmatrix}$,而 $|A|=\frac{1}{2}$,所以 $(A^*)^{-1}=\begin{pmatrix}5&-2&-1\\-2&2&0\\-1&0&1\end{pmatrix}$).

四、1. $A^{-1}=\frac{1}{4}(A-3E)$,$|6A+8E|=2^{n+2}$.

提示:因为 $A^2-3A-4E=O$,$A(\frac{1}{4}A-\frac{3}{4}E)=E$,所以 $A^{-1}=\frac{1}{4}(A-3E)$.

$|6A+8E|=|6A+2A^2-6A|=|2A^2|=2^n\ |A|^2=2^{n+2}$.

2. 提示:因为 $A+B=E$,$A=E-B$,$B=E-A$,

于是 $BA=(E-A)(E-B)=E-A-B+AB=AB$.

第三章

习题 3.1

1. (1) $\begin{cases}x_1=-\frac{1}{2}x_3\\x_2=\frac{3}{4}x_3\\x_3=x_3\end{cases}$ (x_3 为自由未知量);

(2) $\begin{cases}x_1=2x_3+\frac{5}{3}x_4\\x_2=-2x_3-\frac{4}{3}x_4\\x_3=x_3\\x_4=x_4\end{cases}$($x_3$,$x_4$ 为自由未知量);

(3) $\begin{cases}x_1=-2x_2-x_4+2\\x_2=x_2\\x_3=x_4+1\\x_4=x_4\end{cases}$ (x_2,x_4 为自由未知量);

(4) 有唯一解 $\begin{cases}x_1=0\\x_2=-3\\x_3=5\end{cases}$;

(5) $\begin{cases}x_1=-x_4-1\\x_2=-2x_4+1\\x_3=0\\x_4=x_4\end{cases}$($x_4$ 为自由未知量);

(6) 无解.

2. (1) $\lambda\neq0$ 且 $\lambda\neq-3$；(2) $\lambda=0$；(3) $\lambda=-3$，通解为$\begin{cases}x_1=x_3-1\\x_2=x_3-2\\x_3=x_3\end{cases}$($x_3$ 为自由未知量).

3. 小号 1 件，中号 9 件，大号 2 件，加大号 1 件.

习题 3.2

1. $\begin{pmatrix}-2\\8\\3\end{pmatrix}$.

2. (1) $\boldsymbol{\beta}=\frac{5}{2}\boldsymbol{\alpha}_1-\boldsymbol{\alpha}_2-\frac{1}{2}\boldsymbol{\alpha}_3$，表示方法唯一；

(2) $\boldsymbol{\beta}$ 不能由 $\boldsymbol{\alpha}_1,\boldsymbol{\alpha}_2,\boldsymbol{\alpha}_3$ 线性表出；

(3) $\boldsymbol{\beta}=3\boldsymbol{\alpha}_1-\boldsymbol{\alpha}_2$，表示方法不唯一.

3. (1) 线性无关；(2) 线性相关.

4. 略.

习题 3.3

1. (1) 秩为 2；$\boldsymbol{\alpha}_1,\boldsymbol{\alpha}_2$ 是一个极大线性无关组；$\boldsymbol{\alpha}_3=5\boldsymbol{\alpha}_1-\boldsymbol{\alpha}_2,\boldsymbol{\alpha}_4=2\boldsymbol{\alpha}_2$.

(2) 秩为 3；$\boldsymbol{\alpha}_1,\boldsymbol{\alpha}_2,\boldsymbol{\alpha}_4$ 是一个极大线性无关组；$\boldsymbol{\alpha}_3=3\boldsymbol{\alpha}_1+\boldsymbol{\alpha}_2,\boldsymbol{\alpha}_5=\boldsymbol{\alpha}_1+\boldsymbol{\alpha}_2+\boldsymbol{\alpha}_4$.

2. 当 $a=6$ 时，秩为 2；当 $a\neq6$ 时，秩为 3.

习题 3.4

1. (1) $k_1(-4,\frac{3}{4},1,0)^{\mathrm T}+k_2(0,\frac{1}{4},0,1)^{\mathrm T}$，$k_1,k_2$ 为任意常数；

(2) $k_1(\frac{2}{7},\frac{5}{7},1,0)^{\mathrm T}+k_2(\frac{3}{7},\frac{4}{7},0,1)^{\mathrm T}$，$k_1,k_2$ 为任意常数.

2. (1) $(-1,1,0,0)^{\mathrm T}+k_1(1,-2,1,0)^{\mathrm T}+k_2(1,-2,0,1)^{\mathrm T}$，$k_1,k_2$ 为任意常数；

(2) $(-\frac{1}{2},\frac{3}{2},0,\frac{3}{2})^{\mathrm T}+k(0,1,1,0)^{\mathrm T}$，$k$ 为任意常数；

(3) $(1,0,0,-1)^{\mathrm T}+k(0,1,1,0)^{\mathrm T}$，$k$ 为任意常数；

(4) $(1,-2,0,0)^{\mathrm T}+k_1(-9,1,7,0)^{\mathrm T}+k_2(1,-1,0,2)^{\mathrm T}$，$k_1,k_2$ 为任意常数.

复习题三

一、**1.** $r(\boldsymbol{A})=r(\overline{\boldsymbol{A}})$. **2.** $\lambda=\pm1$. **3.** $m+1$. **4.** -6. **5.** 2 或 -1. **6.** 相，无. **7.** 相. **8.** 相，无. **9.** 无穷多个，$n-r$. **10.** $(3,4,6,7)^{\mathrm T}+k_1(1,1,1,1)^{\mathrm T}+k_2(1,1,2,2)^{\mathrm T}$，$k_1,k_2$ 为任意常数.(答案不唯一)

二、**1.** C. **2.** D. **3.** D. **4.** B. **5.** A. **6.** D. **7.** D. **8.** B.

三、**1.** (1) $\lambda\neq0,\lambda\neq-3$ 时，$\boldsymbol{\beta}$ 可由 $\boldsymbol{\alpha}_1,\boldsymbol{\alpha}_2,\boldsymbol{\alpha}_3$ 唯一地线性表出；

(2) $\lambda=0$ 时，$\boldsymbol{\beta}$ 可由 $\boldsymbol{\alpha}_1,\boldsymbol{\alpha}_2,\boldsymbol{\alpha}_3$ 线性表出，但表出方式不唯一；

(3) $\lambda=-3$ 时，$\boldsymbol{\beta}$ 不能由 $\boldsymbol{\alpha}_1,\boldsymbol{\alpha}_2,\boldsymbol{\alpha}_3$ 线性表出.

2. (1) 线性无关；

(2) 线性相关，秩为 2，$\boldsymbol{\alpha}_1,\boldsymbol{\alpha}_2$ 是一个极大线性无关组，$\boldsymbol{\alpha}_3=2\boldsymbol{\alpha}_1-\boldsymbol{\alpha}_2,\boldsymbol{\alpha}_4=3\boldsymbol{\alpha}_1-2\boldsymbol{\alpha}_2$；

(3) 线性相关，秩为 3，$\boldsymbol{\alpha}_1,\boldsymbol{\alpha}_2,\boldsymbol{\alpha}_3$ 是一个极大线性无关组，$\boldsymbol{\alpha}_4=\frac{1}{2}\boldsymbol{\alpha}_1+\frac{1}{2}\boldsymbol{\alpha}_2$；

(4) 线性相关，秩为 2，$\boldsymbol{\alpha}_1,\boldsymbol{\alpha}_2$ 是一个极大线性无关组，$\boldsymbol{\alpha}_3=2\boldsymbol{\alpha}_1-\boldsymbol{\alpha}_2,\boldsymbol{\alpha}_4=\frac{1}{2}\boldsymbol{\alpha}_1+\frac{1}{2}\boldsymbol{\alpha}_2$.

3. (1) 无穷多解，通解为：$k(4,-9,4,3)^{\mathrm T}$，k 为任意常数；

(2) 无解；

(3) 有唯一解,$(-\frac{10}{7},-\frac{1}{7},-\frac{2}{7})^T$;

(4) 无穷多解,通解为:$(14,-4,0,1)^T+k(-4,1,1,0)^T$,$k$ 为任意常数.

四、**1.** (1) 分别给 A,B,C 三家企业投资$\frac{5}{6}$千元,$\frac{5}{3}$千元,7.5 千元;

(2) 不可以.

2. $a=-2$ 时,通解为:$(\frac{3}{2},\frac{3}{4},-2,0,0)^T+k_1(-3,0,2,1,0)^T+k_2(-3,0,1,0,1)^T$,其中 k_1,k_2 为任意常数.

3. 略. **4.** 略.

第四章

习题 4.1

1. (1) 特征值为 7,−2.

属于特征值 7 的全部特征向量为 $k(1,1)^T$,k 为任意非零数.

属于特征值−2 的全部特征向量为 $k(4,-5)^T$,k 为任意非零数.

(2) 特征值为−1(三重).

特征向量为 $k(1,1,-1)^T$,k 为任意非零数.

(3) 特征值为 1,1,−1.

属于特征值 1 的全部特征向量为 $k_1(0,1,0)^T+k_2(1,0,1)^T$,$k_1,k_2$ 是不全为零的任意数.

属于特征值−1 的全部特征向量为 $k(1,0,-1)^T$,k 为任意非零数.

2. $a=-2,b=2,\lambda=0$

3~4. 略.

习题 4.2

1~3. 略.

4. (1) 令 $\boldsymbol{X}=\begin{pmatrix}1 & 4\\ 1 & -5\end{pmatrix}$,则 $\boldsymbol{X}^{-1}\boldsymbol{AX}=(7,-2)$;

(2) 令 $\boldsymbol{X}=\begin{pmatrix}1 & 0 & 1\\ 0 & 1 & 0\\ 1 & 0 & -1\end{pmatrix}$,则 $\boldsymbol{X}^{-1}\boldsymbol{AX}=(1,1,-1)$.

5. $\boldsymbol{\Lambda}=\begin{pmatrix}a_{11} & 0 & \cdots & 0\\ 0 & a_{22} & \cdots & 0\\ \vdots & \vdots & & \vdots\\ 0 & 0 & \cdots & a_{nn}\end{pmatrix}$.

复习题四

一、**1.** $a+b,ad-bc$. **2.** −16. **3.** 0. **4.** 无关.

二、**1.** D. **2.** D. **3.** A. **4.** A.

三、**1.** 不相似,因为数量矩阵只与自己相似.

2. $k=1$ 或 $k=-2$.

3. $\boldsymbol{A}=\frac{1}{9}\begin{pmatrix}2 & -2 & 10\\ -2 & 11 & 8\\ 10 & 8 & 5\end{pmatrix}$.

4. (1) $x=0,y=1$;

(2) $\boldsymbol{X}=\begin{pmatrix}1&0&0\\0&1&1\\0&1&-1\end{pmatrix}$.

第五章

习题 5.1

1. (1) $A=\{1,2\}, B=\{1,2,3\}, C=\{4,5,6\}, D=\{1,3,5\}, A\subset B, B=\overline{C}, AC=\varnothing$; (2) $E=\{t\mid t>1\,000\}, F=\{t\mid t>1\,500\}, G=\{t\mid t\geqslant 1\,000\}, F\subset E\subset G$.

2. (1) $A=BC$; (2) $\overline{A}=\overline{B}+\overline{C}$.

3. (1) $A\overline{B}\overline{C}$; (2) $AB\overline{C}$; (3) ABC; (4) $A+B+C$; (5) $\overline{A}\overline{B}\overline{C}$; (6) $\overline{AB+BC+CA}$; (7) $\overline{ABC}$; (8) $AB+BC+CA$.

4. (1) 9 个, {11, 12, 13, 21, 22, 23, 31, 32, 33}; (2) {11, 12, 13}; (3) {12, 22, 32}; (4) {13,23,33,31,32}; (5) {11,12,13,21,22,23}.

习题 5.2

1. (1) 0.202 2; (2) 0.000 1; (3) 0.786 4; (4) 0.213 6; (5) 0.011 4.

2. 0.455 6.

3. 0.97; 0.03.

4. (1) $\frac{256}{270\,725}$; (2) $\frac{2\,197}{20\,825}$.

5. (1) 0.76; (2) 0.24.

6. (1) 0.882 4; (2) 0.117 6.

习题 5.3

1. (1) 0.67; (2) 0.60; (3) 0.26.

2. 0.5.

3. 0.008 3.

4. (1) 0.001 5; (2) 0.048 5; (3) 0.077.

5. 0.6.

6. 0.052 5.

7. 3.45%.

8. 0.225.

习题 5.4

1. 0.205 1.

2. (1) 0.072 9; (2) 0.409 5.

3. 0.127 2.

4. 0.086 1.

复习题五

一、**1.** 0.3; 0.5. **2.** 0.6. **3.** 0.6. **4.** 0.25. **5.** 0.63. **6.** 0.046 9.

二、**1.** D. **2.** B. **3.** A. **4.** D. **5.** C.

三、**1.** (1) $\frac{6}{15}$; (2) $\frac{4}{15}$.

2. (1) 0.58, 0.43; (2) 0.515 5, 0.365 5; (3) 0.43, 0.28.

3. (1) 0.48; (2) 0.96; (3) 0.62.

4. 0.056.

5. (1) 0.612；(2) 0.997.

6. (1) 0.0729；(2) 0.41.

第六章

习题 6.1

1. 略.

2. X=正面朝上的点数，{点数大于1}=$\{X>1\}$，$P(X>1)=\frac{5}{6}$，{点数小于7}=$\{X<7\}$，$P(X<7)=1$，{点数不超过4}=$\{X\leqslant 4\}$，$P(X\leqslant 4)=\frac{2}{3}$.

习题 6.2

1. (1) 是； (2) 否； (3) 否.

2.

X	0	1	2	3
P	$\frac{1}{8}$	$\frac{3}{8}$	$\frac{3}{8}$	$\frac{1}{8}$

3.

X	2	3	4	5	6	7	8	9	10	11	12
P	$\frac{1}{36}$	$\frac{1}{18}$	$\frac{1}{12}$	$\frac{1}{9}$	$\frac{5}{36}$	$\frac{1}{6}$	$\frac{5}{36}$	$\frac{1}{9}$	$\frac{1}{12}$	$\frac{1}{18}$	$\frac{1}{36}$

4.

X	3	4	5
P	0.1	0.3	0.6

5.

X	0	1
P	$\frac{1}{3}$	$\frac{2}{3}$

6. $P(X=k)=C_{10}^{k}\left(\frac{1}{2}\right)^{10}(k=0,1,2,\cdots,10)$.

7. 0.91.

8. (1) 0.0498； (2) 0.448.

习题 6.3

1. (1) $\frac{1}{\pi}$； (2) $\frac{3}{4}$.

2. (1) 略； (2) $\frac{\sqrt{3}+\sqrt{2}}{4},\frac{2+\sqrt{2}}{4}$.

3. 0.3, 0.4, 0.5.

4. $\frac{20}{27}$.

5. $\frac{3}{5}$.

6. (1) 0.25； (2) $e^{-1}, 1-e^{-2}$.

7. $e^{-\frac{2}{3}}$.

8. $Y\sim B(5,e^{-2}),P(Y=k)=C_5^k(e^{-2})^k(1-e^{-2})^{5-k},k=0,1,2,3,4,5;P(Y\geqslant 1)=0.5167$.

习题 6.4

1. (1) $F(x)=\begin{cases}0 & x<-1\\ 0.3 & -1\leqslant x<0\\ 0.7 & 0\leqslant x<1\\ 1 & x\geqslant 1\end{cases}$ (图略)； (2) 0.7,0.3.

2. (1) $F(x)=\begin{cases}1-\dfrac{100}{x} & x\geqslant 100\\ 0 & x<0\end{cases}$ (图略)； (2) $\dfrac{8}{27}$.

3. (1) $F(x)=\begin{cases}0 & x<-\dfrac{\pi}{2}\\ \dfrac{\sin x+1}{2} & -\dfrac{\pi}{2}\leqslant x<\dfrac{\pi}{2}\\ 1 & x\geqslant\dfrac{\pi}{2}\end{cases}$； (2) $\dfrac{\sqrt{2}}{4}$.

4. (1)$F(x)=\begin{cases}0 & x<2\\ \dfrac{x-2}{3} & 2\leqslant x<5\\ 1 & x\geqslant 5\end{cases}$； (2) $\dfrac{2}{3}$.

5. 略.

6. (1) 0.5328,0.3023,0.5； (2) 3.

7. 0.0456.

8. (1) 0.8698； (2)0.3801.

习题 6.5

1. $\dfrac{2}{3},\dfrac{35}{24}$.

2. 0.3,0.32.

3. 2.5.

4. $\dfrac{2}{3},\dfrac{1}{18}$.

5. 4,3.

6. 5.186.

复习题六

一、1. $B(100,0.1)$. 2. 0.35. 3. 0.25.

4.

X	-1	1	3
P	0.4	0.4	0.2

5. $\dfrac{8}{9}$. 6. $\dfrac{65}{81}$. 7. 4λ. 8. $2^{-\frac{1}{4}}$. 9. 9.

二、1. B. 2. D. 3. C. 4. B. 5. A. 6. D. 7. D. 8. C.

三、1.

Y	0	1	4	9
P	$\dfrac{1}{5}$	$\dfrac{7}{30}$	$\dfrac{1}{5}$	$\dfrac{11}{30}$

2. $\lambda=2$.

3. $\frac{D(X)}{[E(X)]^2}=\frac{1}{3}$.

4. 0.

5. 12，−12，3.

6. 5，3.

四、1.

X	0	1	2	3	4
P	$\frac{2}{13}$	$\frac{40}{91}$	$\frac{30}{91}$	$\frac{20}{273}$	$\frac{1}{273}$

2. (1)

X	1	2	3	4
P	$\frac{10}{13}$	$\frac{3}{8}$	$\frac{3}{8}$	$\frac{1}{8}$

(2)

X	1	2	3	4
P	$\frac{10}{13}$	$\frac{33}{169}$	$\frac{72}{2197}$	$\frac{6}{2197}$

3. (1) 0.072 9； (2) 0.409 5.

4. (1)0.060 7； (2) 0.054 6,第二种方案好.

5. $P(X=k)=p(1-p)^{k-1}(k=1,2,3,\cdots)$.

6. 0.954 4.

7. (1)6.68%； (2)15.87%.

8. 44.64.

第七章

习题 7.2

1. 1 476.2,6 687.29.

2. 3.2.

3. 0.829 3.

4. $0,\frac{1}{3n}$.

5. (1) 0.991 8； (2) 0.890 4； (3) $n=96$.

6. (1) 43.8； (2) 1.708.

7. 0.94.

习题 7.3

1. 第二个方差最小.

2. 1.

3. [1 247.6,1 270.4].

4. [1 783.86,2 116.14].

5. [145.6,162.4].

6. [0.020,0.115].

7. (1) [14.81,15.01]； (2) [15.07,17.45].

习题 7.4

1. (1) β; (2) α; (3) $1-\beta$; (4) $1-\alpha$.

2. 可以认为.

3. 无显著性差异.

4. 可以.

5. 正常工作.

6. 不能认为.

7. 有显著差异.

8. 可以.

9. 无显著差异.

复习题七

一、1. $T=\frac{\bar{x}-\mu_0}{s}\sqrt{n}$, H_0 为真, t. 2. 0.6. 3. 0.15. 4. $|U|>U_{\frac{\alpha}{2}}$. 5. 0.5. 6. 4. 7. $\frac{\sigma^2}{n}$.

二、2. $\frac{3}{4}\sqrt{2}$. 3. (1) 0.682 6; (2) 0.60. 4. (1) [193.0, 247.0]; (2) [258.1, 3 985.5].

5. $\hat{\lambda}=\frac{1}{\bar{x}}$. 6. 不合格. 7. (1) $s^2=\frac{0.4}{3}$; (2) [0.04, 1.85]. 8. 有显著变化.

参考文献

[1] 丘维声.高等代数(上册)[M].北京:清华大学出版社,2010.

[2] 王萼芳.线性代数[M].北京:清华大学出版社,2007.

[3] 彭玉芳.线性代数(第二版)[M].北京:高等教育出版社,2004.

[4] 同济大学数学系.工程数学——概率统计简明教程(第二版)[M].北京:高等教育出版社,2012.

[5] 李天然.工程数学(建工类)[M].北京:高等教育出版社,2002.

[6] 吴赣昌.线性代数与概率统计(经管类)[M].北京:中国人民大学出版社,2007.

[7] 钱椿林.线性代数[M].北京:高等教育出版社,2000.

[8] 柳金甫,王义东.概率论与数理统计(经管类)[M].武汉:武汉大学出版社,2006.

[9] 周晓.经济数学基础(第二版)[M].南京:南京大学出版社,2011.

[10] 李贤平,陈子毅.概率论基础学习指导书[M].北京:高等教育出版社,2011.

[11] 盛骤,谢式千,潘承毅.概率论与数理统计(第四版)[M].北京:高等教育出版社,2008.

[12] 陈希孺.概率论与数理统计[M].合肥:中国科学技术大学出版社,2009.

[13] 周纪芗,峁诗松.概率论与数理统计[M].北京:中国统计出版社,2004.

[14] 李天然.工程数学(建工类)[M].北京:高等教育出版社,2007.